云南省哲学社会科学学术著作出版专项经费资助

昆明理工大学马克思主义学院资助

"为人民服务"

的历史考察

王威 著

人民出版社

责任编辑:姜　玮

图书在版编目(CIP)数据

"为人民服务"的历史考察/王威 著. -北京:人民出版社,2015.12
ISBN 978－7－01－015687－3

Ⅰ.①为…　Ⅱ.①王…　Ⅲ.①中国共产党-党的作风-研究　Ⅳ.①D261.3

中国版本图书馆 CIP 数据核字(2015)第 002704 号

"为人民服务"的历史考察
WEIRENMIN FUWU DE LISHI KAOCHA

王　威　著

人民出版社 出版发行
(100706　北京市东城区隆福寺街 99 号)

环球东方(北京)印务有限公司印刷　新华书店经销

2015 年 12 月第 1 版　2015 年 12 月北京第 1 次印刷
开本:710 毫米×1000 毫米 1/16　印张:16.25
字数:249 千字

ISBN 978－7－01－015687－3　定价:56.00 元

邮购地址 100706　北京市东城区隆福寺街 99 号
人民东方图书销售中心　电话 (010)65250042　65289539

序

　　王威的《"为人民服务"的历史考察》一书，是在他博士论文的基础上扩充而成的。现在书要出版了，作为他博士期间的导师，我当然高兴。正像当初我曾说"这个题目值得做"一样，现在我要说"这本书值得推荐"。

　　这是一本研究"为人民服务"的书，而这本身就是一个特色。在中国，"为人民服务"可谓家喻户晓，是再普通不过了。它的重要性也没有人质疑。可是，对于它的研究却并不多，专著只有几本，论文虽然多些，但也并不太多。事实上，把它作为一个学术性题目来做，还算是研究上比较新颖的领域呢。

　　我曾困惑于这种现象，也曾致力于对"为人民服务"做一些探讨。在我写过的几篇论文中，较有代表性的是《从信仰视角看为人民服务》和《"为人民服务"的命题史考察》。经过初步研究，我感到：从不同的学术视角去研究"为人民服务"，是一个系统工程。因此，我希望我的学生中有人来研究这个问题。王威很自然地接过了这个接力棒。

　　他是从历史角度来研究"为人民服务"的。我认为这是一个很必要、很重要的角度。它作为在历史上产生的思想和实践，首先应该在历史上得到说明。书中追溯了这一思想和提法的历史渊源，包括中国传统文化中的渊源，西方文化中的渊源，以及马克思主义经典作家对

1

这一问题的论述。在此基础上，本书着重考察了"为人民服务"在中国这块土地上生根、开花、结果的过程。他分几个大的历史时期，分别考察了新民主主义革命时期、社会主义革命和建设时期、改革开放以来，"为人民服务"的历史行程。这些论述各有特色和价值，其中特别是对新民主主义革命时期，尤其是延安时期"为人民服务"提出的背景和过程的考察，比较详细和富有特色。他跑了几家大的图书馆，包括国家图书馆，找到了当时发表的《解放日报》以及其他的历史资料，因而论述比较有新意和说服力。

"为人民服务"不仅属于历史，也属于现实和未来。现在虽然对此宣传并不像过去那样多，但"为人民服务"作为党的宗旨和社会主义道德的核心，地位是清楚明确的。现在我们正在全国范围内培育和践行社会主义核心价值观，"为人民服务"的精神和要求也应该体现在培育和践行的过程中。从一定意义上说，"为人民服务"是中国共产党人的核心价值观，也可以说是另一个版本的社会主义核心价值观。因此，"为人民服务"肯定会继续传下去的。

也正是在这样的情况下，在这样的意义上，《"为人民服务"的历史考察》一书的价值，才显得尤为重要。

刘建军
2014 年 12 月于中国人民大学

目　录

绪 论

　　说起"为人民服务"，人们再熟悉不过了。每当人们走过中南海的新华门或者其他的党政办公驻地，最先映入人们眼帘的就是"为人民服务"这五个大字；在国庆节的阅兵式上，当军委主席说道："同志们辛苦了"，我们会听到战士们高喊："为人民服务"；翻开《人民日报》，我们几乎在每一天的内容中都可以看到"为人民服务"这五个字。可以说，"为人民服务"时时都在人们的身边出现着，也广为人们所熟悉。

　　在人们心目中，"为人民服务"具有沉甸甸的分量。《北京青年报》曾对100 个人进行随机询问，在问及毛泽东思想中最主要的是什么时，有 60% 的人认为最重要的是为人民服务。① 不仅如此，邓小平、江泽民、胡锦涛、习近平等党和国家领导人都对"为人民服务"有过重要论述。可以说，"为人民服务"始终在中国共产党的思想体系中有着十分重要的地位，更在中国共产党领导的革命与建设实践中发挥了重要作用。《中国共产党中央委员会关于建国以来党的若干历史问题的决议》指出，中国共产党是全心全意为人民服务的不谋任何私利的政党，"中国各民族人民从亲身经历中看到了这个事实，从而在党的周围结成广泛的统一战线，实现了我国历史上空前强大的政治团结。"② 中国共产党成立 90 多年来，团结带领中国人民创造了一个又一个人间奇迹，

---

　　① 参见临青、魏亚平著，屈瑞佳编：《〈为人民服务〉大型电视片解说词精选》，党建读物出版社 2001 年版，第 160 页。

　　② 《三中全会以来重要文献选编》（下），人民出版社 1982 年版，第 742 页。

这固然是由多方面原因共同作用的结果，但是中国共产党始终坚持做到全心全意为人民服务肯定是其中最重要的因素之一。

因此，把"为人民服务"纳入学术研究的视域并进行深入探讨是十分重要的。但是也要看到，研究这个问题不那么容易。因为，"为人民服务"既抽象又具体，它和党的全部思想理论联系在一起，更和党的政治活动联系在一起，这就增加了研究的难度。但是另一方面，这也为我们从多个角度研究这个问题提供了思路。本书以"为人民服务"作为研究对象，力图对它形成与发展的历史作全面的考察。

需要说明的是，本书在相对宽泛的意义上使用"为人民服务"一词。这主要是基于以下几方面的考虑：第一，"为人民服务"在理论上具有多重身份，它是中国共产党和人民军队的宗旨、社会主义道德和公民道德建设的核心等，从历史的角度去探讨这个问题，理应对其进行相对全面的把握；第二，"为人民服务"作为一种历史现象，它和特定的实践活动交织在一起，在它的发展过程中既有思想理论的特点，又有实践性特征；第三，"为人民服务"在有些语境下还可指马克思主义的相关经典著作，特别是指收录在《毛泽东选集》（第三卷）中的《为人民服务》一文，也可指毛泽东在张思德追忆会上发表的"为人民服务"演讲；第四，由于种种原因，"为人民服务"这五个字在中国人的心中已经成为一种相对固定的表达形式，我们把它作任何表达上的调整似乎都不太恰当。正因如此，笔者在经过一些尝试后，感觉使用"为人民服务"这个提法似乎更为妥当，可以容纳较多的涵义。

严格意义上讲，我们似乎不能使用"为人民服务思想"、"为人民服务理论"等提法，实际上，上述两种提法都不够准确，或者说都不能达到令人满意的效果。但是在有些时候为了行文的方便，本书中也使用了类似的提法。

当然，由于本书使用的"为人民服务"涵义较为丰富，这也造成对其历史研究可以从不同的角度展开。比如，"为人民服务"和党的历史实践联系在一起，可以从中国共产党历史的角度去研究，以党的不同历史阶段为主线，以党在不同历史时期的中心任务为架构；"为人民服务"是马克思主义中国化的重要理论成果，和马克思主义中国化始终密切相关，可以从马克思主义中国化、时代化、大众化的角度去研究；为人民服务的实践是马克思主义指导下的社会主义运动，也可以站在社会主义运动的角度去研究。

　　本书则从思想政治教育的角度，以思想政治教育为学科背景研究"为人民服务"的历史进程。因为，"为人民服务"是思想政治教育的重要内容，为人民服务教育也是思想政治教育的重要方面。"为人民服务"形成与发展的每一个阶段，都与党的思想政治工作的理论和实践紧密联系在一起。毛泽东发表的"为人民服务"演讲实际上就是一次生动的党内思想政治教育实践，毛泽东的《为人民服务》一文更是教育了无数人。《中国人民解放军政治工作条例》《中共中央关于加强社会主义精神文明建设若干重要问题的决议》《公民道德建设实施纲要》等文件都对"为人民服务"作出了重要论述，同时这些又都是思想政治教育的指导性文件。因此，本书也可以理解为从"为人民服务"的角度研究中国共产党的思想政治教育史。这既是一种自我的学习过程，也可以视作对为人民服务研究的尝试性探索。

一、选题的缘由

　　作为一种思想理论，"为人民服务"有自身形成与发展的历史。在一般人看来，"为人民服务"似乎是中国共产党的宣传口号。实际上，它是以毛泽东为核心的第一代党中央领导集体在革命战争年代提出的十分重要的思想理论。中国共产党人在成立之初，较多地是在党建的意义上使用"为人民服务"一词，旨在揭示党的活动的目的和党的任务，后来"为人民服务"被确立为中国共产党和人民军队的宗旨。随着革命战争的胜利和社会主义实践的发展，"为人民服务"的内涵和外延也发生着变化。此外，"为人民服务"更是一个重要的理论问题，它是对马克思主义的伦理思想、政治思想以及群众观点的丰富和发展，是无产阶级的世界观、人生观和价值观的重要体现，是马克思主义中国化的重要理论成果，是中国共产党和人民军队的根本宗旨，是社会主义道德建设的核心，是社会主义荣辱观的重要方面，是大学生思想政治教育的基础理论，是社会主义精神文明建设、公民道德建设的重要内容。因此，对"为人民服务"特别是对它的历史发展进行研究十分必要。

　　"为人民服务"是思想政治教育中的重要理论问题。从纵向来看，为人民服务有其形成的思想渊源、发展过程、主要内容、主要表现、历史贡献、时代价值等；从横向来看，为人民服务是中国共产党思想体系的重要组成部分，那么，它以什么样的形态存在，它在中国共产党的思想体系中占什么地位，它在毛泽东思想中的地位又是如何，它和集体主义、雷锋精神是什么样的关系？此外，为人民服务包含多个层次，各层次间是什么关系，新时期为人民服务的基本要求是什么，为人民服务的主体、客体、内容又是什么，应当如何弘扬为人民服务？这些理论问题都应进入学者的研究视野。笔者认为，对"为人民服务"历史的研究是打开相关理论研究的关键环节。"为人民服务"的历史，是以历史形式展现的理论。只有在对"为人民服务"的历史演进深入解读的前提下，我们才能深入进行为人民服务的相关理论研究。

因此，本书把"为人民服务"放在历史发展的视域中，梳理"为人民服务"的历史演进过程，期望对"为人民服务"的学术研究起到抛砖引玉的作用，并希望实现以下目标。

首先，期望有助于拓展思想政治教育史的研究视域。中国共产党的思想政治教育源于党的思想政治工作。党成立以来，积累了许多这方面的宝贵经验。系统研究这一历史，本身就是个十分重要的研究课题。在以往的研究中，学界较多地从宏观的方面解读中国共产党思想政治工作的理论与实践。当然，这是十分必要的。除此以外，在党的思想政治教育历史中，有些重要的思想理论命题及其发展演变的过程也应纳入思想政治教育史的研究视域。这可以视作研究中国共产党思想政治教育史的微观视角。本书对"为人民服务"的历史性考察就属于这个方面。因此，本书希望能在一定程度上有助于推动思想政治教育史研究视角的拓展，使思想政治教育史的研究更为深入。

其次，期望有助于深化思想政治教育基础理论问题的研究。思想政治教育的基础理论包括思想政治教育的理论基础、思想政治教育的内容和方法等多个方面。"为人民服务"是思想政治教育基础理论的范畴，是思想政治教育中的一个重要命题。笔者在大体上梳理近年来学界主要成果的基础上发现，对为人民服务的研究视角和研究成果都不能算多。这一现状和为人民服务的重要地位是极不相称的。思想政治教育要想说服人，其理论基础必须是全面的，也必须是彻底的。我们有理由认为，如果忽视了对为人民服务的研究，或者对为人民服务的研究不够深入，那么就会导致思想政治教育的基础理论缺乏全面性和深入性。如果缺乏对"为人民服务"发展历程的完整把握，就不能深入研究"为人民服务"其他方面的问题。

再次，期望有助于推动思想政治理论课教学。"为人民服务"是大学生思想政治教育的重要概念，必须加以深入研究。在高校思想政治理论课中，"为人民服务"涉及理想信念教育、人生观教育和社会主义道德教育等多个方面。正由于为人民服务涉及的范围比较广，也就使它成为教学中的难点问题之一。如果不对为人民服务的相关理论问题加以研究，就会出现理论的混淆和解释力不足等问题，甚至会制约思想政治理论教学的效果。本书期望通过系统研究为人民服务的形成与发展的历程，为思想政治理论课的教学提供必需的历史资料，帮助人们理解为人民服务不同层次的内涵、要求以及不同历史时期为人民服务表现形式的相互关系。

最后，期望有助于推动社会主义道德建设实践。"为人民服务"是社会主义道德建设的核心，是社会主义道德建设、公民道德建设的"纲"，只有"纲举"才能"目张"。也就是说，为人民服务在社会主义道德建设中是核心与灵魂，具有关键性作用。同时，我们说为人民服务体现在社会主义道德的规范之中，是不是讲了这些规范和要求，就不需要在公民道德建设中提倡为人民服务了呢？当然也不是。这些规范和要求体现在社会生活的各个方面，需要用一根红线加以统领，这根红线就是"为人民服务"。离开了"为人民服务"谈社会主义道德建设的规范和要求，就不能体现出社会主义道德的优越性。只有回归历史的本源，站在历史发展的角度才能准确理解为人民服务在社会主义道德建设中的重要作用。本书正是期望通过历史的研究推动理论研究的深入，进而推动社会主义道德建设实践。

二、国内研究现状

"为人民服务"是一个比较有中国特色的命题。就现有的资料来看，国外学界对该问题鲜有论及。因此，我们主要针对我国学界关于为人民服务的研究现状进行考察。

(一)"为人民服务"研究的基本情况

"为人民服务"是思想政治教育中的一个重要命题,属于思想政治教育基础理论研究的范畴。但是,相比其他方面的丰硕成果而言,我国学者对为人民服务的研究成果不能算多。笔者在 CNKI 上检索新中国成立以来的论文,包含"为人民服务"题目名的文章不足 2000 篇,而且这些论文也不完全是学术性的,还包括相当多的杂文、散文、趣闻、工作总结等等。

在线搜索国家图书馆馆藏目录,包含"为人民服务"、资料类型为"专著"的汉语文献共 146 部。这个数量应该是不少的。但是,除去毛泽东《为人民服务》单行本、《为人民服务纪念白求恩愚公移山》("老三篇"),以及《为人民服务纪念白求恩愚公移山反对自由主义》,再除去"文革"期间各出版社编辑的学习体会,还有期间部分单位出版的经验介绍、绘画制品等等,学术专著只有 5 部,即刘仁学等主编《宗旨·核心·追求:为人民服务理论与实践新探》(1997)、孙瑕主编《为人民服务新论》(1998)、秦宏灿主编《永恒的主题:学习〈毛泽东邓小平江泽民论为人民服务〉》(1999)、陈树文著《为人民服务论纲》(2002)、张天学和陈树文著《为人民服务思想的当代价值研究》(2011);论文集 4 部,即杜立主编《为人民服务思想永放光芒》(1994)、中国延安精神研究会等编《为人民服务:纪念毛泽东〈为人民服务〉发表五十周年文集》(1996)、张长春主编《为人民服务新编》(1997)、郭林主编《从〈为人民服务〉到"三个代表"重要思想研究》(2004)。此外,还有包含"为人民服务"的主题词,也具有一定价值的非学术著作 10 部,以及新中国成立初期至改革开放前的著作 10 部。还有一些论著虽不包含"为人民服务"的主题词,但是也涉及了为人民服务的相关内容,如关于党的群众路线、毛泽东的政治伦理思想、邓小平的人民主人翁思想的论著等等。这些论著对今后的研究也具有很高的借鉴价值,但是由于并不是专门对为人民服务的研究,在此不作专门统计。总之,仅就成果的数量来看,我国学者对为人民服务的研究还是相对薄弱的。

需要指出的是,在党的十四届六中全会通过的《中共中央关于加强社会主义精神文明建设若干重要问题的决议》推动下,1997 年学界对为人民服务的研究成果是最多的，论文篇数达 152 篇之多。但是到 2000 年以后，研究则出现下降的趋势。近年来的成果更是不及 1997 年的三分之一。虽然我们不能简单地用论文数量衡量学术研究的状况，但是这一现象也应引起学界的关注。

（二）"为人民服务"研究的主要论域和主要观点

就现有的文献资料来看，我国学者对"为人民服务"的研究涉及以下几个主要方面。

第一，对"为人民服务"思想渊源的研究。学界普遍认为，为人民服务这一表述是毛泽东提出的，其思想渊源主要包括马克思主义经典作家为人民谋利益的思想，中国古代的民本思想，以及近代以来的进步思想。

有学者提出："'为人民服务'的思想来源于马克思、恩格斯、列宁有关'为什么人谋利益'、'为什么人服务'等论述。'为人民服务'、'全心全意为人民服务'的提法出自斯大林。毛泽东继承并创造性地发展了马克思主义的'为人民服务'思想。"作者在文中进一步提出："马克思、恩格斯、列宁已有'为什么人谋利益'、'为了服务于什么人'和'为什么人服务'等提法，它们共同的核心思想就是为'绝大多数人'。这正是'为人民服务'的直接思想来源。"[①] 也有的学者认为，为人民服务是中国共产党坚持马克思主义的基础上，对中国古代"民本"思想改造的结果，以"民本"思想中的优秀成分作为思想来源，为人民服务是对"民为宾国之本"思想的升华，凝结了中华民族几千年文化的精华[②]。还有些学者提出，孙中山的"民本"思想也是为人民服务的思想来源，并认为孙中山的资产阶级民主主义思想，为毛泽东和中国共产党为人民服务理论的形成提供了新鲜的养料。孙中山在辛亥革命后，大力提倡"替众人服务"和为革命奋斗牺牲的精神。孙中山的这些思想虽然带有资产阶级人生观的局限性，但他替众人服务和为国为民鞠躬尽瘁的精神，

---

① 钟哲明：《"为人民服务"思想的来源》，《高校理论战线》，2004 年第 11 期，第 33—34 页。

② 参见余求效：《论"民本"思想与党的"全心全意为人民服务"的宗旨》，《湖南师范大学学报（社会科学版）》，1992 年第 2 期，第 54 页。

被毛泽东和中国共产党人所吸收，成为为人民服务的思想来源之一①。

总的来说，在为人民服务思想渊源的研究中，有的学者着重研究了这些思想来源的某一方面，也有的学者对这几个方面进行了较为全面的研究。但是需要说明的是，为人民服务作为一种进步的思想，在人类一切进步的思想中都可以找到它的身影。这是十分正常的。甚至一些剥削阶级思想家、政治家在特定时期也会提出类似"为人民"这样的命题。但我们要注意其与中国共产党人提出的"为人民服务"存在本质上的差异。从学术研究的角度出发，我们也不可能穷尽人类历史上全部相关资源，而只能有所侧重。

第二，对"为人民服务"形成及发展过程的研究。就目前来看，专门研究"为人民服务"形成与发展历史的专著还没有。但是很多学者在各自论著中对这一问题有过一些涉及，其中对"为人民服务"形成的研究成果比较多，特别是对毛泽东关于"为人民服务"的论述研究得更多些。有学者侧重纵向发展的研究，把为人民服务思想形成与发展的过程概括为马克思、恩格斯、列宁的为人民服务思想，毛泽东的为人民服务思想、邓小平和江泽民的为人民服务思想等几个方面②。也有学者把为人民服务形成和发展历程分为萌芽阶段（1921年到1935年间）、初步形成阶段（1937年到1944年9月）、成熟提高阶段（1944年10月到1945年6月）、发展和受挫阶段（1949年10月到1976年10月）。并且该作者进一步提出邓小平、江泽民的相关新论断是"为人民服务"思想在市场经济条件下的新发展③。其二，侧重比较研究。有硕士论文对毛泽东、邓小平、江泽民三代领导人的为人民服务思想进行了比较研究。所有这些研究都取得了一定的成果，为本书的研究打下了基础。

此外，还有学者从命题史的角度考察了"为人民服务"，认为成熟的原理应当具有最恰当的表述形式，而"为人民服务"既体现为一个命题，也体现了这一命题所蕴含的思想。作者还系统研究了马克思主义经典作家关于"为

---

① 参见刘仁学等编著：《宗旨·核心·追求——为人民服务理论与实践新探》，东北师范大学出版社1997年版，第8—9页。

② 参见陈树文：《为人民服务论纲》，内蒙古人民出版社2002年版，第1—46页。

③ 参见刘仁学等主编：《宗旨·核心·追求——为人民服务理论与实践新探》，东北师范大学出版社1997年版，第22—34页。

人民服务"命题的论述。① 笔者认为，对命题史的研究是十分必要的，特别是对党的思想理论来说，确实存在着一个经典性表述的问题。因此，在考察"为人民服务"形成与发展的历史过程中，应当把命题史和思想史结合起来。

第三，对"为人民服务"内涵的研究。学界对"为人民服务"内涵的研究集中在党的宗旨和社会主义道德建设核心这两方面，也有学者从人生观角度研究"为人民服务"的内涵，还有的学者把党的宗旨这一内涵进一步深化为信仰。

从现有文献来看，学界对共产党宗旨的研究十分丰富。有学者提出："全心全意为人民服务是党的根本宗旨，是党性的核心和集中表现，是党性的最高原则。共产党员'必须全心全意为人民服务，不惜牺牲个人的一切，为实现共产主义奋斗终生。'在任何时候和任何情况下，都要坚持党和人民的利益高于一切，个人利益要服从党和人民的利益。共产党员只有全心全意为人民服务的义务，而绝没有利用职权为个人或小团体谋取私利的权利，共产党员要做到吃苦在前，享受在后，先人后己，克己奉公。要有为党和人民的利益英勇拼搏、自我牺牲的献身精神。全心全意为人民服务是共产党员的基本条件。一个共产党员，如果不努力做到全心全意为人民服务，就不可能成为合格的共产党员。"② 总的来看，这一观点比较具有代表性，是按照《党章》的要求，围绕党员的权利义务展开的讨论。学界很多成果基本遵循这一思路。但是，作为一种对党的宗旨的内涵界定，上述观点虽然比较全面地表达了全心全意为人民服务的内涵，但是缺乏系统性，在个别表述中，还没有分清全心全意为人民服务及其基本要求。

有的学者认为："在共产主义信仰中，与共产主义远大理想处于同等层次和重要地位的根本信念就是'为人民服务'。这是共产党人信仰体系中两个最根本的东西。""'为人民服务'作为根本信念内在地包含着其他相关信念，比如把人民作为历史创造者，就包含着对世界特别是人类历史的唯物主义解释，

---

① 参见刘建军：《"为人民服务"的命题史考察》，《马克思主义研究》，2011 年第 7 期，第 105—113 页。

② 郭钦纲：《党性、理想、为人民服务——做合格的共产党员》，《广西民族学院学报（社会科学版）》，1986 年第 1 期，第 4 页。

它否定了神灵创造世界的有神论，否定了英雄创造历史的英雄崇拜，等等。""为人民服务的要求具有绝对性。"即"为人民服务是没有报酬的，它是一种单向的义务。""为人民服务是终生的职责，至死而后已。为人民服务，不是一时一事的要求，而是终生的事业。""为人民而死，就是死得其所。""对为人民服务的基本要求可以作出绝对性的表述。'全心全意'、'完全彻底'，'毫不利己，专门利人'，'大公无私'、'无私奉献'等等，都是对这种要求的表述。""在为人民服务的过程中能够实现永恒价值。"主要体现在，"人民的存在具有无限性"、"人民的力量具有无限性"、"人民的事业具有无限性，为人民服务的过程也具有无限性"①。把全心全意为人民服务作为一种信仰，这绝不是人为的"拔高"，而是对这一思想内涵更为准确地把握。只有上升到这一层面，我们才能深刻领会全心全意为人民服务对共产党人的先进性要求，也只有广大党员把"为人民服务"上升到信念的层面，才能更好地做到这一点。

也有的学者研究了"为人民服务"人生观方面的内涵。显然，作为人生观的"为人民服务"相比全心全意为人民服务，特别是相比作为信仰的全心全意为人民服务在内涵和要求上是存在差异的。但是就现在资料来看，学界对这一问题还是作为共产党人的人生观来研究。这实际上也是从党的宗旨来谈的。

很多学者研究了作为社会主义道德建设核心层面的"为人民服务"内涵。有学者提出："为人民服务作为道德建设的核心，是社会主义道德区别和优越于其他社会形态道德的显著标志。在我们国家，为人民服务不仅是对共产党员和领导干部的要求，也是对广大群众的要求。每个公民不论职位高低、能力大小，都能够在不同岗位、不同层次、通过不同形式做到为人民服务。在新的形势下，必须继续大张旗鼓地倡导为人民服务的道德观，把为人民服务的思想融会贯通在各种具体道德规范之中。"②这一观点较为准确地表达了作为社会主义道德建设核心的为人民服务的内涵，而且进一步指出了为人民服务思想的层次性。这对我们进一步研究为人民服务思想的内涵和特征具有较

---

① 以上引自刘建军：《从信仰视角看为人民服务》，《思想理论教育导刊》，2004年第12期，第18—22页。

② 罗国杰：《为人民服务——社会主义道德建设的核心》，《党建》，2002年第2期，第18页。

高的借鉴价值。

第四，对"为人民服务"现实意义的研究。"为人民服务"在中国共产党革命、建设和改革的各个阶段发挥了重要作用。很多学者对新形势下"为人民服务"的现实意义作了讨论。

有学者提出："首先，我们要深刻理解邓小平同志建设有中国特色社会主义理论，必须研究和牢记全心全意为人民服务。""其次，大力倡导为人民服务有利于市场经济更好地发展。""再次，倡导为人民服务是转变党风和提高党员素质的需要。""最后，倡导为人民服务有利于共产党员才干的增长。"① 也有学者提出："为人民服务思想，能使共产党员树立革命的世界观和人生观。""为人民服务思想，能使人民群众形成自我约束的道德规范和判断是非的标准。""为人民服务思想，能够凝聚全体人民的巨大创造力。"② 还有学者提出："在当前社会主义市场经济条件下，树立为人民服务的人生价值观，具有如下社会意义：一、有利于共产主义理想的升华和社会主义事业的进步；二、协调各种社会矛盾，推动社会生产力发展；三、提高人们的道德水平，促进社会主义精神文明建设；四、增强中华民族的凝聚力，推动建设有中国特色社会主义的进程。"③ 总之，学界认为坚持和发扬为人民服务的宗旨和精神对党自身、广大党员、社会道德风尚以及社会主义现代化建设都具有重要意义。

概而言之，学界对"为人民服务"的研究取得了较大的成绩。"为人民服务"的思想渊源、形成发展过程、内涵以及"为人民服务"的意义是相对集中的几个方面。这些已有的研究成果，是我们进一步研究的重要基础。但是，我们也从中看到，对"为人民服务"发展历史进程还需要进行深入细致的研究。

---

① 马尚林：《"为人民服务"论析》，《西南民族学院学报（哲学社会科学版）》，1996 年第 S3 期，第 95—96 页。

② 付春梅：《当前更需要弘扬为人民服务思想》，《中国成人教育》，1995 年第 2 期，第 8 页。

③ 严文杰：《论为人民服务人生观的社会意义》，《山西师大学报（社会科学版）》，1997 年第 3 期，第 19 页。

三、重点难点与创新点

（一）重点与难点

本书旨在研究"为人民服务"形成与发展的历史。实事求是地说，"为人民服务"的思想渊源以及其发展过程的每一个阶段都十分重要。尽管如此，笔者在行文过程中不是平均用力，而是结合现有的研究成果并力求有所侧重。就目前来看，学界对"为人民服务"的思想渊源已经有过相当水平的论述，对作为社会主义道德建设核心的为人民服务的提出也有过许多的研究。因此，这两个方面不作为本书的重点。

本书的研究重点包括"为人民服务"的萌芽、毛泽东"为人民服务"演讲的历史背景、中华人民共和国成立后"为人民服务"的发展、改革开放以来邓小平等党的领导人对人民军队宗旨的发展这四个方面。

首先，对"为人民服务"萌芽的研究。这部分主要研究毛泽东发表"为人民服务"演讲发表前中国共产党人对"为人民服务"的探索，在时间上大体涵盖中国共产党成立直至 1944 年 9 月毛泽东在张思德追悼会上发表演讲这一段时间。就目前来看，国内还没有针对这一时期的"为人民服务"展开深入研究。虽然个别学者在其论著中提出了为人民服务形成的"萌芽阶段"，但是主要阐述了这一时期党的建设、依靠人民群众、党的群众路线的思想。这些方面当然和"为人民服务"有一定联系，但是也存在针对性不强，历史资料挖掘不够深入的问题，特别还存在着研究对象和文本过窄的问题，即主要研究毛泽东的相关思想，但是同时对"为人民服务"演讲前一些重要的著作如《纪念白求恩》还存在的挖掘的深度不够等问题。大多数论著中没有研究"为人民服务"的"萌芽阶段"。

其次，对"为人民服务"演讲的历史背景的研究。笔者认为，这是目前学界研究比较薄弱的方面。毛泽东在张思德追悼会上的演讲无疑在"为人民服务"的发展历史上有着十分重要的地位。但是以往的研究对这次演讲只是从其偶然性去理解，而没有结合其历史背景展开研究，这体现在研究方法上就是从文本到文本。这就使得毛泽东原本寓意深刻的演讲变成就事论事，把发表这一演讲理解为一个孤立的事件。而没有揭示这次演讲在"为人民服务"历史演进过程中的重要地位。实际上，毛泽东的这个演讲有着很强的针对性，虽然我们看到的《毛泽东选集》（第三卷）中《为人民服务》一文的字数不多，但是其中包含着毛泽东对一段时期内党、政、军、民中一系列问题的思考，体现了以毛泽东为代表的中国共产党人反对什么和提倡什么的基本观点。这些观点结合到一起，就构成了当时为人民服务的内涵。因此，本书着重研究了毛泽东这一演讲的历史背景，并在此基础上提出了这次演讲在"为人民服务"形成中的重要地位。

再次，对新中国成立后"为人民服务"发展的研究。对这一历史阶段的"为人民服务"，国内学者也鲜有笔墨，即使有些学者提及了"为人民服务"的这一阶段，但是也存在针对性不足的问题。笔者认为，对"为人民服务"历史的研究要在占有充分资料材料的基础上，才能保证研究的针对性。实际上，新中国成立后特别初期是"为人民服务"发展的一个重要阶段。最突出的表现就是《共同纲领》中提出"发展为人民服务的思想"，以及把"爱人民"作为"五爱"国民公德之一。这实际上已经明确把"为人民服务"作为一种普遍性要求，"爱人民"就是为人民服务最重要的表现形式之一。此外，建国初期还对人民军队的宗旨作了进一步明确的规定，并且进行了卓有成效的为人民服务教育。这些重要的内容都是本书研究的重点。

最后，对改革开放以来人民军队宗旨的研究。现有的研究成果中对改革开放以来人民军队宗旨历史发展的研究还不够充分。虽然一些关于军队政治工作的论著中都提到了宗旨问题，但毕竟没有专门研究人民军队宗旨，更没有系统研究宗旨的发展演变。诚然，党的宗旨和人民军队的宗旨联系密切。共和国成立前，毛泽东等人对党和军队宗旨也大多放在一起论述。但是新中国成立以后，这两个方面在总体一致的前提下也各有侧重。特别是改革开放以后，这二者更表现出各自的特点。比如，"三个代表"重要思想、科学发展观既包含着对党的宗旨的新发展，也体现着对人民军队宗旨的发展。但是，邓小平概括的"五种革命精神"，江泽民提出的"五句话"和"两个历史课题"，胡锦涛概括的"听党指挥、服务人民、英勇善战"的优良传统以及当代革命军队核心价值观，习近平提出的新时期的强军目标，这些包含着对人民军队宗旨的重要发展，又体现了军队建设的自身特点。因此，这部分也是本书的重点所在。

本书的难点与重点基本相同，但也存在一定差异。书中用较大篇幅研究了"为人民服务"的提出与确立、"为人民服务"的返本与开新这两个历史阶段。大体上说，关于新中国成立后至"文革"期间"为人民服务"的研究是难点。本书对新中国成立初期的"为人民服务"进行了研究。但是就目前掌握的文献资料来看，这一时期"为人民服务"的发展较为复杂，特别是"文革"期间的"为人民服务"，对其作出准确的评价还有较大难度，但是书中对此进行了尝试。对1954年《中华人民共和国宪法》颁布以后"为人民服务"发展的研究也是本书的一个难点。

此外，本书的另一大难点在于对结构的把握。因为我们是从广义上对"为人民服务"进行历史考察，从党的宗旨、人民军队宗旨、社会主义道德建设的核心等方面进行历史性的研究。本书这样做的好处在于可以比较全面地反映"为人民服务"发展的历史进程，体现"为人民服务"的历史逻辑与理论逻辑的统一。但这样做也对本书的结构提出较大的挑战。因为上述几个方面的历史发展进程并不是独立的，而是交织在一起，这在本书的第四章表现得尤为明显。分别对上述几个方面进行历史考察，就容易带来时间和结构安排上的较大困难。

（二）创新点

本书力求在以下三个方面有所创新：

首先，研究视角有所创新。本书所涉及内容属于思想政治教育史的范畴。如前所述，以往学界对思想政治教育史的研究大都从宏观的视角开展，研究中国共产党思想政治教育总体的历史过程。本书则研究中国共产党思想政治教育理论中的具体思想的发展演变，是以中国共产党的思想政治教育的理论创新和实践创新为主线，在每一历史时期又按照研究对象自身的逻辑结构进行专题性研究，从而避免了流水账式的历史写法。

其次，文献材料有新发现。充分掌握文献材料是本书研究的基础。本书对马克思主义经典作家以及中国共产党人的相关思想进行了较为全面地梳理，并使用了一些新资料。比如，恩格斯的"为无产阶级服务"的思想、"负责任的勤务员"的思想，列宁关于革命的马克思主义者为无产阶级服务的思想，社会民主党不是为每一阶段工人运动服务，而是代表整个运动的利益，为人民服务中长远利益高于眼前利益的思想等。在中国共产党的"为人民服务"思想的研究中，笔者发现瞿秋白、方志敏、张闻天、恽代英都对为人民服务有过重要的论述。特别是张闻天和恽代英还提出了大家为民众服务的思想。除了以上所述，本书还研究了《共同纲领》中提出的"爱人民"公德，讨论了这一公德与为人民服务的区别和联系。正是在这新材料的基础上，为人民服务形成与发展的历程以一个整体展示在我们面前。

再次，本书力求在"为人民服务"的总体历史线索与个别历史阶段有所创新。本书旨在研究"为人民服务"形成与发展的历史，展现这一历史过程的总体线索。这应当视为一个创新。就目前来看，现有的研究成果中对"为人民服务"形成发展历史的研究是不充分的，有些观点也需要进一步商榷。比如，一些学者认为为人民服务的发展历史就是毛泽东、邓小平、江泽民、胡锦涛等人对为人民服务的论述（这类观点还比较普遍）。实际上，这只能视为党的领导人对全心全意为人民服务宗旨的发展，并不能代替"为人民服务"发展的全部。还有些成果在历史线条上存在不够细致的现象。在对历史线条总体把握的基础上，本书研究了"为人民服务"的萌芽、新中国成立初期"为人民服务"的新发展，邓小平等党的领导人对人民军队宗旨的发展等。本书对这些个别历史阶段进行了新的梳理，并力求有所突破。

四、研究方法

（一）文献研究法

关于"为人民服务"的论断广泛地存在于中国共产党人的理论著作、党的历史文献和各时期的报刊文献中。只有在对这些文献资料深入挖掘的基础上，我们才能勾画出"为人民服务"发展历程的线条。不仅如此，"为人民服务"思想渊源的研究，也需要对马克思、恩格斯、列宁、斯大林等人的理论著作进入细致地研读。在本书研究期间，需要深入研究的著作和文献比较多，主要包括马克思、恩格斯、列宁、斯大林论著，中国共产党各时期代表人物的著作、年谱和传记，中国共产党的文件汇编，如《中共中央文件选集》《陕西革命历史文件汇编》《建国以来重要文献选编》《中共党史参考资料》（中国人民解放军政治学院党史教研室编）等。为了进一步厘清中国共产党人特别是毛泽东提出"为人民服务"的历史背景和经过，笔者还查阅了《解放日报》《群众周刊》，建国前出版的《毛泽东选集》《列宁选集》《斯大林选集》以及《联共（布）党史简明教程》等善本文献。我们这样做就是为了尽可能多地发掘相关资料，使"为人民服务"的发展历程得到更为完整的展现。

（二）唯物史观的方法

唯物史观的方法就是给研究者提供正确的立场和科学的方法。这是贯穿始终的研究方法。本书的重点在于历史研究，必须坚持以唯物史观的方法为指导，才能保证历史研究的正确方向，才能保证我们全面、客观地把握分析运用历史资料。否则就容易陷入个别历史事件当中，而不能准确把握为人民服务的总体线索。

（三）历史与逻辑相统一的方法

"为人民服务"的形成与发展有着特定的时代背景。因此，在研究为人民服务的过程中，必须坚持以历史分析为突破口，这样才能完整、准确把握为人民服务的发展轨迹和本质内涵。同时，"为人民服务"的发展又具有自身的理论逻辑。在长时期的历史跨度当中有着理论上的共通性，如以人民利益为出发点，坚持人民的利益作为检验工作的标准等。这些都是不变的方面。同时，"为人民服务"发展的理论逻辑还体现在其内涵的不断深化中。只有从这一思想的理论逻辑出发，才能准确分析历史，进而才能科学研究不同历史时期为人民服务的相互联系。总之，自觉坚持历史与逻辑相统一的方法，有助于我们对为人民服务发展历史的准确解读。

（四）理论联系实际的方法

对"为人民服务"历史的研究应当体现其现实意义，即能够对为人民服务建设、社会主义精神文明建设具有借鉴价值。因此，本书在研究过程中必须坚持理论联系实际的方法。从"为人民服务"的形成与发展过程来看，它没有任何一个时期是作为书斋里的学问而出现的。无论是毛泽东提出"为人民服务"，还是后来"为人民服务"的发展，都是为了解决中国革命、建设与改革中的实际问题，特别是思想、政治、道德等领域的实际问题。因此，本书通过对"为人民服务"发展历程的研究得出一定的启示，旨在观照社会的现实，从而有助于全体党员继续发扬全心全意为人民服务的优良传统，使全社会形成为人民服务的良好氛围。

第一章
"为人民服务" 的科学内涵与思想渊源

我们考察任何一个思想理论的历史发展，首先要明确它的内涵和思想渊源这两方面。对 "为人民服务" 发展历程的研究尤其如此。一方面，"为人民服务" 在其历史演进过程中不断被赋予更丰富的内涵。但在这个过程中，许多思想、观点往往交织在一起。其中既有马克思主义的思想观点，又有非马克思主义但又与 "为人民服务" 表述十分相近的思想命题。即使是在马克思主义的视域内，同样也有许多与 "为人民服务" 要求十分相近的思想，比如党的物质利益原则、党保障人民利益的思想、党的群众路线等。实际上，这些方面并不是本书考察的对象。这一章主要探讨 "为人民服务" 的内涵，并从理论上对研究对象进行限定。这有助于我们从总体上把握和明确研究对象，有助于贯彻历史与逻辑相统一的研究方法。另一方面，"为人民服务" 是中国共产党人在革命战争年代提出的一个重要思想理论。但是从思想本身来说，它不可能是从天上直接落到人间，而必然有其思想渊源。深入发掘 "为人民服务" 的思想渊源，既是遵循事物发展自身的逻辑，也有助于我们更好地研究其形成与发展的历史过程。

第一节 "为人民服务" 的内涵

历史上提出类似 "为人民"、"为大众" 这样的命题很多。这些命题有一定的积极意义，但并不是都要纳入本书的研究视域。研究"为人民服务"应当着眼于它自身的特点。从思想理论的阶级属性来看，"为人民服务"有较强的阶级倾向性，它是马克思主义理论体系的一部分，是一个鲜明的马克思主义科学命题。在思想政治教育的视域下，中国共产党在探索革命、建设与改革的实践中提出并发展了"为人民服务"，它是中国共产党的根本宗旨，也是人民军队的宗旨，还是社会主义道德建设的核心。

一、马克思主义的科学命题

"为人民服务"首先是马克思主义的科学命题。它坚持了人民群众是历史创造者这一马克思主义的基本观点，具有很强的科学性。同时，它又是一个相对固定的历史性命题，和中国共产党的历史实践活动联系在一起。虽然在这一过程中，"为人民服务"这五个字已经成为一种经典性的表述。在形式上，具有不可替代的特点。

第一，"为人民服务"以人民群众是历史创造者作为理论基础，是马克思主义基本立场的深刻体现，具有很强的科学性。它反映了马克思主义者相信人民、依靠人民、为了人民的革命本色。

首先，马克思主义者相信人民，认为人民才是推动历史发展的真正动力。早在1844年，马克思、恩格斯在他们合著的《神圣家族》中就批判了鲍威尔的英雄史观，指出："批判的批判什么都没有创造，工人才创造一切"①，而鲍威尔所说的"工人什么都没有创造"，"简直就是疯话"。恩格斯也认为，"只有现代大工业所造成的、摆脱了一切历来的枷锁、也摆脱了将其束缚在土地上的枷锁并且被一起赶进大城市的无产阶级，才能实现消灭一切阶级剥削和一切阶级统治的伟大社会变革。"② 列宁继承和发展了马克思、恩格斯的这一观点，并且进一步指出："无产阶级用事实表明，它是而且只有它才是现代文明的支柱，它的劳动创造了财富和豪华，它的劳动是我们全部'文化'的基

---

① 《马克思恩格斯全集》第2卷，人民出版社1957年版，第22页。
② 《马克思恩格斯选集》第3卷，人民出版社1995年版，第149—150页。

石。"① 毛泽东也曾多次提出，"群众有伟大的创造力"②，"人民，只有人民，才是创造世界历史的动力。"③ 可见，在马克思主义者看来，创造世界历史的不是什么神秘的精神力量，也不是什么英雄人物，而是广大的人民群众。

人民群众之所以是创造历史的真正动力，就在于人民不仅是物质财富、精神财富的生产者，更是推动社会变革的决定性因素。"人们为了能够'创造历史'，必须能够生活。但是为了生活，首先就需要吃喝住穿以及其他一些东西。因此第一个历史活动就是生产满足这些需要的资料，即生产物质生活本身，而且这是这样的历史活动，一切历史的一种基本条件，人们单是为了能够生活就必须每日每时去完成它，现在和几千年前都是这样。……已经得到满足的第一个需要本身、满足需要的活动和已经获得的为满足需要而用的工具又引起新的需要"④。正是在这种需要的不断发展和不断满足中，才有了人类社会物质财富的日益发展。同样，也正是在广大人民群众的社会活动中，才创造了人类伟大的精神文明。马克思主义认为，生产力与生产关系的矛盾运动是推动社会变革的决定因素。而广大人民群众是物质生产和精神生产的承担者，是一切生产工具的使用者，生产关系最终体现为人与人之间的关系。因此，无论是生产力，还是生产关系，它的核心词都是广大人民群众，而不是什么精英人物。

其次，马克思主义者依靠人民，认为人民群众的力量是伟大的。拿破仑认为，他自己比阿尔卑斯山还高，他身后的数万名士兵跟自己比起来简直微不足道。与以往一切剥削阶级的思想家、政治家相反，马克思主义者认为人民群众才是历史的真正创造者，人民的力量是伟大的，而自己则是渺小的。

列宁在1904年就曾经指出："世界上没有一种力量能够击溃千百万日益觉悟、日益联合和组织起来的工人。"⑤ 1922年3月，列宁在《俄共（布）中央委员会政治报告》中，进一步指出："共产党员不过是沧海一粟，不过是人民

---

① 《列宁全集》第9卷，人民出版社1987年版，第204页。
② 《毛泽东选集》第三卷，人民出版社1991年版，第933页。
③ 《毛泽东选集》第三卷，人民出版社1991年版，第1031页。
④ 《马克思恩格斯选集》第1卷，人民出版社1995年版，第79页。
⑤ 《列宁全集》第8卷，人民出版社1986年版，第195页。

大海中的一粟而已。"① 毛泽东在《愚公移山》中更是写道："现在也有两座压在中国人民头上的大山，一座叫做帝国主义，一座叫做封建主义。中国共产党早就下了决心，要挖掉这两座大山。我们一定要坚持下去，一定要不断地工作，我们也会感动上帝的。这个上帝不是别人，就是全中国的人民大众。"② 在毛泽东看来，广大人民群众犹如上帝一般，拥有无限的力量。这就生动地说明，共产党人视人民如上帝，如天神，对人民充满敬畏。

正因为人民群众的力量是伟大的。马克思主义者深深懂得只有依靠人民，才能获得力量；只有依靠人民，无产阶级政党才能取得革命胜利、才能保证政权的稳固。在这一问题上，列宁、毛泽东等无产阶级革命家都有过非常明确的论述。列宁曾经指出："只有相信人民的人，只有投入生气勃勃的人民创造力泉源中去的人，才能获得胜利并保持政权。"③ "这个新政权所依靠的和力图依靠的强力，不是一小撮军人所掌握的刺刀的力量，不是'警察局'的力量，不是金钱的力量，不是任何以前建立起来的机构的力量。根本不是这些。……这个力量依靠的是什么呢？依靠的是人民群众。"④ 毛泽东也曾经把人民群众比作"真正的铜墙铁壁"，是什么力量都打不破的。斯大林也说过，"当布尔什维克保持同广大人民群众的联系时，他们将是不可战胜的，——这可以认为是一个规律。相反地，布尔什维克只要一脱离群众和失去同群众的联系，只要一染上官僚主义的毛病，他们就会丧失任何力量，而变成空架子。"⑤ 可见，无论是革命战争年代，还是和平建设时期，人民群众都是无产阶级政党力量的源泉。只要我们依靠人民，就会取得革命的胜利，也会维持政权的巩固。

再次，马克思主义者为了人民，把自己认定为人民利益的实现者、捍卫者和服务者。人民群众是历史的创造者，是无产阶级政党的依靠力量。从本质上讲，无产阶级政党是广大人民群众中的一部分，并没有同广大人民群众不同的利益。而且，实现和维护广大人民群众的利益是无产阶级政党产生的

---

① 《列宁选集》第4卷，人民出版社1995年版，第682页。
② 《毛泽东选集》第三卷，人民出版社1991年版，第1102页。
③ 《列宁全集》第33卷，人民出版社1985年版，第57页。
④ 《列宁全集》第39卷，人民出版社1986年版，第378页。
⑤ 《斯大林文集》(1934—1952)，人民出版社1985年版，第172页。

依据和存在的价值。正如斯大林所说,"党不仅是无产者的阶级联合的最高形式,而且又是无产阶级手中用来争得专政(当无产阶级还没有争得专政时)、用来巩固并扩大专政(当无产阶级已经争得专政时)的工具。"① 因此,无产阶级政党必须作人民利益的实现者、捍卫者和服务者。也就是说,无产阶级政党是实现和维护人民利益的工具,要全心全意为人民服务。

所以,"为人民服务"坚持了人民群众创造历史这一基本观点。这充分反映了马克思主义政党的根本立场,也体现了无产阶级的历史使命,决定了无产阶级政党一切活动的出发点和立足点。它要求作为无产阶级政党的中国共产党必须相信人民、依靠人民、为了人民,始终做到为人民服务。此外,"为人民服务"还有着深厚的马克思主义渊源,是坚持以马克思主义为指导探索中国革命、建设和改革而形成的理论成果,具有很强的科学性。

第二,"为人民服务"是一个经典性的命题,在表述形式上相对固定。在"为人民服务"形成与发展的过程中,在革命的不同阶段以及不同的文献当中,确实存在着内涵相近、形式相似的命题。比如,"替人民服务"、"替人民谋利益"、"为人民谋福利"、"为大众服务"、"替大众服务"、"服务人民"、"为中国人民服务"等。这些都可以反映出"为人民服务"的主要内涵。但是,"为人民服务"这一表述是最经典的形式,它已经为中国共产党的历史实践活动所定格,具有不可替代性。这五个字充分显示出以毛泽东为代表的历代中国共产党人的精神境界,已经成为中国共产党人和中国人民的一种符号和象征,并被人们广泛认同。我们甚至可以夸张地说,"为人民服务"这五个字已经和毛泽东的书法艺术融为一体。不仅表达形式不能变,就是在宣传当中也必须用那五个遒劲有力的毛体字来印刷。如果不这样的话,任何人都是无法接受的。这一点我们可以从毛泽东的题词中得到印证。毛泽东一生当中曾经题过很多词。但是他题词用语最多的就是"为人民服务"。1944年,毛泽东为邹韬奋先生逝世题写挽词是:"热爱人民,真诚地为人民服务,鞠躬尽瘁,死而后已,这就是邹韬奋先生的精神,这就是他之所以感动人的地方";1945年,毛泽东为八路军一二〇师三五九旅七一九团烈士纪念碑题词:"热爱人民,真诚地为人民服务,鞠躬尽瘁,死而后已";1950年,毛泽东给他的卫士长李

---

① 《斯大林选集》上卷,人民出版社1979年版,第267页。

银桥题词以示勉励，内容是："努力学习，学好后再做工作，为人民服务"；1964年，毛泽东为人民大会堂工作人员题词："勤学苦练，为人民服务"；1965年，毛泽东为庐山疗养院钟学坤题词："学习白求恩，学习雷锋，为人民服务"①……可见，"为人民服务"这五个字在毛泽东心目当中的位置是极高的。因此，我们说"为人民服务"这五个字已经成为一种经典的命题表述，是不能加以改变的。

第三，"为人民服务"是科学思想内涵与固定表达形式的统一。这是"为人民服务"的一大特色。前者规定了"为人民服务"精神实质，是"为人民服务"的神韵所系；后者体现了"为人民服务"作为思想本身所具有的形式上的美感以及由此导致的思想内涵的边界，更体现了"为人民服务"五个字在中国共产党思想体系以及中国人民心中的特殊地位。虽然在中国共产党的思想体系中，"为人民服务"与其他的思想理论具有根本目的上的一致性，而且与其他一些思想的内涵还存在着相通性。但由于"为人民服务"已经上升到党的宗旨，而且它已经和中国共产党和中国人民的实践联系在一起。经过长期的历史演变，"为人民服务"已经具有更高的指导意义和相对独立的思想指征。这就历史地形成了"为人民服务"在党和人民的心目中相对稳定的思想内涵和表述形式。在理解"为人民服务"的时候，不能把党关于人民的思想泛化为"为人民服务"，如保障人民利益、党群关系、党的思想政治工作的物质利益原则等。

总之，"为人民服务"是一个马克思主义的科学命题，具有科学真理性，也具有相对固定的表述形式。这就决定了我们考察对象在内容、性质和形式上的边界。在考察"为人民服务"的历史时要坚持"神"与"形"的统一，离开了二者中的任何一方面，都是不科学的。具体来讲，古今中外思想史上有许多关于"人"、"民"的思想和命题，甚至一些资产阶级思想家曾明确提出过为他人服务的观点。对这些思想要看到它们与"为人民服务"相似的同时更要看到它们实质上的差异，而对中国共产党的思想体系中的一些其他关于人民利益的思想，要注重其表述形式上的不同。要在马克思主义的思想体

---

① 以上题词参见韩振峰：《"为人民服务"考略》，《光明日报》，2011年11月2日，第11版。

系中，结合思想与命题两方面来考察"为人民服务"，并以此确定"为人民服务"形成与发展的历史阶段。

二、中国共产党的根本宗旨

"为人民服务"是中国共产党历史实践的产物。随着革命、建设和改革的不断推进，"为人民服务"也不断被赋予丰富的内涵。但是，"为人民服务"首先是中国共产党的根本宗旨。"为人民服务"作为党的宗旨，它在党的思想理论体系中居于最高层面，是党制定各项路线、方针、政策，以及开展党的建设、加强党员教育、规范党员行为的重要方面和重要依据。中国共产党以全心全意为人民服务为宗旨，这是由党的性质决定的，也是由党的指导思想所决定的，更是被《中国共产党章程》（以下简称《党章》）规定的。

坚持全心全意为人民服务是由党的性质决定的。党的十八大新修订的《党章》开宗明义指出："中国共产党是中国工人阶级的先锋队，同时是中国人民和中华民族的先锋队，是中国特色社会主义事业的领导核心，代表中国先进生产力的发展要求，代表中国先进文化的前进方向，代表中国最广大人民的根本利益。"① 这就表明了中国共产党的先锋队性质。也就是说，作为中国工人阶级的先锋队，党以工人阶级为自己的阶级基础，由工人阶级中的先进分子所组成，是领导工人阶级实现自身历史使命的先进队伍，她代表中国工人阶级运动的利益，而没有自己的私利。在当代中国，无产阶级的利益和最广大人民的利益是一致的。作为中国特色社会主义事业的领导核心，她也是中国人民和中华民族的先锋队，党的性质决定了她必须作人民利益的代表者和实现者。中国共产党成立 90 多年的历史就是不断为中国各族人民奋斗的历史。中国共产党为改变中国人民受剥削和压迫的命运而诞生，为改变中国人民贫困落后的状况而存在。在 90 多年的风雨历程中，中国共产党正是始终坚持了全心全意为人民服务的宗旨，一切为了人民、一切依靠人民，才有了今天独立自主的社会主义新中国，才有了全国各族人民的幸福生活。全心全意为人民服务体现了中国共产党一切活动的依靠力量，更揭示了党的一切活

---

① 《中国共产党章程》，人民出版社 2012 年版，第 1 页。

动的最终目的。从本质上讲，全心全意为人民服务是中国共产党的根本目的所在，离开了这一点，党就失去了存在的价值。

坚持全心全意为人民服务是由党的指导思想规定的。中国共产党是马克思主义政党，而马克思主义说到底就是无产阶级和全世界被压迫人民改变自身命运、实现自身利益的思想武器。而无产阶级政党则是这一思想武器发挥作用组织载体。因此，中国共产党坚持以马克思列宁主义、毛泽东思想、邓小平理论、"三个代表"重要思想、科学发展观作为自己的行动指南，贯彻习近平同志系列重要讲话精神，就是要尊重人民群众的主体地位，始终站在人民的立场上，体现人民的意愿，作人民利益的实现者，为人民群众的利益而奋斗。这是马克思主义政党与其他任何非马克思主义政党的根本区别。

坚持全心全意为人民服务是由《党章》规定的。早在中国共产党成立之时起，她就以实现中国人民的根本利益为己任。中国共产党第七次全国代表大会以后，为人民服务被写入了党章。自此，为人民服务在党章中的重要地位就基本上被延续下来。党的七大、八大通过的党章中都把为人民服务作为党的政治纲领和党员的义务，十一大通过的党章要求党员做到"全心全意为人民服务"。十二大、十三大党把"全心全意为人民服务"作为党的纲领以及党员的基本条件，自党的十四大起，"全心全意为人民服务"不仅作为党的纲领和党员的基本条件这两方面，而且还把"努力提高为人民服务的本领"作为党员的义务。历史表明，什么时候我们坚定地把全心全意为人民服务写在党的旗帜上，我们的事业就取得较好地发展[①]。对各级党组织和共产党员来说，《中国共产党章程》无疑是他们各项活动的根本大法，对他们具有极高的指导和规范作用。因此，无论是党的组织还是党员个人，必须始终坚持全心全意为人民服务的宗旨。

所以说，全心全意为人民服务是党的根本宗旨，是"为人民服务"的首要方面，是本书要重点考察的对象之一。

---

① 党的九大和十大通过的《中国共产党章程》是特定历史条件下、以错误的思想为指导的两个党章。在这两个党章中都没有提及"为人民服务"，也没有类似"为人民服务"的表述。而正是在这一阶段，党的事业和人民群众的利益遭受了重大损失。

三、人民军队的根本宗旨

人民军队是中国共产党领导下的武装力量，也是人民的子弟兵，是人民利益忠实的实现者和捍卫者。可以说，自这支军队成立以来，虽然几经易名，但是她忠于党、忠于人民的本色始终没有变，全心全意为人民服务的根本宗旨始终没有变。2010年8月，中共中央、中央军委下发的《中国人民解放军政治工条例》指出："中国人民解放军是中国共产党缔造和领导，用马克思列宁主义、毛泽东思想和邓小平理论、'三个代表'重要思想以及科学发展观等重大战略思想在内的中国特色社会主义理论体系武装的人民军队，是中华人民共和国的武装力量，是人民民主专政的坚强柱石。紧紧地和人民站在一起，全心全意地为人民服务，是这支军队的唯一宗旨。中国人民解放军必须始终不渝地保持人民军队的性质，忠于党，忠于社会主义，忠于祖国，忠于人民。"①

坚持全心全意为人民服务是由人民军队的根本性质决定的。马克思主义认为，军队是为一定阶级的政治目的服务的。中国共产党遵循这一马克思主义原理，反对单纯的军事路线，强调党对军队的绝对领导，强调军队为实现党的政治任务服务。早在"三湾改编"中就确立了党对军队的绝对领导，并且《古田会议决议》明确提出："红军是一个执行革命的政治任务的武装集团。"② 这就是说，人民军队是党领导下的革命力量，是执行党的政治任务的工具，以党的任务为己任。努力实现中国人民的利益是党的根本任务，全心全意为人民服务是中国共产党的根本宗旨，同时也是人民军队的根本任务和根本宗旨。

坚持全心全意为人民服务是由人民军队与人民群众的血肉联系决定的。人民军队是广大人民群众中的一部分，她来自于人民，同人民群众有着密不可分的血肉联系。新民主主义革命时期，正是由于坚持了全心全意为人民服务的宗旨，中国共产党才得以不断壮大，人民军队才得到人民群众的拥护和

---

① 《十七大以来重要文献选编》（中），中央文献出版社2011年版，第885页。
② 《毛泽东选集》第一卷，人民出版社1991年版，第86页。

支持，从而光荣地实现了争取革命战争胜利的使命。在社会主义建设时期，人民解放军更同广大人民群众有着共同的奋斗目标，必须发扬全心全意为人民服务的优良传统，紧紧依靠广大人民，这样才能完成党和人民交予的各项任务。

坚持全心全意为人民服务是加强军队建设的需要。我国是一个有着几千年封建传统的国家。无论是革命战争年代，还是革命胜利以后，这种封建思想对军队建设都有着十分不利的影响。在军队建设中，要时刻注意清除军阀主义、单纯军事观点、个人主义等错误思想观念，反对损害人民利益、破坏军民团结的一切错误行为。坚持全心全意为人民服务的宗旨，使人民军队同以往一切旧军队区别开来，更为人民军队建设提供了根本的原则。"在这个原则下面，人民解放军具有压倒一切敌人和战胜任何艰难困苦的一往无前的精神，它要压倒一切敌人，而决不被敌人所屈服；有一个很好的内部和外部团结，官兵之间、上下级之间，军事工作、政治工作、后勤工作之间，军民之间、军政之间、本军友军之间，都是团结一致的"①。正是有了全心全意为人民服务的宗旨，才有了人民军队特有的精神风貌，才有了社会主义国家人民和军队所特有的和谐关系。

因此，作为人民军队根本宗旨的"为人民服务"也是本书考察的对象之一。但是在有的时候，一些党的领导人和学者对中国共产党和人民军队的宗旨都是结合在一起论述的，这在革命战争年代表现得尤为明显。为了行为简洁，本书不再做特别的说明。

四、社会主义道德建设的核心

改革开放以来，"为人民服务"发展的一个重要方面就是成为社会主义道德建设的核心。把"为人民服务"作为道德建设的核心内容是社会主义道德优越性的集中体现，也就是要"提倡尊重人、关心人，热爱集体，热心公益，扶贫帮困，为人民为社会多做好事，反对和抵制拜金主义、享乐主义和个人主义。……引导人们对社会负责、对人民负责，正确处理国家、集体和个人

---

① 王幸生主编：《军队政治工作学》，军事科学出版社 2010 年版，第 110 页。

的关系，反对小团体主义、本位主义，反对损公肥私、损人利己。"① 需要指出的是，为人民服务不是一般的道德规范，而是道德建设的核心，对社会主义道德建设的基本要求以及各种道德规范起着统摄作用，是社会主义道德建设的各个层面的核心与灵魂。在社会主义道德体系中，以及道德建设的各领域，都有为人民服务的深刻体现，也是上述方面得以实现的保障和前提。

第一，"为人民服务"集体主义原则得以实现的根本保障。集体主义是人们正确处理个人利益与集体利益的原则。它要求人们能够做到大公无私、先公后私、至少不能损公肥私。在社会主义道德体系中，集体主义作为解决人们利益问题时的根本原则，也是由"为人民服务"这一核心衍生出来的。因为，社会主义的集体主义实际上就是在尊重个人利益的前提下，保障绝大多数人的利益得到实现。而"为人民服务"是集体主义成为可能，并且保障其真实性的必要前提。

一方面，"为人民服务"作为一种具体的行动，也就是要求人们服务他人、奉献社会。这不仅体现在日常生活中，更体现在具体的工作中。人们做到了"为人民服务"，也就使集体的利益即绝大多数人的利益得以实现。从这个角度来说，"为人民服务"是集体利益得到实现的根本途径。另一方面，"为人民服务"作为一种道德观还保证了集体主义的真实性。社会主义的集体主义所说的"集体"不同于剥削阶级以"集体"为名盗骗绝大多数人利益的"虚幻"的"集体"，它更不是为了小部分人的利益而侵犯社会上绝大多数人利益的小集体。离开了"为人民服务"的规定，集体主义就会被人蜕变为小集团主义或宗派主义。因此，集体主义只有与"为人民服务"结合起来，才能真正保障绝大多数人的利益。也就是说，"为人民服务"是集体主义真实性的保证。

因此，"为人民服务不仅保障着集体主义原则的实现，体现着集体主义原则中最重要的内容和最根本的要求，而且还制约着集体主义原则中的其他方面。为人民服务贯穿于集体主义的全部理论和实践之中，在集体主义原则中占据主导地位，因而成为集体主义的核心和灵魂。集体主义之中的任何内容

---

① 《十四大以来重要文献选编》（下），人民出版社1999年版，第2056页。

和要求，都必须用为人民服务来说明和规范。不论是集体利益首位，兼顾集体利益和个人利益，还是正确处理集体利益与个人利益之间的矛盾，如果离开了为人民服务，都不会得以说明和实现。"①

第二，"为人民服务"是"五爱"的本质要求。爱祖国、爱人民、爱劳动、爱科学、爱社会主义是社会主义道德建设的基本要求。这"五爱"无一不是对为人民服务的反映。

爱祖国就是爱人民的祖国。人民是我们国家的主人，人民的利益与国家的利益在本质上是一致的，国家更是人民利益的保护者和实现的载体。如果国家的统一和完整受到侵害，损害的必将是人民的利益。我们讲为人民服务，首先就要爱自己的祖国，自觉维护国家的团结统一，积极为国家建设作贡献。爱人民的要求则是为人民服务的直接体现。爱人民就是要尊重人民群众的主体地位，始终站在人民的立场上，相信人民、依靠人民、为了人民，努力实现人民群众的切身利益，积极维护人民的利益，同一切危害人民利益的行为做坚决的斗争。不仅如此，爱人民强调的是对人民的"爱"，即对人民有感情。只有做到这一点，才能在实际工作中，以人民的利益为出发点，为了人民的利益而勇于牺牲。爱劳动就是要积极参加社会主义建设，为促进经济、政治、文化、社会全面发展作出贡献，为满足人民群众日益增长的物质文化需要作贡献。爱科学就是要努力学习科学文化知识，掌握为人民服务的本领。社会主义制度是真正代表人民利益的社会制度。新中国的成立改变了以往中国人民受剥削和压迫的悲惨境遇，人民成了国家和社会真正的主人，人民的利益也得到了前所未有的保障。如果背离了社会主义，最终受害的只能是广大人民。苏联的解体和东欧的剧变，无不说明了这一点。因此，拥护社会主义制度，自觉同一切破坏社会主义的行为作斗争，实际是在捍卫人民的利益。因此，爱祖国、爱人民、爱劳动、爱科学、爱社会主义是为人民服务的具体体现。我们坚持为人民服务，就要在实际工作中做到"五爱"。

第三，"为人民服务"统领和规定着社会主义道德建设的各个领域。人们的生活包括社会生活和私人生活两个方面。前者分为社会公共领域、职业领

---

① 杨浩文：《为人民服务与集体主义的联系》，《道德与文明》，1997 年第 5 期，第 9 页。

域和婚姻家庭领域三个主要的方面，由此形成了社会公德、职业道德和家庭美德三大道德领域，后者则形成个人品德这一道德领域。"为人民服务"的核心作用正体现在对上述领域的统领和规定。

"为人民服务"是社会公德、职业道德和家庭美德的核心内容。《中共中央关于加强社会主义精神文明建设若干重要问题的决议》指出："全面加强社会主义道德建设，大力倡导文明礼貌、助人为乐、爱护公物、保护环境、遵纪守法的社会公德，大力倡导爱岗敬业、诚实守信、办事公道、服务群众、奉献社会的职业道德，大力倡导尊老爱幼、男女平等、夫妻和睦、勤俭持家、邻里团结的家庭美德。"① 其中，助人为乐以及职业道德直接体现着"为人民服务"的要求。而文明礼貌和邻里团结反映的是社会主义社会人与人之间的同志式关系，是"为人民服务"的重要方面。公共财物本身就是人民的财产，是人民利益的一部分，自然环境更是与人民的切身利益直接相关。爱护公物、保护环境体现了对人民利益的保护，也是"为人民服务"的基本要求。社会主义法律是人民利益的反映，遵纪守法就是不违背人民的利益，这是"为人民服务"的最起码的要求。至于尊老爱幼、男女平等、夫妻和睦、勤俭持家更是"为人民服务"的体现。"一个人在家庭中充满爱心，能够男女平等、尊老爱幼、夫妻和睦、勤俭持家，在社会上才能尊重人、关心人、爱护人，达到文明礼貌、助人为乐、爱护公物等社会公德的要求，才能在职业领域中爱岗敬业、积极努力、服务人民、奉献社会。"② 同样，一个具备为人民服务道德品质的人，他在家庭生活中一定能够做到男女平等、尊老爱幼、夫妻和睦、勤俭持家。

"为人民服务"也是个人品德的核心内容。在社会主义国家，能够积极为他人服务、为社会作贡献、主动承担社会责任是个人品德修养的重要方面。个体的公民是社会公共生活、职业生活、婚姻家庭生活的主体，个人品德则是社会公德、职业道德和家庭美德在个人思想和行为中的集中体现。因此，"为人民服务"对上述三大公德，同时也对个人品德这一私德具有统领和规定的作用，是个人品德的核心。

---

① 《十四大以来重要文献选编》（下），人民出版社1999年版，第2057页。
② 臧乐源：《简论家庭美德建设》，《胜利油田党校学报》，2003年第6期，第22页。

所以说,"为人民服务"是社会主义道德建设的核心内容。作为道德建设核心的"为人民服务"是本书着重考察的内容之一。

第二节 "为人民服务"的马克思主义渊源

马克思主义关于为人民服务的思想是中国共产党人提出和发展"为人民服务"的直接思想来源。这不仅表现在"为人民服务"是对马克思主义经典作家相关思想、观点的运用和发展,还表现在"为人民服务"形成与发展的过程同马克思主义中国化的历史进程相辅相成。中国的先进分子以马克思主义为指导成立了中国共产党,并且始终把马克思主义及其中国化的理论成果作为党的指导思想。因此,马克思主义直接指导着中国共产党和中国人民革命、建设与改革的伟大实践,为中国共产党和中国人民提供了认识世界与改造世界的基本原则和方法。从这个意义上讲,"为人民服务"形成与发展的过程也是中国共产党人贯彻马克思主义经典作家的相关思想并将其不断深化的过程。

一、马克思、恩格斯的"为人民服务"思想

马克思主义是关于无产阶级解放的学说。革命导师马克思、恩格斯不仅关心全世界无产者的解放,还非常关心无产阶级以及被压迫的绝大多数人的切身利益。在他们的一生中,提出了许多关于"为人民服务"的思想命题,如"为人民谋利益""为无产阶级谋利益""为工人阶级谋幸福""为人类工作""为人民造福""捍卫人民的利益"等。这些都为中国共产党人探索"为人民服务"提供了宝贵的思想来源。马克思和恩格斯主要从三个维度提出的这些命题。

(一)对人生理想的表述

马克思和恩格斯的伟大之处就在于,他们始终以实现无产阶级和全人类

解放为己任，并且把这一目标作为自己的人生理想。

马克思为人类工作的理想。早在青年时期，马克思就在自己的中学作文中写下了将来为人类作贡献的远大理想。他在 1835 年 8 月的德语作文《青年在选择职业时的考虑》中指出："如果我们的生活条件容许我们选择任何一种职业，那么我们就可以选择一种使我们获得最高尊严的职业，一种建立在我们深信其正确的思想上的职业，一种能给我们提供最广阔的场所来为人类工作，并使我们自己不断接近共同目标即臻于完美境界的职业，而对于这个共同目标来说，任何职业都只不过是一种手段。"① 在马克思看来，只要能为人类工作，不管什么职业都是伟大的事业。他进一步指出："在选择职业时，我们应该遵循的主要指针是人类的幸福和我们自身的完美。不应认为，这两种利益会彼此敌对、互相冲突，一种利益必定消灭另一种利益；相反，人的本性是这样的：人只有为同时代人的完美、为他们的幸福而工作，自己才能达到完美。如果一个人只为自己劳动，他也许能够成为著名的学者、伟大的哲人、卓越的诗人，然而他永远不能成为完美的、真正伟大的人物。"② "如果我们选择了最能为人类而工作的职业，那么，重担就不能把我们压倒，因为这是为大家作出的牺牲；那时我们所享受的就不是可怜的、有限的、自私的乐趣，我们的幸福将属于千百万人，我们的事业将悄然无声地存在下去，但是它会永远发挥作用，而面对我们的骨灰，高尚的人们将洒下热泪。"③ 诚然，"为人类工作"这一命题本身还不是成熟时期马克思的观点，还带有一定的抽象性，还没有把全人类的解放和无产阶级的解放事业区别开来。但是革命导师的这种人生理想也足以值得每一个人钦佩和学习。在马克思的人生道路上，无论是贫穷还是疾病，也无论是当局的打压还是论敌的诽谤都没能改变他为人类、为无产阶级谋利益的信念。他时常以普罗米修斯为榜样，甘作革命的殉道士，为了无产阶级的革命事业，他"生活永远是工作，而工作永远是战斗"④，一直战斗到了生命的最后一刻。他的这段话更激励了无数人，成为人们的座右铭。这一点连马克思的敌人都不得不承认。

---

① 《马克思恩格斯全集》第 1 卷，人民出版社 1995 年版，第 458 页。
② 《马克思恩格斯全集》第 1 卷，人民出版社 1995 年版，第 459 页。
③ 《马克思恩格斯全集》第 1 卷，人民出版社 1995 年版，第 459—460 页。
④ ［德］弗·梅林著：《马克思传》（上），樊集译，人民出版社 1972 年版，第 44 页。

恩格斯为无产阶级服务的思想。恩格斯是马克思的亲密战友。无论是马克思生前，还是马克思逝世以后，他都始终如一地为无产阶级的解放事业作贡献。1890 年 11 月 28 日是恩格斯 70 岁的生日。他在这一天收到了来自很多国家和地区的贺信、贺电、文章和礼物。为了表示对这些人的感谢，恩格斯于 12 月 2 日专门致信柏林人民报，他说："当我七十岁生日的时候，有这样多真挚的关怀，这样多意想不到的荣誉落到我的身上，……没有谁比我更清楚地知道，这些荣誉大部分我不应该归于自己，归于我的功劳。我只是有幸来收获一位比我伟大的人——卡尔·马克思播种的光荣和荣誉。因此，我只有庄严地许约，要以自己的余生积极地为无产阶级服务，但愿今后尽可能不辜负给予我的荣誉。"①

（二）对"为人民谋利益"思想的正面表达

和以往一切的思想体系不同，马克思主义是无产阶级的世界观，是全世界被压迫人民获得解放的思想武器，是真正为世界上的绝大多数受压迫者服务，而不是为少数的剥削阶级服务的。马克思主义掌握群众之后，就会产生变革旧世界的物质力量。这种物质力量就是马克思主义指导下的无产阶级运动。马克思和恩格斯这两位革命导师研究的领域有很多，但是他们关注的焦点始终都是如何使无产阶级摆脱受压迫的命运。在马克思、恩格斯的著作当中，到处贯穿着他们为人民谋利益、为无产阶级服务的思想。

在标志着马克思主义诞生的《共产党宣言》当中，马克思恩格斯就明确指出："过去的一切运动都是少数人的或者为少数人谋利益的运动。无产阶级的运动是绝大多数人的、为绝大多数人谋利益的独立的运动。"② "共产党人不是同其他工人政党相对立的特殊政党。他们没有任何同整个无产阶级的利益不同的利益。……在无产阶级和资产阶级的斗争所经历的各个发展阶段上，共产党人始终代表整个运动的利益。"③ 可以说，为绝大多数人谋利益正是马克思恩格斯所领导的无产阶级运动的根本目的，是无产阶级一切活动的根本

---

① 《马克思恩格斯全集》第 22 卷，人民出版社 1965 年版，第 100 页。
② 《马克思恩格斯选集》第 1 卷，人民出版社 1995 年版，第 283 页。
③ 《马克思恩格斯选集》第 1 卷，人民出版社 1995 年版，第 285 页。

出发点和基本立场。需要说明的是，《宣言》中所说的"为绝大多数人谋利益"，既体现了无产阶级运动的根本目的，也揭示了无产阶级政党一切活动的根本目的，这两个方面在科学社会主义的视野中是统一的。

1848年12月，马克思在《资产阶级和反革命》中明确指出："革命——它在人民的口里的意思是：你们资产阶级在组织 Comité du salut public，公安委员会，我们把权力交给这个委员会并不是为了让你们为自己的利益而去同王权达成协议，而是为了要你们违背王权的意志来捍卫我们的利益，人民的利益。"①

在《法兰西内战》中，马克思系统总结了巴黎公社的经验教训，认为公社已经初步具备了无产阶级国家的轮廓，这是一种新的国家机器，这种国家机器不是为了剥削人民，而是"服务于组织在公社里的人民"，代表和维护劳动群众的利益，而公社的管理者则是"负责任的勤务员"。马克思指出："工人阶级不能简单地掌握现成的国家机器，并运用它来达到自己的目的。"② 那么，无产阶级的国家应该是什么样子的呢？马克思指出，旧政权中还包含着纯属压迫性质的国家机关，必须把它从"僭越和凌驾于社会之上的当局那里夺取过来，归还给社会的负责任的勤务员。"③ 在这里，马克思实际上已经揭示了无产阶级国家的一些特征。这种国家实行普选制，一切权力机构都由选举产生，对人民负责，并且随时可以撤换。"普遍选举权不是为了每三年或六年决定一次由统治阶级中什么人在议会里当人民的假代表，而是为了服务于组织在公社里的人民"④。恩格斯后来谈到，这种国家形式可以有效地防止国家机关由社会公仆变为社会主人。笔者认为，马克思的"勤务员"思想指出了无产阶级国家和无产阶级政党的身份特征，这一身份和资产阶级的"官老爷"、"社会主人"等角色是根本对立的，体现在无产阶级政党以及无产阶级国家的权力是人民赋予的，他们不是人民的压迫者，而是人民的服务者，必须代表人民利益、对人民负责、为人民服务。由此我们还可以得出一个结论，无产阶级政党和国家权力的来自人民，他们必须无条件地为人民服务，做人

---

① 《马克思恩格斯全集》第6卷，人民出版社1961年版，第130页。
② 《马克思恩格斯选集》第3卷，人民出版社1995年版，第52页。
③ 《马克思恩格斯选集》第3卷，人民出版社1995年版，第57页。
④ 《马克思恩格斯选集》第3卷，人民出版社1995年版，第57页。

民的"勤务员"。

1887年，恩格斯在《英国工人阶级状况》美国版序言即《美国工人运动》一文中提出让社会中的一切生产资料"为了全体的利益而共同使用"。恩格斯认为，纲领是一个政党形成的重要特征。而"造成工人阶级和资本家阶级之间的鸿沟的原因，在美国和在欧洲都是一样的；填平这种鸿沟的手段也到处都相同。"① 因此，美国无产阶级的纲领最终会完全符合欧洲无产阶级的纲领。"这个纲领将宣布，最终目的是工人阶级夺取政权，使整个社会直接占有一切生产资料——土地、铁路、矿山、机器等等，让它们供全体和为了全体的利益而共同使用。"②

1889年9月，恩格斯在《资产阶级让位了》中提出厂主"为有组织的工人服务"。他指出："在现代各大工业部门中最现代化的一个部门里，也像在中世纪的伦敦那样，资产阶级暴露出自己无能维护本阶级的利益。不仅如此，它还对此直认不讳，由于它吁请有组织的工人强迫厂主自己维护自己的基本的阶级利益，因而它不仅自己声明自己让位，而且认为有组织的工人阶级是自己的有能力的、负有执政使命的继承者。它自己宣布：即使每一单个的厂主还能够领导他自己的工厂，只有有组织的工人才能领导整个棉纺织工业。这换成普通话来说就是：厂主只有一个使命，那就是作为领薪金的企业领导人来为有组织的工人服务。"③

此外，马克思还提出了"为人民谋福利"和"为人民造福"的思想。在他的中学考试拉丁语作文《奥古斯都的元首政治应不应当算是罗马国家较幸福的时代?》中，马克思对古罗马的历史进行了深入的分析，认为奥古斯都的元首政治时期，是古罗马史上最美好、最幸福的时代。马克思指出："正如我们所见到的，奥古斯都已把所有的派别、一切头衔、全部的权力都集中到了他自己一个人身上，因而最高权力本身不会发生矛盾，否则会给任何一个国家带来最大的危险，因为那样一来奥古斯都的威望在异国民族的眼里就会下降，从事国家事务更多的是为了贪图个人私利，而不是为人民谋福利。"④

---

① 《马克思恩格斯选集》第4卷，人民出版社1995年版，第389—390页。
② 《马克思恩格斯选集》第4卷，人民出版社1995年版，第390页。
③ 《马克思恩格斯全集》第21卷，人民出版社1965年版，第443—444页。
④ 《马克思恩格斯全集》第1卷，人民出版社1995版，第463页。

"既然国家看来治理得不错，元首愿为人民造福，并且最杰出的人们根据他的倡议担任了国家职务……同时应当指出，那位尽管有条件为所欲为，但在获得权力之后却一心只想拯救国家的人，是应当受到很大的尊敬的。"① 在马克思看来，奥古斯都把所有的权力都集于一身，就避免了权力的纷争，使人民的利益免于受到损害，而且他虽然具备了攫取个人私利的条件，但是他是一个愿意为人民造福的元首，也在事实上把国家治理得不错，使人民得到了福利，应当受到尊敬。

（三）对削弱阶级虚假本质的批判

马克思和恩格斯不仅从肯定的方面表达了他们的为人民服务思想，而且他们在对剥削阶级特别是对资产阶级的批判中，也从反面阐述了为人民谋利益的思想，揭露了资产阶级的虚假本质，指出这些阶级都是为了追求自己的私利，而不是为人民造福的。

1843 年 10 月，恩格斯在《大陆上社会改革的进展》一文中，揭露和批判了德国宗教改革领袖马丁·路德迎合贵族和新教诸侯、"为人民的压迫者服务"的本质。历史上，马丁·路德在宣布教会改革、鼓动人民反对旧的教会时曾经起到过积极的作用。但是由于自身的局限性，他最终走到了人民的对立面。他在《反对杀人越货的农民暴徒》中不仅和农民起义者"划清了界线"，而且煽动贵族用最残忍的手段镇压农民起义者，要"像杀狗那样杀他们！"② 恩格斯对马丁·路德的罪恶本质进行了无情的批判，他指出："整本小册子对人民充满了仇恨，而且达到了暴怒和疯狂的程度，……这表明，如果说他在开始自己的传教士生涯时是人民的一分子，这时就完全为人民的压迫者服务了。"③ 这就是说，为了自己的私利，路德已经完全背离了人民的立场，沦落为人民压迫者的帮凶，而不再为人民服务了。

恩格斯在《英国工人阶级状况》中指出，一些地区的煤矿工人，没有受教育的机会，还遭到各种方式的剥削，甚至连生命都时刻面临威胁。而且这

---

① 《马克思恩格斯全集》第 1 卷，人民出版社 1995 年版，第 464—465 页。

② 马丁·路德：《反对杀人越货的农民暴徒》，1841 年柏林版第 7 卷，第 185 页。转引自《马克思恩格斯全集》第 3 卷，人民出版社 2002 年版，第 486 页。

③ 《马克思恩格斯全集》第 3 卷，人民出版社 2002 年版，第 486 页。

些地区的宣传机构也都站在资本家的立场上，为资产阶级服务。他说，煤矿主和他们的亲戚朋友，"在这些贫穷落后的地区，在这些报纸很少，——而报纸也是为统治阶级服务的，——政治宣传工作很不开展的地区，享有几乎无限的权力。"①

1891年，恩格斯在《卡·马克思"法兰西兰内战"一书导言》中批判了美国资产阶级表面上"替国民服务"，实际上是"统治和掠夺国民"的。他认为，私有制产生以前的国家机器都是维护社会共同的利益。但是私有制产生以后，特别是资产阶级国家出现后，这些国家机器就不再是社会的公仆，而成了社会的主宰，其存在的主要目的就是实现自己的特殊利益。这种情形不仅在世袭制的君主国内可以看到，而且在美国这样的共和制国家里也是如此。恩格斯指出："以往国家的特征是什么呢？社会起初用简单分工的办法为自己建立了一些特殊的机关来保护自己共同的利益。但是，后来，这些机关，而其中主要的是国家权力，为了追求自己特殊的利益，从社会的公仆变成了社会的主宰。这种情形不但在例如世袭的君主国内可以看到，而且在民主的共和国内也可以看到。正是在美国，'政治家'比在任何其他地方都更加厉害地构成国民中一个特殊的和富有权势的部分。那里，两个轮流执政的大政党中的每一个政党，都是由这样一些人操纵的，这些人把政治变成一种收入丰厚的生意，拿合众国国会和各州议会的议席来投机牟利，或是以替本党鼓动为生，而在本党胜利后取得相当职位作为报酬。……他们轮流执掌政权，用最肮脏的手段为最卑鄙的目的运用这个政权，而国民却无力对付这两个大的政客集团，这些人表面上是替国民服务，实际上却是统治和掠夺国民的。"②在这里，恩格斯实际指出了美国所谓民主政治的虚假本质，即美国的两大政党都是特殊利益团体的代表，他们打着为国民服务的旗号，实际上是替资产阶级剥削国民的。

总之，马克思和恩格斯不仅提出了为人类、为无产阶级服务的人生理想，展现了革命导师的高风亮节，而且他们的论著中包含着丰富的为人民服务思想。笔者认为，马克思和恩格斯在为人民服务发展史上最重要的贡献在于提

---

① 《马克思恩格斯全集》第2卷，人民出版社1957年版，第541页。
② 《马克思恩格斯全集》第22卷，人民出版社1965年版，第227—228页。

出了"为绝大多数人谋利益"。这是后来的马克思主义者，特别是以毛泽东为代表的中国共产党人探索"为人民服务"的直接思想来源。

一方面，这一思想是从无产阶级运动、无产阶级政党、无产阶级国家机关等视角提出的，充分说明了无产阶级运动的根本性质，体现了无产阶级政党奋斗的根本目标和根本宗旨。另一方面，这样的表述方式更为严谨。我们不难看出，在马克思和恩格斯所阐述的关于"为人民服务"的思想中，很少提及"人民"一词（虽然在马克思早期的作文中出现过"人民"的字眼，但是和马克思后来所说的"人民"的内涵有很大区别）。他们大多使用绝大多数人、劳动人民、"公社里的人民"、无产阶级等词。这是因为，在马克思和恩格斯生活的年代，无产阶级阵营中的机会主义者、无政府主义者和调和主义者，如拉萨尔、威廉·李卜克内西曾经盗用马克思和恩格斯论著中的词句，以"人民"的代言人自居，而实际上做的全是破坏无产阶级事业的事情。还有一些报纸刊物，如《人民国家报》，也曾发表过背离无产阶级利益的言论。这不得不使马克思和恩格斯采取非常严肃的态度对待"人民"一词，并且时常澄清自己和这些人的差别，甚至他们还说过自己都不是"社会主义者"和"马克思主义者"。在这样的情况下，用"绝大多数人"来表示服务的对象是比较准确的，这既不是抽象地泛指全人类，更不是指那些极少数掌握资本的剥削者。此外，我们也要看到，出自《共产党宣言》中的"绝大多数人"这一提法确实给人不够具体的感觉，好像范围太大了。但问题在于《宣言》对无产阶级运动有着特殊的意义。这样的提法不是为了淡化各阶级间的差异，而是完全出于革命的需要。因为，"绝大多数人"可以包括更多的内涵，在革命的不同阶段，既可以指工人阶级，有时也可以包括农民、城市小资产阶级等等。这对无产阶级运动是十分有益的。

二、列宁的"为人民服务"思想

列宁继承并发展了马克思恩格斯为绝大多数人谋利益的思想。他在捍卫马克思主义、领导俄国无产阶级运动、探索苏联社会主义建设的过程中，提出了为绝大多数人利益服务的思想、维护工人利益的思想、关于如何服务群众的思想、"大家为一人，一人为大家"的思想、文学写作为千千万万劳动人民服务的思想。

（一） 为绝大多数人服务的思想

早在《共产党宣言》中，马克思、恩格斯就明确指出无产阶级运动是为绝大多数人谋利益。列宁继承了马克思、恩格斯的这一思想，并且进一步提出为绝大多数人服务、为绝大多数人利益服务、为无产阶级服务等思想。

1917 年 6 月，反革命、反人民的俄国临时政府面临着前所未有的政治危机。特别是在 6 月 18 日，彼德格勒发生了 50 万工人和士兵群众反对临时政府的游行示威，并且打出了"全部政权归苏维埃"的旗帜。列宁对整个六月的政治危机予以高度的赞扬。他认为这是革命力量的大检阅，充分显示了布尔什维克在群众中的影响力大大增强了。列宁在《六月十八日》一文中对整个六月的政治危机作了评述，他明确指出："无产阶级，只有无产阶级，才是力量的源泉。无产阶级，只有无产阶级，才能保证为大多数人的利益服务，即为受战争和资本压迫但有能力战胜战争和资本的被剥削劳动者的利益服务！"①

1915 年 7 月，在第一次世界大战期间，列宁就曾撰文《社会主义与战争》，阐明了社会党人对这场战争的态度。他批判了社会沙文主义者特别是考茨基主义者对无产阶级事业的巨大破坏，指出考茨基主义者所说的议会，实际上是掩盖了问题的实质。因为不同立场的人对议会的理解是不同的。列宁在分析革命的马克思主义者和社会帝国主义者看待议会的不同态度时，提出工人阶级的议会是为无产阶级服务的。他指出："一些人利用议会舞台是要讨好自己的政府，或者至多不过像齐赫泽党团那样自居清白。另一些人利用议会活动，则是为了做彻底的革命者，为了在最困难的情况下也要履行自己作为社会党人和国际主义者的职责。一些人的议会活动使他们坐上部长的安乐椅，另一些人的议会活动则使他们坐监牢，被流放，服苦役。一些人在为资产阶级服务，另一些人则在为无产阶级服务。一些人是社会帝国主义者，另一些人则是革命的马克思主义者。"② 在列宁看来，考茨基主义者用虚假的资

---

① 《列宁全集》第 30 卷，人民出版社 1985 年版，第 335 页。
② 《列宁选集》第 2 卷，人民出版社 1995 年版，第 535 页。

产阶级议会道路来迷惑工人阶级,这就等于掩盖了无产阶级运动的实质。实际上,考茨基主义者所说的和平过渡到社会主义的说法,都是为了自己的私利,是为资产阶级服务的。这些人都是社会沙文主义者,而不是革命的马克思主义者。革命的马克思主义者,是彻底的革命者,他们为了无产阶级的利益,不怕坐牢,不怕被流放,他们所做的一切都是在为无产阶级服务。

1916年8月,列宁再一次批判了考茨基派的调和主义立场。他指出"问题不在于参加组织的人数,而在于这个组织所采取的政策的客观实际意义:这个政策是代表群众利益,为群众服务,即为群众从资本主义下得到解放服务呢,还是代表少数人的利益,代表少数人同资本主义调和?"① 在列宁看来,考茨基派实际上是打着群众的旗号为少数人服务的,而不是为群众的解放服务。

1920年3月,列宁在俄共(布)第九次代表大会中的中央委员会报告中提出了教育要"在共产党员领导之下为无产者、为工人、为劳动农民服务"的思想。他在报告中针对党内反对派反对任用专家的主张,强调了学习资产阶级的文化和管理经验、起用资产阶级管理人才和技术专家的重要性。他认为不仅要从无产阶级内部选拔管理人员,而且还要通过教育改造资产阶级专家,使这些人为绝大多数人服务。列宁指出:"我们要运用全部国家机构,使学校、社会教育、实际训练都在共产党员领导之下为无产者、为工人、为劳动农民服务。"② 当然,列宁在这里是从教育的角度来讲的。他的这一论断揭示了无产阶级教育的两个重要方面。其一,就是要坚持共产党的领导。其二,就是要在党的领导之下,使教育为人民服务。也就是说,是要使各种教育机构、教育类别在共产党的领导下,能够培养无产阶级的管理人员,改造旧的资产阶级专家和技术人员,使教育为无产者、工人和劳动农民服务,即为绝大多数人服务。可以说,这是共产主义运动史上第一次提出教育为人民服务的思想。

(二)维护工人和劳动群众利益的思想

维护工人和劳动群众利益是为人民服务的重要方面。维护谁的利益,说

---

① 《列宁选集》第2卷,人民出版社1995年版,第718页。
② 《列宁选集》第4卷,人民出版社1995年版,第125页。

到底是一个立场问题。当人民的利益受到侵害时，是否站在工人群众和绝大多数人的立场上，是无产阶级政党与以往一切剥削阶级政党最大的分水岭。马克思主义指导下的无产阶级政党从诞生之日起，就始终以维护工人和劳动群众的利益为己任。在列宁的著作中多次论及维护工人利益的思想，这些思想都是对马克思恩格斯代表人民利益、捍卫人民利益思想的继承和发展。

维护工人利益是党的宗旨。1895 年 12 月，列宁在《社会民主党纲领草案及其说明》中明确指出："党的活动应该是帮助工人进行阶级斗争。党的任务不是凭空捏造一些帮助工人的时髦手段，而是参加到工人运动中去，阐明这个运动，并在工人自己已经开始进行的这个斗争中帮助他们。党的任务就是维护工人的利益，代表整个工人运动的利益。"① 这里虽然没有明确出现"宗旨"这样的字眼，但是已经包含了对俄国社会民主党宗旨的论述。因为，1895 年年底通过的《俄国社会民主党党纲草案》第二条第一款提出，俄国社会民主党的任务就是帮助工人进行反对专制政府的斗争。在列宁看来，这是维护工人阶级利益的党必须进行的活动，也就是党的任务。不仅如此，列宁在《党纲说明》中还进一步指出："这是党纲中最重要、最主要的一条"②。因此，维护工人利益、代表整个工人运动的利益就是党纲最重要的方面，实际上讲的也就是党的宗旨问题。此外，列宁还提出了党如何维护工人的利益，如何帮助工人进行反对专制的斗争。比如，提出社会民主党要维护工人的利益，就要深入到工人运动当中，提高工人的阶级觉悟，把工人组织起来，指出工人阶级斗争的任务和目的等等。这些都是关于社会民主党如何实践党的宗旨的具体要求。当然也要看到，列宁把维护工人利益作为党的宗旨，这是从其理论实质上讲的。他在这一时期并没有明确地提出维护工人利益是党的宗旨，只是说明了这是党纲中"最重要、最主要的一条"。

工会维护工人阶级和劳动群众的利益。在新经济政策的指导下，由于允许资本主义和自由贸易在一定程度下发展，这就带来了改组工会的需要。但在如何看待工会作用的问题上，列宁和托洛茨基、布哈林曾有过激烈的争论。托洛茨基抽象地谈论"工人国家"问题，认为在"工人国家"中工会的任务

① 《列宁全集》第 2 卷，人民出版社 1984 年版，第 85 页。
② 《列宁全集》第 2 卷，人民出版社 1984 年版，第 85 页。

已经不是保护工人阶级的利益。布哈林在这一问题上则采取折中主义的态度，认为列宁仅仅"从政治上"看问题，托洛茨基仅仅"从经济上"看问题。他提出"既不能抛弃这个政治因素，又不能抛弃这个经济因素"①。列宁正是看到了这些论调的危害，并且不顾自己身患疾病，同以托洛茨基和布哈林为代表的错误观点展开了尖锐斗争。1921年12月，列宁在《关于工会在新经济政策条件下的作用和任务的提纲草案》中系统总结了苏共党内关于工会问题争论的经验，阐述了一系列关于改组工会的理论问题，并且反复强调工会要维护无产阶级和劳动群众的利益。他认为，只要苏联还没有实现农业和工业的电气化，工人群众和国家官僚主义以及资本主义残余之间必然存在利益冲突，由此导致了工人群众的罢工斗争就是不可避免的。在这样的形势下，无产阶级政党和工会站在谁的立场上，就显得十分重要。列宁对此旗帜鲜明地指出："今后工会最主要的任务之一，就是在无产阶级同资本作斗争时从各方面全力维护无产阶级的阶级利益。这项任务应当公开提到一个极重要的地位"②。不仅在私营企业，"即使在国营企业中，工会也义不容辞应维护无产阶级和劳动群众的阶级利益，使之不受雇用他们的人侵犯。"③ 同时，他还提出要对工会进行相应的改组，从而有效解决雇用者和受雇者间的利益冲突，保护工人阶级和劳动群众的利益。由此可见，列宁站在工人阶级和劳动群众的立场上，对工会的作用进行了详细阐述，明确回答了工会"为什么人"的问题。列宁的这一思想虽然是从工会作用的角度提出的，但是对无产阶级政党和社会主义国家同样具有重要的指导意义。因为无产阶级政党和国家，不仅要努力实现人民的利益，而且要支持和满足人民的利益诉求，保护人民的正当利益。这些都是为人民服务的重要表现。可以说，列宁的工会维护工人和劳动群众利益的思想，至今仍然具有重要的理论价值和实践价值。

（三）关于如何服务群众的思想

为人民服务应当是具体的，要体现在实际的工作和生活之中，而不应该

---

① 转引自《列宁选集》第4卷，人民出版社1995年版，第415页。

② 《列宁选集》第4卷，人民出版社1995年版，第620页。

③ 《列宁选集》第4卷，人民出版社1995年版，第621页。

是一句口号。从这个意义上说，列宁对为人民服务思想的一个重要贡献就是解决了如何为人民服务的问题，对服务群众的方法和原则进行了一系列的阐述。

列宁认为，无产阶级政党要为群众服务，就必须深入到群众当中去，与群众保持密切的联系。他在《维·查苏利奇是怎样毁掉取消主义的》一文中指出："为了为群众服务和代表他们正确地意识到的利益，先进队伍即组织必须在群众中开展自己的全部活动，……，并且要随时随地仔细客观地检查：是否同群众保持着联系，联系是否密切。这样，也只有这样，先进队伍才能教育和启发群众，代表他们的利益，教他们组织起来，使群众的全部活动沿着自觉的阶级政策的道路前进。"① 很显然，列宁在这里把深入群众、与群众保持密切联系作为服务群众的重要途径。不仅如此，按照马克思主义的观点，深入群众、与群众保持密切联系这些论断还具有方法论的意义。因为，无产阶级政党如果不与群众保持密切的联系，党的工作就无法开展，阶级政策就得不到体现，服务群众就是一句空话。因此，深入群众、与群众保持密切联系是为人民服务的重要方法和关键环节。

一般来说，广大人民群众之间的利益，以及工人运动各阶段的利益在本质上是一致的。但是在一定条件下，也存在着发生矛盾的可能。这就要求无产阶级政党在为人民服务的过程中，不仅要努力维护和实现人民群众的利益，而且要教育、引导人民，帮助人民处理好眼前利益和长远利益、局部利益和整体利益、工人群众当中个别阶层的利益和整个无产阶级运动的利益等。列宁曾经对这些问题有过非常精彩的论述。

19 世纪 90 年代，俄国社会民主党内的"经济派"思想逐渐占据优势地位。这一思潮受伯恩施坦机会主义影响，迷恋经济斗争，反对政治斗争，认为俄国的工人阶级还十分幼稚，只进行经济斗争就够了。这就对党的组织的统一性以及整个无产阶级运动造成极大的破坏。列宁撰写了大量文章对这一错误论调进行深刻的批判。1899 年年底，列宁在《我们党的纲领草案》中明确指出："根据马克思主义的基本思想，社会发展的利益高于无产阶级的利益；

---

① 《列宁全集》第 24 卷，人民出版社 1990 年版，第 41—42 页。

整个工人运动的利益高于工人个别阶层或运动个别阶段的利益。"① 因此，他主张在党的纲领中要明确提出无产阶级政党的目标，指明无产阶级斗争的目的，即推翻俄国的专制制度、使人民获得政治上的自由。这不仅是俄国无产阶级的利益，也符合俄国社会发展的利益。当然，在无产阶级革命的新的历史条件下，社会发展的利益和无产阶级的利益是一致的。无产阶级奋斗的目标就是要实现社会的发展，实现全世界无产者的解放。列宁的这段话告诉我们，在党的宣传鼓动工作、组织工作以及党的各项工作中，不能用局部利益和眼前利益来否定整体利益和长远利益。

1900 年 11 月，列宁在《我们运动的迫切任务》中再次批判了 "经济派" 的错误观点，并且进一步阐明了当时俄国无产阶级运动中最迫切的任务。列宁认为，"经济派" 和《〈工人思想报〉增刊》的观点完全否定了俄国社会民主党的纲领，这种只 "使大家热衷于运动的一个方面"② 的做法是狭隘的。在实践中，这样的做法就会导致无产阶级政党仅仅为工人阶级某一方面的利益服务，而不是为整个工人阶级的利益服务，并且还会割裂工人运动和社会主义已经建立起来的联系。这不仅会极大地损害工人阶级的利益，而且会成为资产阶级的帮凶。列宁指出："社会民主党是工人运动和社会主义的结合，它的任务不是消极地为每一阶段的工人运动服务，而是要代表整个运动的利益，给这个运动指出最终目的，指出政治任务，维护它在政治上思想上的独立性。"③ 列宁的这一思想指明了无产阶级政党为人民群众服务的原则和方法。在列宁看来，无产阶级政党应该把为无产阶级的经济利益服务和为政治利益服务结合起来，在无产阶级还没有取得政治自由的时候，要把政治斗争放在首位。这就解决了在工人阶级经济上受剥削、政治上受压迫国家里，无产阶级政党如何为工人群众服务以及无产阶级政党如何统一领导工人运动的问题。

1921 年 4 月，列宁在《论粮食税》中再次重申了工人的长远利益高于眼前利益、整体利益高于局部利益的思想。他指出："无产阶级作为一个领导阶级、统治阶级，应当善于指导政治，以便首先去解决最迫切而又最'棘手的'

---

① 《列宁全集》第 4 卷，人民出版社 1984 年版，第 192 页。
② 《列宁选集》第 1 卷，人民出版社 1995 年版，第 284 页。
③ 《列宁选集》第 1 卷，人民出版社 1995 年版，第 284 页。

任务。现在最迫切的就是采取那种能够立刻提高农民经济生产力的办法。……这是因为不经过这种办法，就无异于把工人的行会利益置于阶级利益之上，就无异于为了工人眼前的暂时的局部的利益，而牺牲整个工人阶级的利益，牺牲工人阶级专政的利益，牺牲工农为反对地主、资本家而结成的联盟的利益，牺牲工人阶级在争取劳动摆脱资本桎梏的斗争中的领导作用的利益。"① 也就是说，在列宁看来，无产阶级的利益高于工人行会的利益，整个工人阶级专政的利益高于工人眼前暂时的局部的利益。对于当时的苏联国内形势来说，就是要提高农业生产力，不断增加粮食产量和农业税收，进而提高工农的生活水平，巩固工农联盟。否则，既不利于农民的利益，也不利于工人阶级的利益。

（四）"大家为一人，一人为大家"的思想

列宁对"为人民服务"最重要的一个贡献就是把为人民服务作为共产主义道德，号召每一个社会主义国家的公民都作为人民服务的实践者，提出了"大家为一人，一人为大家"的思想。

1919年4月，莫斯科—喀山铁路莫斯科编组站机务段的15名共产党员利用星期六的时间从事义务劳动，并且进一步把这种义务劳动发展成群众性的义务劳动。列宁认为，这是一个"伟大的创举"。它从根本上否定了剥削制度下所谓"自由交换"带来的各行其是、尔虞我诈、互相敌视等风气，也打破了资本主义社会所奉行的"人人为自己，上帝为大家"的自私自利思想。工人们自觉开展义务星期六劳动，是"自觉自愿提高劳动生产率、过渡到新的劳动纪律、创造社会主义的经济条件和生活条件的首创精神。"② 列宁高度赞扬了这种共产主义劳动态度和共产主义品德的积极意义，认为虽然这只是新社会的萌芽，但是有着十分重要的作用。为了更好地克服当时苏联面对的经济困难，成功应对国外的武装干涉，列宁提倡把这种对模范的、共产主义的工作推广到全社会、推广到全体劳动群众中去。列宁在《从莫斯科—喀山铁路的星期六义务劳动到全俄星期六义务劳动》中指出："我们将努力消灭'人

---

① 《列宁选集》第4卷，人民出版社1995年版，第500—501页。
② 《列宁选集》第4卷，人民出版社1995年版，第13页。

人为自己，上帝为大家'这个可诅咒的准则，克服那种认为劳动只是一种差事，凡是劳动都理应按一定标准付给报酬的习惯看法。我们要努力把'大家为一人，一人为大家'和'各尽所能，按需分配'的准则渗透到群众的意识中去，渗透到他们的习惯中去，渗透到他们的生活常规中去，要逐步地却又坚持不懈地推行共产主义纪律和共产主义劳动。"①

虽然列宁在这里讲的是共产主义的品德，但是他更多的是强调把这种"大家为一人，一人为大家"的劳动纪律和劳动态度推广到全体人民中去。这也说明，为人民服务应当是每一个社会主义劳动者应具备的道德品质。列宁的这一思想正是作为社会主义道德建设核心为人民服务的思想来源之一，这对我们认识中国共产党关于社会主义条件下人人都是服务者、人人都是服务对象的判断具有重要意义。

（五）文学为千千万万劳动人民服务的思想

列宁还从文学写作的角度谈了知识分子为人民服务的思想。他在《党的组织和党的出版物》中批判了无政府主义者以及其他资产阶级文人所谓的"思想创作绝对自由"。他认为这种"自由"具有无政府主义和个人主义倾向，不是真正的自由写作，只有公开同无产阶级相联系即在党的领导下的写作才是真正自由的写作。他指出："这将是自由的写作，因为把一批又一批新生力量吸引到写作队伍中来的，不是私利贪欲，也不是名誉地位，而是社会主义思想和对劳动人民的同情。这将是自由的写作，因为它不是为饱食终日的贵妇人服务，不是为百无聊赖、胖得发愁的'一万个上层分子'服务，而是为千千万万劳动人民，为这些国家的精华、国家的力量、国家的未来服务。"② 在这里，列宁不仅阐述了写作为劳动人民服务的思想，而且初步提出了为人民服务的这一命题。因为，从语法结构来讲，"国家的精华、国家的力量、国家的未来"是修饰"千千万万劳动人民"的。那么，上面这句话完全可以理解成，"为千千万万劳动人民服务，这些人是国家的精华、国家的力量、国家的未来"。

---

① 《列宁全集》第 39 卷，人民出版社 1986 年版，第 100 页。
② 《列宁选集》第 1 卷，人民出版社 1995 年版，第 666 页。

实际上在以往版本的列宁著作中，这段话也都译成类似"为千千万万劳动人民服务"。比如，瞿秋白在1931年的《普洛大众文艺的现实问题》中曾引用过列宁这段话，文中翻译成："这将要是自由的文艺，因为这种文艺并不是给吃饱了的姑娘小姐去服务的，并不是给胖得烦闷苦恼的几万高等人去服务的，而是给几百万几千万劳动者去服务的，这些劳动者才是国家的精华、力量和将来呢。"①

总之，列宁在这篇文章中进一步回答了为谁服务的问题，而且从一个新的视角论述了"为人民服务"的思想，提出了类似"为人民服务"的命题。这些论述在角度上和提法上都对列宁以后的共产党人产生了重要的影响。比如斯大林、毛泽东、瞿秋白等人，都曾经从文学、文艺的角度对"为人民服务"作过精彩的论述。这不能不说是对列宁这一思想的继承和发展。

当然，在列宁的论著中，也多次从反面论及为人民服务的思想。比如，在列宁批判自由主义民粹派、捍卫马克思主义的名著《什么是"人民之友，以及他们如何攻击社会民主党人?"》中指出："显然，在这种情况下号召工人争取政治自由，就等于号召工人替先进资产阶级火中取栗，因为不能否认（值得注意的是连民粹派和民意党也不否认），政治自由首先是为资产阶级利益服务的，它不能改善工人的状况，它只能……只能改善同这个资产阶级作……斗争的条件。"② 在列宁看来，以米海洛夫斯基为代表的自由民粹主义思想是平庸的小资产阶级理论，他们提出的所谓"政治自由"是契合资产阶级利益的，是资产阶级的帮凶，是"社会民主党最凶恶的敌人"，而不是为无产阶级利益服务的。

三、斯大林的"为人民服务"思想

斯大林从两个方面发展了为人民服务的思想。其一是进一步发挥了列宁关于知识分子为人民服务的思想，提出了知识分子和科学技术为人民服务的思想。其二是论述了无产阶级政党和苏联军队为工农服务的思想。

---

① 转引自《瞿秋白选集》，人民出版社1985年版，第456页。
② 《列宁选集》第1卷，人民出版社1995年版，第74—75页。

第一，知识分子和科学技术为人民服务的思想。斯大林对知识分子为人民服务谈得比较多。这一思想是对列宁的文学写作为人民服务思想的继承和发展。

1936 年 11 月，斯大林在全苏苏维埃第八次非常代表大会上的报告中明确提出"为人民服务"这一命题。他在报告中阐述了苏联 1924 年宪法颁布以来苏联生活中的新变化。斯大林认为，苏联的知识分子在这一时期无论是成分上还是活动性质上都发生了变化。他说："知识分子活动的性质也改变了。从前，他们一定为富人阶级服务，因为当时没有别的出路。现在，他们一定为人民服务，因为剥削阶级已经不存在了。"① 这就比列宁的提法更加简洁，更加明确了。

1938 年 5 月，斯大林在克里姆林宫招待高等学校工作人员时，论述了科学为人民服务的问题。他说："祝贺不与人民隔绝、不远离人民、而决心为人民服务、决心把一切成果都贡献给人民的那种科学日益繁荣，这种科学为人民服务并不是迫不得已的，而是心甘情愿、非常乐意的。"② 也就是说，在斯大林看来，那种甘于为人民服务的科学应该得到日益繁荣的发展。

1939 年 3 月，斯大林在党的第 18 次代表大会上谈到了知识分子全心全意为人民服务的问题。他说："由于进行了这一切巨大的文化工作，在我国便产生和形成了人数众多的新的苏维埃知识分子，他们出身于工人阶级、农民和苏联职员，他们同我国人民血肉相连，没有身受剥削的桎梏，仇恨剥削者并决心忠诚地为苏联各族人民服务。"③ 实际上，这里已经包含着全心全意为人民服务的思想。随后，斯大林还进一步讲道："旧知识分子的残余已溶解在新的、苏维埃的、人民的知识分子中了。这样就形成了新的苏维埃的知识分子，他们和人民有密切联系，其中大多数人都决心全心全意为人民服务。"④ 在这里，斯大林明确提出了"全心全意为人民服务"这一命题。

此外，《联共（布）党史简明教程》第十二章记载了苏维埃第八次代表大会通过苏联新宪法的主要经过，其中在谈到苏联知识分子的新变化时，也提

① 《斯大林选集》下卷，人民出版社 1979 年版，第 396 页。
② 《斯大林选集》下卷，人民出版社 1979 年版，第 421 页。
③ 《斯大林文集（1934—1952）》，人民出版社 1985 年版，第 263 页。
④ 《斯大林文集（1934—1952）》，人民出版社 1985 年版，第 284 页。

出了知识分子是"为人民服务的、摆脱了一切剥削的新型知识分子。"① 这些都和 1936 年斯大林在全苏苏维埃第八次非常代表大会上的报告中所阐述的内容十分相似，是斯大林提出的知识分子为人民服务思想的体现。

第二，无产阶级政党和军队为工农服务的思想。除了知识分子为人民服务的思想，斯大林还从无产阶级政党和苏联军队的角度论述了为人民服务的问题。

1928 年 2 月，斯大林在庆祝红军建军十周年的全体会议上讲道："工人和农民在世界上第一次建立了自己的军队，这支军队不是为统治者效劳，而是为那些以前当奴隶、现在已经解放了的工农服务的。"② 这是共产主义运动史上第一次从军队建设的角度谈到为人民服务问题。

在斯大林看来，布尔什维克是为工人阶级服务的，工人阶级的利益应高于私人友谊。1929 年 4 月，斯大林在《论联共（布）党内的右倾》中谈到，党内一些同志不能正确看待斯大林和布哈林曾经的友谊以及现在政治上的分歧，他说："我们不是家族集团，不是私人友谊团体，而是工人阶级的政党。决不容许把私人友谊的利益摆在事业的利益之上。……决不能把私人友谊问题和政治问题混为一谈，常言道，友谊是友谊，公事是公事。我们都是为工人阶级服务的，如果私人友谊的利益和革命的利益发生冲突，那就应该把私人友谊放在次要地位。作为布尔什维克，我们只能这样提出问题。"③ 在这里，我们不去讨论斯大林与布哈林间分歧的孰是孰非。单就这段话来看，斯大林所表述的为人民服务思想应当是值得肯定的。

总之，斯大林继承和发展了列宁的为人民服务思想，明确提出了"为人民服务"以及"全心全意为人民服务"的命题，而且第一次从军队建设的视角谈了为人民服务的问题。但是，斯大林对为人民服务的论述主要集中在他对知识分子的论述当中，且并没有进行深入、系统的论述。这些相关的论断主要是对知识分子、军队现状的描述，表达的方式大多是事实判断，而不是

---

① 联共（布）中央特设委员会编：《联共（布）党史简明教程》，中央编译局译，人民出版社 1975 年版，第 378—379 页。
② 《斯大林选集》下卷，人民出版社 1979 年版，第 2 页。
③ 《斯大林选集》下卷，人民出版社 1979 年版，第 112—113 页。

价值判断，还没有上升到党和军队建设以及知识分子改造的高度上来。

在共产主义运动史上，马克思、恩格斯、列宁和斯大林都对为人民服务思想进行了不同程度的论述。虽然这些思想还只是散见于个别论著当中，还不是集中地、专门地论述，但是这些都为中国共产党探索"为人民服务"提供了宝贵的思想来源。此外，还有一些社会主义国家的领导人如金日成也阐述过"为人民服务"的思想和命题。但这已经是在毛泽东等中国共产党人提出"为人民服务"以后的事情了，其影响力当然不能与马克思主义经典作家的相关思想比肩。

第三节 "为人民服务"的中国传统文化渊源

党的革命实践植根于中华民族的沃土，中国共产党提出"为人民服务"有着深厚的传统文化渊源。从时间上看，中国共产党的革命活动与近代以来仁人志士的救国救民的变革与革命相互衔接，许多共产党人甚至是辛亥革命中的重要成员，他们的思想必然在一定程度上受到中国传统文化的影响。"为人民服务"形成与发展的过程，就是对中国传统文化中的"民本"思想、近代仁人志士的爱民情怀，特别是孙中山的"为众服务"思想加以改造和提升的过程。

一、古代思想家的"民本"思想

我国古代的"民本"思想历史久远，且博大精深。早在商周之际就有了"民本"思想的萌芽，至春秋时期，"民本"思想就已基本形成。之后，各朝各代的思想家又对"民本"思想有了进一步的发展，使"民本"思想成为一个十分系统的思想体系。其中，"民惟邦本，本固邦宁"① 是对"民本"思想最经典的表述。一般来说，"民本"思想主要包含贵民思想和仁政思想两个

---

① 《尚书·五子之歌》。

方面。

第一，贵民思想。"民本"首先是和"君本"、"官本"相对立的概念，其中最主要的就是贵民思想，主要体现在"保民"、"君轻民贵"这些方面。殷商时期，占卜盛行。统治者信奉的是敬神重天的观念，并以天神自居。但夏桀昏庸无道、渐失民心，最终为西周取代。西周政治家总结商周灭亡的教训，得出"民之所欲，天必从之"①、"天视自我民视，天听自我民听"② 的结论，认为商灭亡的原因在于失去民心，进而提出"勤用明德"、"子子孙孙永保民"③ 的思想。这就开创了我国贵民、重民的思想先河。春秋时期，各诸侯国间政权更迭的此起彼伏更使人们看到了民众对维护统治的重要作用，贵民思想得到了进一步发展。《左传》中认为统治者要使国家长盛不衰就要听信于民，而不是听信于神灵，并指出："国将兴，听于民；将亡，听于神。"④ 孔子也认为"民"在一个国家中处于重中之重的地位。孟子则更为明确、全面地提出了贵民思想。他说："桀纣之失天下也，失其民也。失其民者，失其心也。得天下有道：得其民，斯得天下矣。得其民有道：得其心，斯得民矣。得其心有道：所欲与之聚之，所恶勿施尔也。"⑤ 也就是说在孟子看来，只有得民心者才能使统治者维持其统治地位。他进一步指出："民为贵，社稷次之，君为轻。是故得乎丘民而为天子"⑥。可以说，孟子明确提出的民贵君轻思想已经超过了以前的"民本"思想家。

荀子的"民本"思想较为特别，带有一定的矛盾性。一方面，他认为"上之於下，如保赤子"，"下之亲上欢如父母"⑦，也就是说统治者和百姓间的关系是"父母"与子孙间的关系；另一方面，他还提出："君者，舟也；庶人者，水也。水则载舟，水则覆舟。"⑧ 总体来说，荀子的"民本"思想的核心是其"制民"观点，也就是对百姓和官吏要"制之以礼"，使官员"畏法循

---

① 《周书·泰誓上第一》。
② 《周书·泰誓中第二》。
③ 《周书·梓材第十三》。
④ 《左传·庄公三十二年》。
⑤ 《孟子·离娄上》。
⑥ 《孟子·尽心下》。
⑦ 《荀子·王霸》。
⑧ 《荀子·王制》。

绳"，从而实现"君臣上下，贵贱长幼，至於庶人，莫不以是为隆正"①。与荀子的思想相承接，《礼记》更是使贵民思想达到一个更高的阶段。《礼记》中说："大道之行也，天下为公。选贤与能，讲信修睦，故人不独亲其亲，不独子其子，使老有所终，壮有所用，幼有所长，矜寡孤独废疾者，皆有所养。……今大道既隐，天下为家，各亲其亲，各子其子，货力为己，大人世及以为礼。"② 这里一方面体现了先秦儒者对当时"礼乐崩坏"的不满情绪；另一方面，这种"天下为公"的思想，更是对民贵君轻、百姓之天下最为理想的表述。《礼记》中的"天下为公"、"大同"是古代"民本"思想的极致。

在此之后，贾谊、董仲舒、李世民等人都对"民本"思想有过不同的表述。如果说先秦的"民本"思想在于"保民"，汉唐则强调"制民"，即从维护皇权和统治的稳定为目的，以民贵君轻为手段实现天下大治。

批判皇权、限制皇权是明末清初"民本"思想的一大特点。这种思想在黄宗羲那里得到了集中体现。他的《明夷待访录》正是一部批判君主专制的著作。黄宗羲把皇帝比作"独夫"，认为："今也天下之人怨恶其君，视之如寇仇，名之为独夫，固其所也。"③，他还提出："天下之大，非一人之所能治，而分治之以群工。"④ 这不但已经超越了"民本"思想，而且初步具备了资产阶级启蒙思想的雏形，更把民贵君轻思想推向了新的高度。

第二，仁政思想。"仁政"是"民本"思想在治国理念上的一种表现，也就是要"爱民"和"富民"，实现百姓的安居乐业。孔子较为系统地阐述了"爱民"和"富民"的思想。鲁哀公曾问孔丘如何理政，孔子说："政之急者，莫大乎使民富且寿也。"⑤ 也就是说，在孔子看来，为政最重要的就是使人民富足而且健康长寿。而孔子更是集"仁爱"思想于大成者。这种"仁爱"思想体现为"仁者爱人"、"泛爱众"，在政治上，就是要"为政以德"。孔子提出："为政以德，譬如北辰，居其所而众星共之。"⑥ 孟子进一步发展了孔子的

---

① 《荀子·王霸》。
② 《礼记·礼运》。
③ 《明夷待访录·原君》。
④ 《明夷待访录·原臣》。
⑤ 《孔子家语·贤君第十三》。
⑥ 《论语·为政》。

"仁爱"和"德政"思想，提出如"仁者无敌"①，"乐民之乐者，民亦乐其乐；忧民之忧者，民亦忧其忧。乐以天下，忧以天下，然而不王者，未之有也。"② 唐太宗李世民更是贯彻仁政思想的典范。《贞观政要》开篇之句便是："为君之道，必须先存百姓，若损百姓以奉其身，犹割股以啖腹，腹饱而身毙。"③ 他还提出："朕每日坐朝，欲出一言，即思此一言於百姓有利益否，所以不敢多言。"④ 正是由于李世民以德理政，推崇"仁爱"的治国思想，才有了百姓的安居乐业，才有了唐朝的盛世太平。除此以外，从历史上看，我国各朝各代的兴盛都和推行仁政思想有着密切关系。

总之，我国古代的"民本"思想源远流长。虽然这一思想存在着不可避免的历史局限性与阶级局限性，但同时其中也包含着一定程度上的积极因素。中国共产党人在深受古代传统文化影响的国度里从事革命实践活动，许多早期的中国共产党人都接受过传统文化的教育，也不免受到这方面的影响。特别是"民本"思想中保民、重民、贵民、利民的观念也在一定程度上影响着中国共产党人。中国共产党提出"为人民服务"的过程正是对这些思想的积极因素加以继承和改造的过程。

二、近代仁人志士的爱民情怀

近代仁人志士的爱民情怀与当时中国救亡图存的主旋律相辅相成。自1840年鸦片战争开始，中华民族和中国人民带着屈辱迈入了近代史的大门。列强凭借着强大的国力和军事上的优势在华夏大地肆虐，民族危机犹如一把利剑悬在国人心中。振兴中华、挽救苍生于危亡之际，是每一个有识之士的艰巨使命。从根本上讲，仁人志士对国家兴亡的关切之心，也伴随着对百姓的热爱之情。从那时起，救国与救民就已经成了同一个问题。也正是从那时起，众多仁人志士以无比的忧国意识和爱民情怀投入到救国救民的运动当中。

---

① 《孟子·梁惠王上》。
② 《孟子·梁惠王下》。
③ 《贞观政要·君道》。
④ 《贞观政要·慎言语》。

而他们探索救国救民的各种尝试，也给国人的思想和生活带来了许多变化。这些都对后来中国共产党人探索"为人民服务"提供了思想来源。

一方面，探索救国救民的道路，促进了西方思想文化的传播。国家的危急使有识之士的民族精神空前高涨。人们纷纷开始寻找救国图强的良方。各类学者和思想家围绕中学和西学开展了空前的中西思想大讨论。比如，荣禄和康有为的论战、康有为和孙中山的论战、辜鸿铭和陈独秀的论战等。这些人又形成了维新派、保皇派、革命派以及新文化运动的不同阵营。各派你方唱罢我登场。正是在这些论战当中，卢梭、孟德斯鸠、达尔文、马克思等西方思想家和他们的著作才走入国人视线。这就使得早期的中国共产党人不仅接触到了西方资产阶级的民主观念，强化了"人民"在他们心中的地位，更使他们初步认识了马克思主义。这对后来中国共产党人探索为人民服务有着十分重要的意义。

另一方面，许多仁人志士在投身救国救民的实践当中，体现了强烈的爱民意识。鸦片战争后，洋务派以"求富"、"求强"为口号，开始了探索中国现代化的洋务运动。洋务运动虽然以失败告终，但是创办实业、救国救民的行动却没有终止，许多仁人志士在总结洋务运动失败教训的基础上，开展了办教育、建工厂、修铁路等一系列有利于百姓的行动。比如陈嘉庚集巨资用于公益事业，先后创办了集美小学、中学、师范等学校。张謇在南通创办南通师范开辟了"南通模式"，并对后来的荣氏兄弟、卢作孚等人产生了重要影响。他们也以各自的形式为人民作出了巨大的贡献，体现了强烈的爱民意识。除了这些实业救国的人士，还有一些仁人志士以其他的方式体现着他们的爱民情怀。比如，鲁迅先生在看到国人精神上的麻木时，毅然弃医从文，以笔为武器，开始了救国救民的行动。鲁迅的文章虽然多为讽刺国人，但是都是为了唤醒人们，使人们摆脱封建礼教的束缚，其根本原因是出于对人民的热爱。他的爱民情怀更是影响了一大批共产党人，是"为人民服务"的重要思想来源。

三、孙中山的"为众服务"思想

孙中山领导的辛亥革命是中国近代以来相对完全意义上的资产阶级民主

革命。这次革命运动给落后的旧中国带来了思想上和政治上的深远影响，更对中国共产党后来的革命实践活动带来了较大影响。一方面，中国共产党的革命实践与孙中山领导的革命运动相衔接；另一方面，许多后来的中国共产党党员如王若飞、林伯渠、吴玉章、徐特立、董必武、朱德、刘伯承等人，都曾经参加过孙中山领导的革命运动，是孙中山先生的追随者。孙中山的"为众服务"思想是中国共产党"为人民服务"的思想来源。

孙中山在领导革命的过程中，始终倡导"公仆"精神，主张实行共和政体，从而真正保证民众的主人地位。1912年1月1日，《临时大总统誓词》："倾覆满洲专制政府，巩固中华民国，图谋民生幸福，此国民之公意，文实遵之，以忠于国，为众服务。"[①] 可以说，"为众服务"是孙中山革命理想的生动表述。在他一生的革命活动中，不仅自己恪守为众服务之责，而且多次告诫革命同志为革命而奋斗、为人民而牺牲。为了实现共和理想，他履行承诺，辞去了临时大总统一职，正是对自己为众服务的一种践行方式。1916年5月，针对袁世凯的背叛革命、窃取革命成果的恶行，他领导了"护国运动"，并发表了《讨袁宣言》。孙中山指出："民国元首，只有服务负责之可言，而非有安富尊荣之可慕，国民当共喻斯义。"[②] 这实际上也是对"为众服务"思想的进一步阐述，更说明国家的领袖更应该明确自己服务民众的职责，而不能有享受富贵的错误思想和行为。1925年年初，孙中山在病榻上回复自己对段祺瑞组织所谓"善后会议"[③] 的主张，他说："良以民国以民为主人，政府官吏及军人不过人民之公仆。曹吴祸国，挟持势力压制人民，诚所谓冠履倒置。今欲改弦更张，则第一着当令人民回复主人之地位，而使一切公仆各尽所能，以为人民服役，然后民国乃得名副其实也。"[④] 在这里，孙中山明确地表述了他对人民的主人地位、官员和军人的公仆地位的思想，更进一步提出这些公仆应当为人民服役。他在病重之际仍不忘为众服务，这更激励着后来许多的仁人志士，也包括中国共产党人。

---

① 《孙中山全集》第二卷，中华书局1982年版，第1页。
② 《孙中山选集》，人民出版社1981年版，第113页。
③ 这是段祺瑞召集的具有反动性质的会议，旨在对抗孙中山倡导的国民会议。该会议得到了帝国主义的支持，由各派军阀和政客组成。
④ 《孙中山选集》，人民出版社1981年版，第993页。

此外，孙中山还积极宣讲他的"为众服务"思想，并把这种思想推广到每一个人。1924年，孙中山在《民权主义》讲义中指出："重于利人者，每每至到牺牲自己亦乐而为之。……人人当以服务为目的，而不以夺取为目的。聪明才力愈大者，当尽其能力而服千万人之务，造千万人之福。聪明才力略小者，当尽其能力以服十百人之务，造十百人之福。……至于全无聪明才力者，亦当尽一己之能力，以服一人之务，造一人之福。"① 也就是说，无论是才智大与小，都应当尽自己一份力量，去为他人服务。同年8月，孙中山在《在农民运动讲习所第一届毕业礼的演说》中指出："诸君去实行宣传的人，居心要诚恳，服务要勤劳，要真是为农民谋幸福。"② 这也是他提倡"为众服务"思想的体现。

总之，孙中山不仅提出了"为众服务"的思想，而且积极作"为众服务"的典范，还不断告诫革命同志要作人民公仆。为了服务民众，他鞠躬尽瘁、死而后已。孙中山"为众服务"的思想和行为都对后来中国共产党人探索"为人民服务"产生了重要影响。

第四节　西方文化中的相关思想

"为人民服务"不仅有着深厚的中国传统文化渊源，而且也受到西方文化中尊重人、服务人、人民至上等思想的影响。西方文化中的相关思想不仅影响着"为人民服务"的提出，也影响着"为人民服务"的深入发展。

这里需要说明两个方面的问题：其一，我们所说的西方文化是指西方非马克思主义的文化。诚然，马克思主义是"为人民服务"最直接的思想来源。但西方非马克思主义的思想文化也对后来中国共产党人探索"为人民服务"产生了间接的影响。中国共产党成立前，中国的思想领域一度出现百家争鸣的局面。这就极大地促进了马克思主义在中国的传播，增强了马克思主义在中国的影响力。比如，当时出现的民粹主义思想、空想社会主义的观点，在

---

① 《孙中山选集》，人民出版社1981年版，第740页。
② 《孙中山选集》，人民出版社1981年版，第939页。

论战中，李大钊、陈独秀、毛泽东等后来的中国共产党人选择了马克思主义，并最终确立了马克思主义的科学信仰。此外，还有一些西方非马克思主义思想如启蒙思想强调人的价值，其中的一些合理性因素经过改造成为"为人民服务"的思想因子，这也构成了"为人民服务"的来源之一。因此，西方的非马克思主义文化虽然对"为人民服务"的提出与发展产生了间接影响，但也是我们不能忽视的重要方面。

其二，对西方非马克思主义相关思想的考察要坚持历史唯物主义的基本观点，对相关思想进行全面、辩证地探讨。一方面，我们既要考察中国共产党成立前在中国已经存在并且实质性发生影响的方面，也要考察中国共产党成立以后以及"为人民服务"提出之后的西方相关思想。因为"为人民服务"的形成与发展是一个历史过程，不能说西方相关的思想对"为人民服务"的影响仅停留在中国共产党成立前，也不能认为这种影响仅局限在新文化运动和"五四"运动前后。后来陆续在中国得到传播的西方思想文化也对"为人民服务"的发展产生了影响。此外，对西方非马克思主义文化在"为人民服务"形成与发展中的作用要辩证地看待。既不能人为地夸大，也不能人为地抹杀。中国共产党成立前，一些思想文化比如空想社会主义、民粹主义思想的传播，在一定程度上促使中国共产党人选择了马克思主义，起到了过渡性的作用；中国共产党成立后，这些非马克思主义的西方文化则成为批判与借鉴的对象，并在一定程度上影响了"为人民服务"形成与发展的进程。

西方思想史上关于为了人民、服务人民、服务大众的思想也比较多。霍布斯在《利维坦》中写到："管理工作是为教会或会众服务"①。美国总统林肯在 1863 年在著名的《葛底斯堡演说》中提出"为了人民"② 的口号。但是，对"为人民服务"形成与发展产生较大影响的是人本主义思想家关于"人"的观点、空想社会主义者"为民造福"的思想、俄国民粹派的"以民为粹"的思想。尽管如此，要把这三个方面全面地梳理既不是本书的重点所在，也

---

① ［英］霍布斯著：《利维坦》，黎思复、黎廷弼译，商务印书馆 1985 年版，第429 页。

② 原文如下："that government of the people, by the people, for the people, shall not perish from the earth."

不是本书所能够完成的。因此，我们这里仅仅对其中共性的方面加以考察，而不是具体考察每一个思想家的观点。

一、西方人本主义思想中"人"的观点

人本主义在西方思想史上具有重要的地位。作为一种思想，人本主义在其发展演变中形成了许多流派，并对各时期产生了不同程度的影响。作为一种运动，它对欧美资产阶级发端以来的历史活动产生了重要影响。但无论人本主义多么复杂，它始终是关于"人"的思想或学说，提倡人的价值、人的至高地位并主张人与人的平等。这些对"为人民服务"的形成与发展产生了影响。

（一）"人本主义"的界定

无论从历史发展来看，还是从"人本主义"的流派来看，亦或我国学者论及"人本主义"时使用的概念来看，"人本主义"都是个十分复杂的问题。这就有必要对此进行简单的界定。

从狭义上讲，"人本主义"是一个哲学概念。而真正把"人本主义"上升到哲学层面并作为概念加以使用的是德国哲学家费尔巴哈。哲学层面的"人本主义"是一种以人作为哲学本源的世界观，在本体论中主张以人为本位，并且以人为中心构建的哲学体系。从广义上讲，"人本主义"还可以理解为一种社会思潮。它最早可以追溯到古希腊时期。通过文艺复兴，人本主义思潮得到了进一步发展，而18世纪的启蒙运动则把人本主义思想推至新的高度。而后，经由19世纪初的德国古典哲学家的发展，人本主义发展到顶峰。19世纪中期，人本主义思潮再次兴起。这期间的一些人本主义流派如存在主义、法兰克福学派研究了新的历史条件下的资本主义社会，提出哲学向人的回归，倡导对人类自身的关照。值得一提的是，一些现代西方人本主义流派还从理论上尝试与马克思主义相结合，并最终形成了所谓的西方马克思主义。广义的"人本主义"贯穿于西方资产阶级萌芽至今的全部历史，它对推动资产阶级革命产生了不可忽视的重要影响，而且至今还影响着当前资本主义国家的物质和精神生活。我们正是在广义上使用"人本主义"一词。

从历史上看,"人本主义"思潮始终是一种以"人"为中心的思想和学说。它重视人的价值、尊严和地位,主张维护人的权利和自由。具体来讲,近代"人本主义"主张批判了宗教神权,反对以神为中心的神本主义;现代"人本主义"则主要针对了科学技术的滥用,反对科技至上的科学主义或实用主义。总的来说,"人本主义"在理论上存在着先天的缺陷,因此它也不能解决"人"的问题,因而不能真正维护人的尊严和地位,也不能真正实现人的价值。尽管如此,"人本主义"在历史上也曾起到了积极的作用。"人本主义"是资产阶级反对封建教会专制的思想武器,它曾经起到了反对封建思想和宗教神学禁锢的作用,为资产阶级革命作了思想上的准备。它对西方特别是西方资本主义社会至今还产生着深远的影响,使自由、平等的思想深入人心,从而实现了人的思想解放和个性解放。

(二) 西方人本主义思想的主要观点

如前所述,人本主义虽然具有历史跨度大、思想派别多的特点。但是人本主义思想家大都以人为出发点,并且都肯定了人的地位、价值和尊严。

早在古希腊时期,普罗泰戈拉就提出:"人是万物的尺度,存在时万物存在,不存在时万物不存在"[①]。这是最早出现的人本主义命题。虽然这一命题还带有较强的主观主义和相对主义色彩,但是它明确揭示了人至高无上的地位,这对以往宗教神学主张的神是万物的尺度、自然哲学主张的人是自然的附属物都具有颠覆性的意义。正是这一命题开创了西方人本主义思想的先河。此后,苏格拉底进一步发展了这一思想,他批评了自然哲学家"不去关心自身而去关心自然"[②],也批判了智者过于强调人的个性以及由此导致的诡辩论。他提出的"认识你自己"的口号,也突显了人的重要地位,并且进一步把人的重要地位和理性结合起来,从而树起理性主义的旗帜。总之,古希腊一些哲学家充分肯定了人的地位,是人本主义思想的发端。

欧洲进入封建社会以后,宗教神学逐渐成为人们精神世界的主导。在长

[①] 参见苗力田主编:《古希腊哲学》,中国人民大学出版社 1989 年版,第 183 页。
[②] 张志伟主编:《西方哲学史》,中国人民大学出版社 2002 年版,第 74 页。

达一千年的中世纪社会，古希腊哲人倡导的人的地位也被神所取代，对教会和神的盲目崇拜、对个人欲望的禁锢成为这一时期的哲学和世俗生活的根本准则。14世纪至16世纪，新兴的资产阶级为了谋求发展，打破宗教神学的束缚，发动了一场声势浩大的思想解放运动，即文艺复兴运动。文艺复兴由意大利发起进而影响到西欧各国。这一运动旨在搜集古希腊时期的文献资料并希望恢复古希腊时期人们对自身价值、自身地位的重视。由于文艺复兴运动使古希腊的人文学科得到了恢复和发展，因而也称为人文主义运动。但是文艺复兴运动不是简单地复兴古典文化，随着它的深入发展，学者们由对神的歌颂转变为对人的歌颂。文艺复兴运动中，但丁、彼特拉克、薄伽丘等人的作品中充满浓厚的人文主义色彩，"充满了对人的尊严、人生的价值、人的世俗生活、人的真实欲望和情感、人的创造力和能动性的热情歌颂，对教会腐败、虚伪、扼杀人的激烈批判。'我是人，人的一切特性我无所不有'，这句古老的箴言成为人文主义者的共同口号。"① 但丁认为："人的高贵，就其许许多多的成果而言，超过了天使的高贵"②。彼特拉克在其拉丁文著作《秘密》中提出："我不想变成上帝，……属于人的那种光荣对我就够了。这是我所祈求的一切，我自己是凡人，我只要求凡人的幸福。"③ 这就体现了他对现实生活的高度肯定。薄伽丘提出了人生而平等的思想，他说："人类是天生一律平等的"④。

18世纪的启蒙运动继承了古希腊以及文艺复兴时期的人本主义传统，并把人本主义推至新的高度。和以往的人本主义思想家不同的是，这一时期的启蒙思想家不仅抨击了宗教神权，同时也对封建专制进行了猛烈的批判。启蒙思想家打着"自由、平等、博爱"的旗帜，使得思想启蒙运动具有较强的政治色彩和人道主义特征。他们以弘扬理性和自由为主旨，对人性予以高度

① 张志伟主编：《西方哲学史》，中国人民大学出版社2002年版，第292—293页。
② 北京大学西语系资料组编：《从文艺复兴到十九世纪资产阶级文学家、艺术家有关人道主义人性论言论选辑》，商务印书馆1971年版，第3页。
③ 北京大学西语系资料组编：《从文艺复兴到十九世纪资产阶级文学家、艺术家有关人道主义人性论言论选辑》，商务印书馆1971年版，第11页。
④ 北京大学西语系资料组编：《从文艺复兴到十九世纪资产阶级文学家、艺术家有关人道主义人性论言论选辑》，商务印书馆1971年版，第17页。

的肯定,深刻揭露了封建特权和宗教神权对人的束缚,并且提出了一系列的激进主张,使得这一时期的人本主义体现出理性的特征。在这些思想家中,卢梭自由、平等的思想最为激进也最富战斗精神。他在《社会契约论》中提出:"人是生而自由的,但却无往不在枷锁之中。"① 不仅如此,卢梭还认为国家的权力来自于人民,同时人民的主权具有不可侵犯的自由,这一自由是与生俱来的。此外,孟德斯鸠、伏尔泰、狄德罗等的启蒙思想家也都对人性进行了高度赞扬,对自由、平等、博爱予以肯定。启蒙思想家的这些观点为后来的资产阶级革命作了思想上的准备。

如果说启蒙运动时期的人本主义思想家弘扬了人的理性,那么 19 世纪的德国古典哲学则把理性发展到了极致,也把人本主义思想推向了顶峰。康德、黑格尔、费尔巴哈等人的著作中都包含着丰富的人本主义思想。康德从不可知论入手,认为神是同自然界毫无关系且不可知的现象,进而提出人为自然立法,也就明确了人特别是自我意识才是自然界的主宰。这样就从根本上划清了哲学与神学的界限,在哲学领域高扬了人的主体性。他紧紧围绕"人是什么"这一主题构建了自己的哲学体系,并在一定程度上批判了旧的形而上学,解决了启蒙思想家理性与自由的矛盾,使人获得了哲学的本体论地位。黑格尔虽然不能算作严格意义上的人本主义思想家,但是他的哲学体系中也包含着人本主义的观点。黑格尔从哲学的角度看待人的需要,并把它上升到人的精神层面,认为这是人们一切活动的源泉。他进一步把人理解为一种不断进行自我创造与自我否定的过程,而这种不断的否定之否定推动了历史的发展。但是,黑格尔哲学中的最高概念毕竟不是人,而是"绝对精神"。他所理解的劳动也只是人的精神活动,由此就导致了对人的生命的忽视,并且在历史领域最终陷入了英雄史观。在这一点上,费尔巴哈超越了黑格尔。在西方哲学史上,费尔巴哈第一次明确地把人作为哲学的最高对象,使人具有了哲学本体论的意义。正因如此,费尔巴哈把自己的哲学称为人本学,把人和自然作为自己哲学的核心词,这是比较中肯的。自费尔巴哈起,人本主义获得了哲学的本体论意义。费尔巴哈批判了黑格尔的"绝对精神",充分肯定了

---

① 北京大学西语系资料组编:《从文艺复兴到十九世纪资产阶级文学家、艺术家有关人道主义人性论言论选辑》,商务印书馆 1971 年版,第 193 页。

感性和人的欲望。他认为人是现实的、感性的、有血有肉的实体，而不是思辨的精神实体。在此基础上，费尔巴哈提出："思维与存在的统一，只有将人理解为这个统一的基础和主体的时候，才有意义，才有真理。"① 这就充分表明了人在费尔巴哈哲学中的重要地位。关于人的本质，费尔巴哈认为人是人的最高本质。围绕这一观点，在人与自然的关系方面，他认为人在地位上是第一位的实体，自然是为人而存在的、是人实现目的的手段；在人与宗教的关系方面，他认为人在实践上是第一位的实体，而宗教则是人的本质及其异化，"人按照他的形象造神"②，而具有了独立的本质的神反过来又成为奴役人的力量，只有通过"爱的宗教"建立新的人际关系，才能实现人的本质的复归。总之，费尔巴哈哲学贯穿着人本主义思想，他对人的本质及其地位作了哲学上的论证，使人本主义达到了极致。但是费尔巴哈的人本主义只是把人理解为生物学的存在，由于他过于强调人的欲望，从而导致了其思想中的利己主义。

19 世纪中期以后，由于工具理性的大肆扩张，人的生存环境和精神状态都出现了一系列堪忧的问题。叔本华、尼采等人提出要关注个体的本性并对理性主义展开批判。这使得人本主义思想有了新的发展。存在主义、法兰克福学派则在前人的基础上试图调和理性主义和非理性主义的矛盾，既关照个体的人的价值和尊严，也关注人类未来的命运。在一定意义上讲，现代人本主义的功绩在于引起了人们对生活世界的关注，同时也引发了人们对人类可持续发展的问题的重视。

（三）人本主义思想对"为人民服务"的影响

人本主义思想对中国的影响始于文艺复兴思想的传播。早在明末清初的西学东渐的过程中，人本主义思想就已经开始在中国流传。中日甲午战争后，中国掀起了学习西方先进文化的热潮。一些欧洲文艺复兴时期的作品就是随着"新学"被广泛地传播到中国。到 1904 年，关于文艺复兴时期的书籍已经

---

① ［德］路德维希·费尔巴哈著：《费尔巴哈哲学著作选集》上卷，荣震华译，商务印书馆 1984 年版，第 181 页。

② ［德］路德维希·费尔巴哈著：《费尔巴哈哲学著作选集》下卷，荣震华译，商务印书馆 1984 年版，第 691 页。

达到250多种①。严复就曾翻译了《天演论》（即赫胥黎著《进化与伦理》）、《原富》（即亚当·斯密著《国民财富—对国民财富产生的原因和性质的研究》）、《法意》（即孟德斯鸠著《论法的精神》）等。

"五四"运动前后，人本主义思想开始在中国广泛传播。甚至有人认为，"五四"运动模仿的就是法国的启蒙运动②。周作人、李大钊、陈独秀、胡适、郭沫若、蔡元培等人都对人本主义思想的介绍起了重要作用。此外，蒋方震和梁启超合著的《欧洲文艺复兴史》更是全面地解读了欧洲的文艺复兴运动。"五四"运动以后，中国学者对文艺复兴时期著作的翻译、介绍并没有停止，莎士比亚、塞万提斯、但丁、薄伽丘、笛卡尔等人的著作陆续出版并产生了广泛的影响。

人本主义思想对"为人民服务"的形成和发展具有较为复杂的影响。首先，人本主义思想在近代中国的传播，在一定程度上批判了封建专制。虽然人本主义思想的理论还存在着一定的缺陷，但它关注人的地位、价值和尊严，这在一定意义上有助于清除人们特别是一些进步青年的封建思想，从而有助于打破人们的君权观念和臣民意识，也使一些后来的中国共产党人初步认识到人民的地位。此外，卢梭等人倡导的"主权在民"也对"为人民服务"的形成产生了不可忽视的影响。其次，共和幻想的破灭促进了早期中国共产党人选择和接受了马克思主义。近代中国的启蒙思想家都有过建立资产阶级共和国的想法，陈独秀、李大钊也是如此。诚如彭明写道："对于实现资产阶级共和制度，启蒙思想家们的态度是坚决的。但是，怎样实现共和，……他们却不能作出圆满的回答。"③ 比如，陈独秀在1916年至1917年期间多次撰文讨论中国实行民主共和的方案，但都以失败告终。问题在于，在当时中国所处的环境下，走资产阶级的共和道路只能是镜花水月。但也正是由于包括民主共和在内各种救国方案的破灭，十月革命以及马克思主义在早期中国共产党人心中才产生了醍醐灌顶般的影响。自此，早期中国共产党才有了探索

---

① 参见彭明著：《五四运动史》，人民出版社1998年版，第129页。
② 参见陈平原著：《中国现代学术之建立——以章太炎、胡适之为核心》，北京大学出版社1998年版，第339页。
③ 彭明著：《五四运动史》，人民出版社1998年版，第142页。

"为人民服务" 的科学理论。因此说，人本主义思想在中国的传播间接促进了 "为人民服务" 的形成。最后，人本主义思想对以人为本的提出具有借鉴意义。以人为本是对 "为人民服务" 的丰富和发展，是中国共产党人对 "为人民服务" 宗旨地位及其实现方式的深化，是对马克思主义关于人的自由而全面发展思想的继承和发展，也是对非马克思主义关于人的思想特别是现代人本主义思想批判和改造的产物。现代人本主义强调个体的价值，也关注人类整体的生存环境。这虽然与当今世界的发展规律相契合，但是由于人本主义在理论上的先天不足，使它不能科学地揭示这一规律。中国共产党提出的 "以人为本" 则是建立在唯物史观的科学基础之上，体现了党中央对共产党执政规律、社会主义建设规律、人类社会发展规律的准确把握。在这个意义上说，人本主义思想对 "为人民服务" 的发展产生了间接的影响。

二、欧洲空想社会主义者 "为他人造福" 的思想

欧洲的空想社会主义有着深远的历史，不同时期的空想社会主义思想家的观点也不尽相同，有的还是针锋相对的。但是它的共同之处就在于都不同程度地批判了资本主义制度，并且对未来社会的经济、政治、文化教育和道德状况等作出了描述。一些观点中就包含着与 "为人民服务" 相近的思想因子。在诸多空想社会主义者中，莫尔、圣西门、傅立叶等人对此贡献较大。

（一）早期空想社会主义者关心他人幸福的思想

大多数空想社会主义者都主张关心他人的幸福、福利和利益。在欧洲空想社会主义形成的标志性著作《乌托邦》中，莫尔就多次阐述了这个思想。《乌托邦》共分两部分。第一部分主要批判了当时英国和欧洲各国的社会制度。莫尔认为所谓的国家无非是富人联合起来谋取私利的幌子，他认为："国王应该更多关心的是老百姓的而不是他个人的幸福，犹如牧羊人作为一个牧羊人，其职责是喂饱羊，不是喂饱自己。"[①] 在莫尔看来，国家的统治者不应

---

① ［英］托马斯·莫尔著:《乌托邦》，戴镏龄译，商务印书馆 1982 年版，第 38 页。

该以国家为手段谋求个人利益，相反他有为百姓谋幸福的义务。《乌托邦》的第二部分详细描绘了美好的乌托邦社会。在这里，莫尔反对教会的禁欲主义观点，他主张人们追求幸福，并把快乐作为幸福的重要内容。莫尔提出："乌托邦人主张，构成幸福的不是每一种快乐，而是正当高尚的快乐"①，"我们照顾到别人的康乐幸福，才是值得赞扬的"②，如果一个人为了个人的快乐而使他人失去快乐，就会使"公平"遭到破坏。他进一步把"关心公众的利益"③作为人们的义务，鼓励人们以关心他人快乐为快乐。这里实际上已经包含了莫尔对乌托邦人伦理道德的思考。

康帕内拉的《太阳城》中论述了为他人服务的思想。太阳城的人们在吃饭的时候，由年轻人念圣书、医生掌握每日的菜单、歌手伴着诗琴唱歌。这就展现了一幅和谐的场景。之所以如此，康帕内拉认为："由于每个人都热情地服务，所以保证了一切工作总是尽善尽美的。"④ 他还写到，太阳城的人们把服务称为"学习"，"谁也不会认为在食堂和厨房或照顾病人等等是一些不体面的工作。……每个人无论分配他做什么工作，都能把它看作是最光荣的任务去完成。……他们那里是没有仆人的，因为他们完全可以为自己服务，甚至服务的人还绰绰有余。"⑤ 这里所说的"为自己服务"实际上指的是人人都参加劳动、人们相互服务。此外，康帕内拉还认为贫困和富裕都会对人们的道德带来不利影响。在太阳城里，人们既是穷人也是富人，因为大家共同占有一切，同时每个人又没有私人财产，"不是他们为一切东西服务，而是一切东西为他们服务。"⑥ 这就带来了太阳城中道德观念的新变化。

（二）圣西门"为他人造福"的思想

空想社会主义产生后的 300 多年里，一直存在着较为普遍的禁欲主义倾

---

① ［英］托马斯·莫尔著：《乌托邦》，戴镏龄译，商务印书馆 1982 年版，第 73 页。
② ［英］托马斯·莫尔著：《乌托邦》，戴镏龄译，商务印书馆 1982 年版，第 74 页。
③ ［英］托马斯·莫尔著：《乌托邦》，戴镏龄译，商务印书馆 1982 年版，第 74 页。
④ ［意］康帕内拉著：《太阳城》，陈大维等译，商务印书馆 1980 年版，第 17 页。
⑤ ［意］康帕内拉著：《太阳城》，陈大维等译，商务印书馆 1980 年版，第 23 页。
⑥ ［意］康帕内拉著：《太阳城》，陈大维等译，商务印书馆 1980 年版，第 24 页。

向。比如闵采尔、摩莱里等人都曾鼓吹过这一思想，倡导所谓纯洁、无邪的道德境界。19 世纪初，资本主义的迅速发展也带动了人们普遍追求个人的幸福，同时也出现了较为严重的利己主义思想。和以往的空想社会主义者不同，圣西门、傅立叶、欧文等人肯定了绝大多数人的幸福。圣西门在空想社会主义史上第一次明确抛弃了禁欲主义思想，而且还针对当时资本主义社会出现的利己主义抬头的趋势，天才般地论述了个人幸福和普遍幸福的关系，提倡"为他人造福"的道德观。

总体上看，圣西门主张大多数人的幸福先于个人的幸福。因此，他着重从个人幸福和普遍幸福的关系出发阐述其"为他人造福"的思想。在圣西门看来，"为他人造福"不仅是每个人应尽的义务，更是实现个人幸福的重要途径。圣西门提出："使个人获得最大幸福的办法是尽量为他人造福"①。他认为："一个人如果在有害于社会的方面寻找个人的幸福，他将自作自受，感到最沉重的精神痛苦；而如果他努力在显然有利于大多数人的方面改进自己的个人命运，他会得到无上的快乐。"②

当然，圣西门"为他人造福"的思想也是一个不断变化的过程，这主要体现在他对"为什么人"认识的深化。1802 年，圣西门在其首篇论著《一个日内瓦居民给当代人的信》中提出"为人类的幸福而劳动"③、"为人类造福"④。1813 年年底，他进一步提出"有利于自己同类的方式寻找幸福"⑤。1821 年出版的《论实业体系》中，圣西门则用"最大多数人"取代了"人类"、"同类"的提法，并且提出："社会的组织应当以替最大多数人谋福利为目的。"⑥1825

① ［法］圣西门著：《圣西门选集》第 2 卷，董果良译，商务印书馆 2009 年版，第 16 页。
② ［法］圣西门著：《圣西门选集》第 2 卷，董果良译，商务印书馆 2009 年版，第 246 页。
③ ［法］圣西门著：《圣西门选集》第 1 卷，王燕生等译，商务印书馆 2009 年版，第 3 页。
④ ［法］圣西门著：《圣西门选集》第 1 卷，王燕生等译，商务印书馆 2009 年版，第 27 页。
⑤ ［法］圣西门著：《圣西门选集》第 1 卷，王燕生等译，商务印书馆 2009 年版，第 144 页。
⑥ ［法］圣西门著：《圣西门选集》第 1 卷，王燕生等译，商务印书馆 2009 年版，第 323 页。

年，圣西门则明确提出社会组织要"提高无产者的福利"①。很显然，圣西门的早期著作中使用的"人类"等提法带有一定的抽象性。他的这一变化无疑是一个巨大的进步。

对于未来的社会组织，圣西门认为，要"在总的公益体系的指导下建立最有利于大多数人的社会组织"②，"使每个人有最大可能将自己的精神力量和物质力量最有益地贡献于社会和大多数同胞。"③ 此外，他还结合"博爱"的思想论述了实业制度所主张的人际关系，即"人人都要兄弟相待，它要求每个人对待他人时就象自己希望他人对待自己那样"④。这些实际上都包含着"为人民服务"中的一些因子。

（三）傅立叶对"文明制度"不能为人类造福的批判

几乎所有的空想社会主义者都对资本主义社会作了不同程度的批判。但是，在科学社会主义诞生前，对资本主义批判得最深刻、最生动的空想社会主义思想家当属傅立叶。恩格斯曾经说过："在傅立叶的著作中，几乎每一页都放射出对备受称颂的文明造成的贫困所作的讽刺和批判的火花。"⑤

傅立叶认为，资本主义制度在人类历史上曾经起到了积极作用，但是由于它具有分散性和虚假性的特点，因而这种所谓的"文明制度"不仅不能为人类造福，还会导致个人利益和集体利益的对立，进而引起"个人反对大众的广泛战争"⑥。在这样的条件下，个人的幸福和他人的幸福是矛盾的，因而每一个劳动者为了自己的幸福都会"不怀好意"地破坏他人的幸福，"医生希

---

① ［法］圣西门著：《圣西门选集》第 2 卷，董果良译，商务印书馆 2009 年版，第 326 页。

② ［法］圣西门著：《圣西门选集》第 2 卷，董果良译，商务印书馆 2009 年版，第 327 页。

③ ［法］圣西门著：《圣西门选集》第 2 卷，董果良译，商务印书馆 2009 年版，第 12 页。

④ ［法］圣西门著：《圣西门选集》第 2 卷，董果良译，商务印书馆 2009 年版，第 266 页。

⑤ 《马克思恩格斯选集》第 3 卷，人民出版社 1995 年版，第 615 页。

⑥ ［法］傅立叶著：《傅立叶选集》第 2 卷，赵俊欣等译，商务印书馆 1981 年版，第 8 页。

望自己的同胞患寒热病；律师则希望每个家庭发生诉讼；建筑师希望一场大火把四分之一的城市都化为灰烬；安装玻璃的工人希望下一场冰雹把所有的玻璃打碎；鞋匠和裁缝希望公众用容易褪色的料子做衣服，用坏皮子做鞋子，以便多穿破两套衣服，多穿坏两双鞋子。"① 傅立叶进一步认为，"文明制度的机构在一切方面都只是巧妙地掠夺穷人和使富人发财致富的艺术"②。也就是说，资本主义的一切机构特别是国家机器不是为了给绝大多数人带来幸福；相反，它们是为少数富人而存在、为富人谋利益的。傅立叶还认为，只有在协作制度下，这些现象才会得到消灭。因为到那个时候，"个人只有在全体群众的利益中才能找到自己的利益。"③

傅立叶重点批判了资本主义的商业。他认为，这是导致资本主义一切罪恶的根源。他结合自身从事商业的经历，详细列举了资本主义商业囤积居奇、证券投机、制造饥荒、买空卖空、掺假掺杂、贩卖黑奴等三十六条罪状。这些显然也在说明资本主义的商业不能为他人带来幸福。但是傅立叶把造成这一现象的原因归结为个人的分散经营和人与人的不团结。这也正是其理论的局限性所在。

除此以外，傅立叶还批判了资产阶级革命前的口号。他认为，资产阶级所谓的"自由"只是"为某个人的自私自利的目的而牺牲群众利益的虚伪自由"④，"天赋人权"、"博爱"、法律面前人人平等的口号同样也具有很强的虚伪性。在他看来，资本主义制度已经达到无可救药的程度，它已经不能给人们带来幸福，必须消灭这个制度。

总之，早期的空想社会主义者提出了关心他人幸福、"为他人造福"的思想，也深刻地批判了资本主义制度不能给给人们带来福利。但是我们也要看到，这些思想最大的缺陷就在于建立在唯心主义的基础上，因而不能认识到资本

① ［法］傅立叶著：《傅立叶选集》第 1 卷，赵俊欣等译，商务印书馆 1979 年版，第 122 页。
② ［法］傅立叶著：《傅立叶选集》第 3 卷，汪耀三等译，商务印书馆 1982 年版，第 114 页。
③ ［法］傅立叶著：《傅立叶选集》第 1 卷，赵俊欣等译，商务印书馆 1979 年版，第 122 页。
④ ［法］傅立叶著：《傅立叶选集》第 3 卷，汪耀三等译，商务印书馆 1982 年版，第 253 页。

主义私有制是造成一切不道德、不公平的根源。他们对资本主义制度的批判也是不彻底的，他们对未来社会道德等方面的构想也就难以实现。

尽管如此，欧洲空想社会主义者的"为他人造福"思想对"为人民服务"的形成有着积极的意义。首先，欧洲空想社会主义在中国的传播促进了中国的先进知识分子选择马克思主义。"五四"运动后，中国出现了宣传和实践空想社会主义的热潮。一些早期的中国共产党人，如毛泽东、恽代英、陈独秀等人都曾热情地支持过具有空想社会主义性质的"工农互助团"。"工农互助团"宣告失败后，他们也曾对新村主义予以肯定，还亲自设计过新村试验的方案。可以说，正是由于这些方案和试验的失败加速了先进的知识分子接受了科学社会主义。其次，欧洲空想社会主义者关于"为他人造福"的思想增强了中国先进知识分子对劳动群众的关切与同情，提高了他们的阶级觉悟，为他们认识当时中国不合理的社会现实提供了借鉴。最后，欧洲空想社会主义者"为他人造福"的思想为后来的中国共产党人探索"为人民服务"提供了批判和改造的对象。

三、俄国民粹派"以民为粹"的思想

无论从历史发展来讲，还是从逻辑概念来看，"民粹主义"都是十分复杂的。一般认为，19世纪中叶俄国已经出现了民粹主义的思潮，迄今已经有160多年的历史。这个时间跨度虽然不算很大，但在这期间俄国民粹主义的流派也表现出极强的复杂性。按大体的时间顺序，俄国民粹派可分为革命民粹派和自由民粹派。如果再具体一些，俄国民粹派源于赫尔岑、车尔尼雪夫斯基。在他们的感召下，俄国全社会开展了"到民间去"运动。他们主张通过发展农民来建立社会主义社会。"民粹派"正是得名于此。19世纪70年代的民粹派又分为以拉甫洛夫为代表的"宣传派"或"准备派"；以特卡乔夫为代表的民粹派则奉行"行动哲学"、主张立即实行暴动、推崇暗杀等阴谋活动，也称"密谋派"；以巴枯宁为代表的"暴动派"与特卡乔夫在主张暴动方面是一致的，但是在如何暴动以及暴动的归宿方面则与特卡乔夫派有原则上的分歧。比如巴枯宁认为暴动应着眼于发动农民，且思想体系中具有无政府主义特征；特卡乔夫则是个布朗基主义者，认为革命是少数人的事。

在对待民众问题上，各派别也是极不相同。特卡乔夫派轻视民众的革命力量，奉行英雄史观，但主张少数精英分子为人民而革命；巴枯宁派则极其推崇民众，与特卡乔夫英雄史观针锋相对；拉甫洛夫派有点折中倾向，虽然认为民众比较保守，不能独立成为革命的力量，但是认为知识分子应该服务大众，向大众宣传革命的思想。总的来看，俄国民粹派的人民观点大体包括赫尔岑继承者的"以民为粹"思想、特卡乔夫为代表的"民之精粹"思想。其中，前者对近代中国有着重要的影响。

巴枯宁等民粹主义者有着"对俄罗斯人民的信仰"①，"人民"特别是农民在他们心中有着极重要的位置。他们认为，人民是"真理的支柱"②，"人民中不仅隐藏着真理，而且隐藏着需要识破的秘密。"③ 这个秘密就是人民之中存在的实现社会主义的革命力量。这一观点就构成了巴枯宁等民粹主义者一切思想和行动的基础。但是，这些民粹派知识分子感觉自己没有成为人民的一部分，对人民怀有"罪孽感"。因此，他们渴望接近人民特别是农民。他们认为，"知识分子所获得的全部文化都是人民创造的，都是人民的劳动创造的，而这，使着手掌握这种文化的人被赋予了沉重的责任感。"④ 也正因如此，他们格外关注农民的利益，始终对农民倍加推崇，并且始终希望自己站在"人民的立场"。这一思路在"到民间去"运动中得到了淋漓尽致的体现。因此，巴枯宁在宣传中反复提出，"反对国家、破坏一切的精神……深深地植根于人民的需要和人民的整个情绪之中。"⑤ "一种巨大的力量引导着俄国青年，这就是人民的力量。"⑥ 他主张通过自下而上的革命，使人民获得自由。

---

① ［俄］尼·亚·别尔嘉耶夫著：《俄罗斯思想的宗教阐释》，邱运华、吴学金译，东方出版社1998年版，第57页。

② ［俄］尼·亚·别尔嘉耶夫著：《俄罗斯思想：十九世纪末至二十世纪初俄罗斯思想的主要问题》，雷永生、邱守娟译，生活·读书·新知三联书店1995年版，第102页。

③ ［俄］尼·亚·别尔嘉耶夫著：《俄罗斯思想：十九世纪末至二十世纪初俄罗斯思想的主要问题》，雷永生、邱守娟译，生活·读书·新知三联书店1995年版，第103页。

④ ［俄］尼·亚·别尔嘉耶夫著：《俄罗斯思想的宗教阐释》，邱运华、吴学金译，东方出版社1998年版，第57—58页。

⑤ 中央编译局译：《俄国民粹派文选》，人民出版社1983年版，第47页。

⑥ 中央编译局译：《俄国民粹派文选》，人民出版社1983年版，第51页。

巴枯宁等民粹主义者正是认为人民之中蕴含着真理，他们都对人民的需要予以肯定，进而要求革命者 "到民间去"、了解人民的需要、使人民认识到自己的需要。他们认为，"人民的生活本身总是合理的"①，如果革命者不能和群众打成一片、不善于接近人民、不置身于人民的生活中研究人民的要求和愿望，而是主观地臆造空洞的革命理论、从事脱离人民需要的宣传，都不会取得希望的结果。克鲁泡特金根据当时民粹派在农村工作的经验起草了《革命宣传纲领》，他在《纲领》中提出："必须更进一步地熟悉人民，清楚地了解他们的要求、观点和思想方法。"② 他主张每一个革命者都要读一些有助于广泛了解人民需要的书籍，从而全面地熟悉人民的生活。他进一步认为，"如果人民没有革命的需要，任何革命都是不可能的。"③ 有的民粹派知识分子提出："在我国，只有通过实现生根于人民中间的愿望和理想，只有通过自由的、不受任何压制的人民生活的向前奔流，才有可能尽快实现社会主义的目标。"④ 普列汉诺夫在 "土地平分" 社⑤的一份纲领性文件中开宗明义地提出，"人民的声音——神的声音"⑥。总的来说，无论是以拉甫洛夫为代表的 "宣传派"，还是以巴枯宁为代表的 "暴动派"，还是后来的普列汉诺夫以及中派的 "社会革命党"，都对人民的需要持肯定的态度，并且基本上都主张革命者深入到民众中去、关心和研究人民的现实需要，有的还提出了实现人民需要的具体方案。

巴枯宁等民粹主义者坚信人民之中蕴涵的革命力量，因此，他们主张革命是人民自己的事。在这个方面，巴枯宁、拉甫洛夫、普列汉诺夫等人与特卡乔夫的观点极不一致。在与特卡乔夫派及其后继者争论的过程中，巴枯宁等民粹主义者认为，青年应当到农村去组织农民暴动并推翻现行国家政权。巴枯宁极力倡导的 "到民间去" 运动目的也正是唤醒并组织人民投身到革命

① 中央编译局译：《俄国民粹派文选》，人民出版社 1983 年版，第 31 页。
② 中央编译局译：《俄国民粹派文选》，人民出版社 1983 年版，第 260 页。
③ 中央编译局译：《俄国民粹派文选》，人民出版社 1983 年版，第 279 页。
④ 中央编译局译：《俄国民粹派文选》，人民出版社 1983 年版，第 438 页。
⑤ 这是普列汉诺夫倡导的民粹派秘密组织，该组织反对暗杀等恐怖活动，主张给农民平分土地，又名 "黑分社"。俄国民粹派组织的发展历史参见夏银平著：《俄国民粹主义再认识》，中山大学出版社 2005 年版，第 18—21 页。
⑥ 中央编译局译：《俄国民粹派文选》，人民出版社 1983 年版，第 501 页。

斗争当中。拉甫洛夫和巴枯宁一样，都认为革命的成功应当寄希望于广大民众，只不过他认为革命的时机还不成熟，农民也不具备革命的创造性。但是最终的革命力量还是广大农民。因此，他号召青年应当在农村开展革命的宣传活动。他的这一观点也是和特卡乔夫相对立的。他明确提出："俄国社会的改造应该不只是为了达到人民幸福的目的，不只是为了人民，而是要通过人民来完成。"① 而且，拉甫洛夫坚持认为，"未来是属于人民的"②，而少数具有革命意识的人要启发人民自己提出革命的目标，"向人民讲清楚他们的真正需要，满足这些需要的最好办法，人民中蕴藏着的力量"③。普列汉诺夫也反对特卡乔夫等人精英主义的革命路线。他认为，虽然特卡乔夫等人也十分同情农民的境遇，但是他们坚持的少数人的革命运动只会给革命事业带来损害。他明确提出："开展活动不单单是为了人民，而且要在人民中间，否则，这个任务就不可能完成。"④ "人民的解放应当是人民自身的事业。"⑤ 总之，和特卡乔夫的英雄史观相比，巴枯宁等民粹主义者都认识到了民众在革命中的重要作用。这一点是可取的。但是，他们大都夸大了农民的革命因素，而没有看到无产阶级在革命中的领导作用，甚至反对建立统一的国家。理论上的缺陷导致了巴枯宁等人的思想最终破产。

此外，巴枯宁等人在批判沙皇专制制度中，也提出了党和政府要关心人民的福利的观点。有的民粹主义知识分子认为，"人民让他们当沙皇，就是为了要他们消灭祸害，关怀全体俄国人民、俄国劳工的福利，而不是去关怀那些寄生虫富人的福利。"⑥ 拉甫洛夫提出："如果专制政府能够真正关怀人民的福利，提高人民的福利，那么它在许多事情上都可以为此而得到谅解。"⑦ 言下之意，政府关心的应该是全体人民的福利，而不是少数富人的福利。这一思想实际上是他们"以民为粹"观点的延伸。

---

① 中央编译局译：《俄国民粹派文选》，人民出版社 1983 年版，第 291 页。
② 中央编译局译：《俄国民粹派文选》，人民出版社 1983 年版，第 291 页。
③ 中央编译局译：《俄国民粹派文选》，人民出版社 1983 年版，第 291 页。
④ 中央编译局译：《俄国民粹派文选》，人民出版社 1983 年版，第 541 页。
⑤ 中央编译局译：《俄国民粹派文选》，人民出版社 1983 年版，第 542 页。
⑥ 中央编译局译：《俄国民粹派文选》，人民出版社 1983 年版，第 41—42 页。
⑦ 中央编译局译：《俄国民粹派文选》，人民出版社 1983 年版，第 294 页。

　　总而言之,巴枯宁等俄国民粹主义者极其推崇人民的地位。他们看到了人民之中蕴涵的力量,对人民的需要予以充分的肯定,而且在一定程度上认识到了人民群众在革命中的主体作用。从这个角度来看,这些民粹主义知识分子的思想有一定的积极意义。但是他们理论上的缺陷也十分明显。比如,他们的哲学基础是唯心主义、思想体系十分混乱、带有较强的空想色彩。因此,无论他们多么推崇人民的地位,也无论他们怎样把自己装点成"人民之友",但是他们最终无法解决俄国的革命问题,也无法真正改变俄国人民的现实境遇。

　　历史的发展有一定的相似之处。虽然俄国的民粹派曾经起到过积极的作用,但是由于自身存在着难以克服的理论缺陷,民粹主义逐渐成为马克思主义传播的对立物。这一点在中国也是如此。20世纪初,各种社会主义思潮先后传至中国,其中就包括民粹主义思想和科学社会主义。事实上,"五四"运动前,中国知识分子对社会主义的认识还比较模糊,各种社会主义流派往往交织在一起,人们对马克思主义的认识程度和信仰程度还比较有限。因此,在近代中国并没有严格意义上的民粹主义思想家,也没有形成系统的民粹主义思想。但是,俄国的民粹思想借助无政府主义在中国得到了相当程度的传播并产生了较大的影响①。在宣传方面,当时的《民报》《新民丛报》《东方杂志》都是传播民粹主义的重要阵地。比如,1905年前后,《东方杂志》就曾刊载过《巴枯宁传》《虚无党小史》② 等。在实践方面,李大钊曾效仿俄国革命民粹派的"到民间去"运动向中国青年提出了"到农村去"③ 的号召。此外,五四运动前后的"新村"运动和工读互助团都带有很强的民粹主义特征。在早期的中国共产党人中,李大钊、恽代英、瞿秋白等人都曾经设计或尝试过一些带有民粹主义性质的方案。

　　俄国民粹主义对中国共产党人探索"为人民服务"产生两方面的影响。一方面,毛泽东等人响应李大钊"到农村去"的号召,深入到工农中去开展

---

　　① 无政府主义和民粹主义有着复杂的关系,二者从本质上说是对立的。但是,俄国的民粹主义与无政府主义往往交织在一起,巴枯宁、克鲁泡特金都是俄国革命民粹派的重要领导人,同时他们也是无政府主义的典型代表。

　　② 虚无党主要是指民粹派。

　　③ 《李大钊选集》,人民出版社1959年版,第146页。

社会调查和从事实际运动。这就推动了中国先进的知识分子深入工农群众。在深入群众的过程中，早期的中国共产党人了解了人民群众的实际生活，增强了他们关心人民福利的责任感。同时，俄国民粹派"以民为粹"的主张也使中国的先进知识分子在一定程度上认识到了人民大众的革命力量。另一方面，民粹主义毕竟是一种错误的理论。正如它在俄国最终遭到破产一样，民粹主义在中国也逐渐暴露了自身的种种缺陷。随着中国的早期先进分子逐渐树立起了马克思主义的世界观，特别是在中国共产党成立后，马克思主义成为中国共产党的指导思想。这就为中国共产党人探索和提出"为人民服务"提供了科学的理论。毛泽东在中共七大期间明确阐述了民粹主义与马克思主义的区别，对党内存在的民粹主义错误观点进行了严厉批判，从而中国共产党人划清了马克思主义与民粹主义的界限。

总之，"为人民服务"有着深厚的马克思主义渊源，也有中国传统文化渊源，同时也在某种程度上受到西方文化的影响。其中，马克思主义关于"为绝大多数人谋利益"的思想是中国共产党人提出与发展"为人民服务"的直接来源。虽然中国传统文化、西方非马克思主义文化中也包含着许多关于"人"和"民"的思想和观点，还有过许多关于为他人服务的精彩论述。但是这些非马克思主义思想都以唯心史观作为理论基础，它们所指的"人"和"民"与"为人民服务"中所说的"人民"有着本质的不同。因而，历史上的非马克思主义思想家、政治家不能真正地相信人民、依靠人民和为了人民。他们提出的思想和观点与中国共产党人的"为人民服务"只是存在形式上的相似，却有实质上的差异。这些思想和观点只是在一定意义上对中国共产党人产生影响。

"为人民服务"的形成与发展的过程就是中国共产党人直接吸收并发展马克思主义经典作家的相关思想，特别是马克思恩格斯"为绝大多数人谋利益"的思想，同时运用马克思主义基本立场和观点对中国传统文化以及西方非马克思主义文化进行改造，进而实现古为今用、洋为中用的思想理论发展过程。

第二章
"为人民服务" 的提出与确立

　　"为人民服务"是中国共产党人在革命战争年代探索党的建设和人民军队建设得出的重要理论成果,其最初的理论形态就是党和人民军队的根本宗旨。"为人民服务"发展了马克思主义经典作家"为绝大多数人谋利益"的思想。因此,中国共产党人探索"为人民服务"的过程和马克思主义中国化的历史进程基本上是一致的。从中国共产党成立至1945年中共七大期间是"为人民服务"的提出与确立的阶段。早在中国共产党成立之际,共产党人就已经开始对"为人民服务"进行探索。毛泽东在"为人民服务"的演讲中全面论述了"为人民服务"的基本内涵,这标志着中国共产党"为人民服务"的形成。中共七大期间,毛泽东、朱德、刘少奇等党的领导人对"为人民服务"进行了系统全面的论述,并把它作为党和人民军队的根本宗旨。在这次历史性的会议中,"为人民服务"被写入党章,这标志着"为人民服务"宗旨地位的确立。

第一节 "为人民服务" 的萌芽

　　1921年中国共产党成立至1944年毛泽东发表关于"为人民服务"的演讲这一阶段,是"为人民服务"的萌芽阶段。在这一时期,中国共产党坚持以马克思主义为指导,在党领导工人运动、农民运动、学生运动的过程中,提出了一系列关于"为人民服务"的思想和论断。如"文学为大众服务""党为群众利益服务""为民众服务"等。这些重要思想是对马克思主义经典作家"为绝大多数人谋利益"的思想的继承和发展，也为后来毛泽东提出"为人民服务"奠定了重要的基础。

一、文艺、道德及知识分子为人民大众服务

在共产主义运动史上，列宁首次从知识分子、文艺等角度论述了"为人民服务"的思想。他在 1905 年发表的《党的组织和党的出版物》一文中就曾提出，无产阶级的写作要为千千万万劳动人民服务。列宁的这一思想对中国共产党人产生了重要影响。

在中国共产党内，第一次阐述文学和知识分子为大众服务的是瞿秋白。1931 年初，他在遭到王明的打击排斥后，到上海与鲁迅从事革命文化活动并撰写了大量论著阐述他的无产阶级文化观点，并在许多论著中论述了文学为大众服务的思想。

1931 年 10 月，瞿秋白发表了《普洛大众文艺的现实问题》。所谓普洛文艺，实际上就是无产阶级文艺。这篇文章讲的就是无产阶级大众文艺的问题。他认为，文艺领域内同样存在着"由无产阶级反对资产阶级而完成资产阶级民权革命的任务"，这种文艺应当是大众的，并且从写作语言、写作内容、写作目的、写作手法系统论述了无产阶级的大众文艺思想，并对如何实行无产阶级的大众文艺进行了论述。这篇文章通篇贯穿着列宁在《党的组织和党的出版物》中提出的"为千千万万劳动人民服务"思想，对文艺为大众服务和文学家为群众服务进行了阐述，是对列宁思想的直接运用。

瞿秋白在文中指出："难道现在俄国普洛文学可以用斯拉夫、拉丁文混合的言语来写作品？难道英美普洛文学能够用古代英文来写作品？绝对的不能够。因为这使它不能够给大众服务！因此，可以说：不注意普洛文艺和一切文章用什么话来写的问题，这事实上是投降资产阶级，是一种机会主义的表现，是拒绝对于大众的服务。"① "不是群众应该给文学家服务，而是文学家

---

① 《瞿秋白选集》，人民出版社 1985 年版，第 462 页。

应当给群众服务。"①

1932 年 7 月，瞿秋白《文艺的自由和文学家的不自由》再次阐述了作家为群众服务的思想。他说："真正为着群众服务的作家，他在煽动工作之中更加能够锻炼出自己的艺术的力量。"② "真正肯替群众服务的作家，只有欢迎正确的文艺理论。"③

如果说瞿秋白提出的文艺和作家为大众服务是对列宁的"为千千万万劳动人民服务"思想的直接运用，毛泽东则继承和发展了列宁的这一思想，并且逐渐提出了一系列关于"为人民服务"的论断，进而形成了中国化的马克思主义文化观点。因此，毛泽东提出的这些思想更为系统、更为深刻，也更为自觉。

1939 年 2 月，毛泽东在给张闻天的信中就陈伯达的《孔子的哲学思想》一文谈了自己的看法。他认为孔子的哲学思想特别是其道德观都是错误的，其所谓的"三达德"是"历来的糊涂观念"，其中的"勇"，更是"勇于压迫人民，勇于守卫封建制度，而不勇于为人民服务的。"④ 因此，他建议陈伯达用历史唯物主义的观点和方法对孔子的道德观进行深刻的批判。据考察，虽然这次提出为人民服务的角度和内涵同后来的"为人民服务"思想有所不同，但这是毛泽东同时也是中国共产党人第一次使用"为人民服务"这一命题。

1939 年 12 月，毛泽东在《大量吸收知识分子》一文中论述了知识分子为群众服务的思想。他提出："只要是愿意抗日的比较忠实的比较能吃苦耐劳的知识分子，都应该多方吸收，加以教育，使他们在战争中在工作中去磨炼，使他们为军队、为政府、为群众服务，并按照具体情况将具备了入党条件的一部分知识分子吸收入党。"⑤ 1940 年 1 月，毛泽东又对文化为人民服务进行阐释。他在《新民主主义论》中指出："这种新民主主义的文化是大众的，因而即是民主的。它应为全民族中百分之九十以上的工农劳苦民众服务，并逐

---

① 《瞿秋白选集》，人民出版社 1985 年版，第 478 页。
② 《瞿秋白选集》，人民出版社 1985 年版，第 513 页。
③ 《瞿秋白选集》，人民出版社 1985 年版，第 517 页。
④ 中共中央文献研究室编：《毛泽东书信选集》，人民出版社 1983 年版，第 147 页。
⑤ 《毛泽东选集》第二卷，人民出版社 1991 年版，第 619 页。

渐成为他们的文化。"①

1942 年 5 月，毛泽东在《延安文艺座谈会上的讲话》中论述了文艺应该"为什么人服务"和"如何去服务"的问题，提出了改造旧的文艺形式使之成为为人民服务的文艺、改造小资产阶级知识分子使之成为为人民服务的知识分子。毛泽东的讲话是中国共产党人对无产阶级文艺思想和知识分子思想的系统阐述，为无产阶级文艺的发展指明了方向。更重要的是，毛泽东在讲话中多次明确地使用"为人民服务"的命题。这对后来提出完全意义上的为人民服务具有重要影响。《延安文艺座谈会上的讲话》发表后，毛泽东等中国共产党人逐渐认同并自觉使用"为人民服务"的提法。

二、中国共产党"为群众利益服务"

为人民服务首先就要为人民群众的利益服务，就要实现和维护人民群众的利益。在革命实践中，中国共产党人曾经提出了为群众利益服务、为群众谋利益、代表群众或民众的利益、拥护工农的利益等一系列相关思想。这些思想不仅在党的文件中有所体现，还在李达、董必武、张闻天、方志敏、邓中夏、毛泽东等中国共产党人的论著中多有涉及。相比而言，中国共产党为群众利益服务的思想是十分丰富的。

1922 年，中共二大通过的《关于"民主的联合战线"的议决案》中提出："我们共产党不是空谈主义者，不是候补的革命者，乃是时时刻刻要站起来努力工作的党，乃是时时刻刻要站起来为无产阶级利益努力工作的党"②。同时，中共二大通过的《关于议会行动的决案》中也提出："中国共产党为代表中国无产阶级及贫苦农民群众的利益而奋斗的先锋军"③。1923 年 6 月发表的《中国共产党第三次全国代表大会宣言》提出："拥护工人农民的自身利

---

① 《毛泽东选集》第二卷，人民出版社 1991 年版，第 708 页。
② 中央档案馆编：《中共中央文件选集》第 1 册（1921—1925），中共中央党校出版社 1989 年版，第 65 页。
③ 中央档案馆编：《中共中央文件选集》第 1 册（1921—1925），中共中央党校出版社 1989 年版，第 74 页。

益，是我们不能一刻疏忽的"①。1927年7月，中共中央发表的《中国共产党中央委员会对政局宣言》提出："中国共产党永久认为革命的利益民众的利益高于一切"②。

1927年2月，方志敏在《在江西省政府欢迎农工代表大会上的演说》中提出："我们晓得省政府是由党内产生的，并且是领导各阶级民众联合革命，去打倒帝国主义的走狗军阀和一班贪官污吏，为大多数民众谋利益的。"③1935年3月，方志敏在狱中写下了《我从事革命斗争的略述》。他说："苏维埃政府，是工农群众自己的政府，非常亲近群众，倾听群众的意见，忠实的为群众谋利益。"④

1936年10月，张闻天在《关于白区工作中的一些问题》中指出："群众的力量是我党的最后依靠。为了民族的与民众的利益而奋斗，而牺牲，这是共产党员的本职。共产党员决不怕这样光荣的牺牲。"⑤"为了能够公开的活动，共产党员应该在各种现存的与任何反动的有群众的组织中去进行工作，去同那里的群众发生联系，拥护他们切身的利益，争取对他们的领导。"⑥

此外，李达在《讨论社会主义并质梁任公》中提出"社会主义在根本改造经济组织谋社会中最大多数的最大幸福"⑦、邓中夏在《工会论》中提出"工会是为无产阶级谋利益，是保障无产阶级利益"⑧、张闻天在《党的宣传鼓动工作提纲》中提出"党的宣传鼓动工作就是为着全民族与全国人民的利益而服务"⑨、董必武在《宗派主义在对党外关系上的排外性》中提出"共产

---

① 中央档案馆编：《中共中央文件选集》第1册（1921—1925），中共中央党校出版社1989年版，第166页。

② 中央档案馆编：《中共中央文件选集》第3册（1927），中共中央党校出版社1989年版，第207页。

③ 《方志敏文集》，人民出版社1985年版，第232页。

④ 《方志敏文集》，人民出版社1985年版，第85页。

⑤ 《张闻天选集》，人民出版社1985年版，第116页。

⑥ 《张闻天选集》，人民出版社1985年版，第121页。

⑦ 中国人民解放军政治学院党史教研室编：《中共党史参考资料》，第2册，第53页。

⑧ 《邓中夏文集》，人民出版社1983年版，第179页。

⑨ 《张闻天选集》，人民出版社1985年版，第300页。

党除了群众的利益，没有其自身单独的利益"①，等等。这些观点都蕴含着为人民服务的思想。

三、"大家为民众服务"

在毛泽东发表《为人民服务》演讲以前，一些共产党人还针对非党群众和青年学生提出了为民众服务的要求。这样的提法虽然不多，但也带有很强的代表性，主要包括恽代英的大家为民众服务思想、张闻天的青年为群众服务思想。虽然毛泽东后来提出的"为人民服务"，主要是作为中国共产党和人民军队的宗旨，但是"为人民服务"绝不能仅仅理解成是中国共产党人和人民军队的事情。它作为一种道德品质，无论是革命时期还是建设时期，都是应该在全体人民中大力提倡的。新中国成立以后，"为人民服务"的发展就说明了这一点。

恽代英从教育的角度提出了为民众服务的思想。他在 1924 年 8 月发表的《民治的教育》中认为，民国时期的教育沿袭了封建时代的教育。这种教育往往压抑学生的个性，不能养成学生自尊、自信的主人翁精神，使学生不能独立思考和独立行动。这就导致了国家的形势难以有较大的发展。他提出："民国成立了，教育还是从前的教育，大家脑筋里的观念也还是错误，所以并没有知道自己是民国的主人翁，自己应该自主自治，自己应该为民众服务。"②也就是说，在恽代英看来，为民众服务应当是每一个人的事情，人人都应该为民众服务。更为可贵的是，他在这篇文章中还论述了如何培养为民众服务的人的问题。他指出要使人们尊敬民众、了解民众、愿意为民众利益努力，"因为主人翁已经换了，大多数的民众，就是民国的主人翁，所以现在的教育，应该叫大家为民众服务。"③

1938 年 4 月，张闻天在陕北公学发表了题为《论青年的修养》这一演讲。他从青年如何实现自身革命理想的角度提出了为群众服务的问题，并且

---

① 《董必武选集》，人民出版社 1985 年版，第 83 页。

② 《恽代英文集》上卷，人民出版社 1984 年版，第 575 页。

③ 《恽代英文集》上卷，人民出版社 1984 年版，第 578 页。

把为群众服务作为青年实现自身革命理想的重要方法之一。因为广大青年在革命运动中具有肯打先锋、肯负责的宝贵品质。特别是陕北公学的青年学生,往往肩负着发动群众、组织群众、领导群众的任务。那么,这些青年学生怎样发挥其领导作用呢?在张闻天看来,第一位的问题就是要走到群众中去。张闻天进一步提出:"我们青年到了群众中之后,就要学习如何去接近群众,去同他们生活在一起,去了解他们,以至取得他们的信任。这里,首先就是要时时刻刻去为群众服务,处处能够为他们谋利益,为他们的利益牺牲自己的一切。"① 在张闻天看来,广大青年为群众服务是他们发挥领导责任的一个重要环节。这里为人民服务实际上不仅是对共产党员的要求,也成为对广大青年的要求。

四、《纪念白求恩》中的为人民服务思想

如果说毛泽东在给张闻天的信中提出了"为人民服务"这一命题,那么他在《纪念白求恩》一文中则论述了"为人民服务"主要的思想内涵。这也是"为人民服务"萌芽阶段最突出的一个理论贡献。

1939 年 11 月,援华抗日的加拿大共产党员白求恩在手术中受到感染不幸牺牲。白求恩作为一个外国人,自愿放弃国内优越的社会地位和生活条件,不远万里来支持中国人民的解放运动,这是他国际主义精神的深刻体现。不仅如此,在晋察冀边区工作期间,"他的牺牲精神、工作热忱、责任心,均称模范。"② 这些品质实际上已经超出了国际主义精神的范围。白求恩牺牲后,毛泽东写了《纪念白求恩》一文,高度赞扬了他的工作热情和牺牲精神。这是"为人民服务"演讲发表前,毛泽东对"为人民服务"思想最为深刻的一次论述。

第一,提出了白求恩"毫不利己专门利人"的精神品质。毛泽东认为白求恩毫不利己的动机是国际主义的体现。他进一步指出:"白求恩同志毫不利己专门利人的精神,表现在他对工作的极端的负责任,对同志对人民的极端

---

① 《张闻天选集》,人民出版社 1985 年版,第 178 页。
② 《毛泽东选集》第二卷,人民出版社 1991 年版,第 661 页。

的热忱。"① 这些都是"为人民服务"思想中的重要方面，比以往提出的"为群众利益服务"更进了一步。其中，"毫不利己专门利人"体现了共产党员对待个人利益和集体利益的正确态度，强调共产党员的奉献和牺牲精神；"对工作极端负责任"揭示了共产党员的工作热情和顽强的革命意志；"对人民极端热忱"包含着共产党人的根本立场，体现了共产党人植根于人民、热爱人民、为人民勇于献身的精神。这三个方面明确了中国共产党为群众利益服务基本态度以及实现为群众利益服务的根本途径，也使马克思主义经典作家的"为绝大多数人谋利益"思想以鲜明的中国特色和中国气派表现出来。更重要的是，毛泽东在论述中用到的"毫不"、"专门"、"极端"揭示了共产党人在为人民谋利益时的高层次要求，体现了共产党员的崇高境界。这些都构成了"为人民服务"的重要方面。

第二，批评了一些同志的错误思想和行为。白求恩的工作态度和对人民的热忱是十分可贵的。但是相比而言，一些中国的革命同志还不能做到这些。毛泽东对这些错误思想和行为进行了严厉的批评。他指出，有不少人对工作不负责任、拈轻怕重，或者见异思迁、不钻研技术和业务；也有的人自私自利、遇事先替自己打算；还有的同志对人民冷冷清清、麻木不仁，而不是对人民有着极端的热忱；还有的同志出了点力就骄纵自满、自吹自擂。毛泽东认为："这种人其实不是共产党员，至少不能算一个纯粹的共产党员。"② 他进一步讲到白求恩的事迹对这些人是一个极好的教训。在毛泽东看来，所有的中国共产党人应该像白求恩那样具有"毫不利己专门利人"的品质。这也从另一个角度阐述了"为人民服务"的思想。此外，"毫无自私自利之心"、"有利于人民"、"有益于人民"这些论断也包含着"为人民服务"的内涵和要求。

第三，号召中国共产党党员向白求恩学习。毛泽东在《纪念白求恩》一文中树立了中国共产党历史上第一个全心全意为人民服务的先进典型，并且号召全体共产党员向他学习。毛泽东指出："我们大家要学习他毫无自私自利之心的精神。从这点出发，就可以变为大有利于人民的人。一个人能力有大小，但只要有这点精神，就是一个高尚的人，一个纯粹的人，一个有道德的

---

① 《毛泽东选集》第二卷，人民出版社1991年版，第659页。
② 《毛泽东选集》第二卷，人民出版社1991年版，第660页。

人，一个脱离了低级趣味的人，一个有益于人民的人。"① 这就是说，中国共产党人要提倡白求恩为人民服务的精神。

总之，毛泽东在《纪念白求恩》一文中赞扬了白求恩的国际主义精神，同时鲜明地提出了共产党人为人民服务的品质，文中通篇体现着共产党员"为人民服务"的本色。这是"为人民服务"演讲前，毛泽东对"为人民服务"较为深刻的论述。

当然，我们也要看到《纪念白求恩》中关于为人民服务的论述和完全意义上的"为人民服务"还存在一定差异。前者强调的是共产党员勇挑重担、不怕牺牲的品质；后者则在此基础上进一步发展为共产党员不论任何分工，只要于人民有利，都要兢兢业业、无私奉献的精神，要求广大党员既不能拈轻怕重，也不能鄙薄平凡的工作。以毛泽东为代表的中国共产党人正是沿着"毫不利己专门利人"和"两个极端"的思想继续探索"为人民服务"。

综上所述，从中国共产党成立直至毛泽东发表"为人民服务"的演讲这段时期内，中国共产党人围绕马克思主义"为绝大多数人谋利益"这一思想进行了初步的探索，并且形成了许多有理论价值的成果。不仅提出了"为人民服务"这一命题，而且形成了"为人民服务"的主要思想。这些都为后来的中国共产党人特别是毛泽东提出完全意义上的"为人民服务"奠定了基础。

诚然，萌芽阶段中国共产党人关于为人民服务的思想还存在着一定的不足。从命题上看，萌芽阶段的这些思想命题更多地体现为"党为群众谋利益"这一方面，这大都与《共产党宣言》中"为绝大多数人谋利益"命题相似度较高，是对《宣言》中思想的直接继承。尽管毛泽东曾提出了"为人民服务"的命题，但是这一命题还没有在党内确定下来。从思想的包容性来看，虽然一些共产党人论述了"党为群众谋利益"的思想，毛泽东在《纪念白求恩》一文中还阐述了"为人民服务"的主要思想，但是这些观点和真正意义上的"为人民服务"还存在层面上的差异，不具备作为党和人民军队宗旨的"为人民服务"那样较大的包容性和较高的立论层面。从阐述的角度看，这一时期的"为人民服务"还在很大程度上受到列宁、斯大林的影响。比如，列

---

① 《毛泽东选集》第二卷，人民出版社1991年版，第660页。

宁曾经多次从知识分子、教育工作者的角度谈了为人民服务的问题，斯大林也从科学技术、知识分子等角度多次论及相关思想，还提出了知识分子"为人民服务"的命题。这一时期中国共产党人关于"为人民服务"论述最多的也是文学、文艺、知识分子这些方面，还没有上升到党和军队建设以及革命的人生观这些较高的层次和视角。

第二节 "为人民服务"的形成

说起"为人民服务"，人们都会想到《毛泽东选集》第3卷中的《为人民服务》一文。而且很多学者都指出"为人民服务"正是在这篇文章中被正式提出。这一方面体现了《为人民服务》一文对人们的影响十分深远，但另一方面也表明我们对"为人民服务"形成与发展的历史过程缺乏深入的了解。如果从命题的角度出发，毛泽东已经在1939年提出了"为人民服务"这一命题，但很显然这和我们所理解的"为人民服务"是存在差距的。因此，科学评价《为人民服务》一文的历史地位，确立"为人民服务"形成的标志性事件和论著，就必须深入研究毛泽东所作的"为人民服务"演讲以及《为人民服务》一文发表的历史背景。笔者认为，在"为人民服务"形成与发展的历史中，毛泽东的演讲不能等同于《为人民服务》一文。前者是"为人民服务"形成的标志。

一、张思德的牺牲与《为人民服务》的发表

收录在《毛泽东选集》第3卷的《为人民服务》一文的题注中讲道："这是毛泽东在中共中央警备团追悼张思德的会上的讲演。"① 这就明确告诉我们，这篇文章和张思德的牺牲有着密切的联系。

1940年前后，由于种种原因，陕甘宁边区和各革命根据地都面临了严重的经济困难。为了解决边区的经济问题，以毛泽东为代表的党中央发动了精

---

① 《毛泽东选集》第三卷，人民出版社1991年版，第1004页。

兵简政和大生产运动。1940 年 2 月 10 日,中央军委向全军发出了《关于开展大生产运动》的指示,要求全军把解决边区的经济问题提高到政治高度,要求各级部队开辟财源、克服困难、争取胜利。为了更好地领导和开展大生产运动,毛泽东发表了《抗日时期的经济问题和财政问题》《开展根据地的减租、生产和拥政爱民运动》《组织起来》等重要著作,提出了"发展经济、保障供给"的重要方针。在党中央的领导下,各根据地的大生产运动得到了全面的展开。至 1943 年,各根据地的经济情况基本上得到了扭转。

1944 年春天,中央机关和枣园警卫人员组成小分队,被派往距离延安三十多公里的安塞县开荒种地,张思德任生产队副队长。之后,生产队和社会部联合组成生产农场,主要负责开荒生产。同年秋天,农场接受了中央办公厅交给的新任务,为即将召开的中国共产党第七次全国代表大会准备取暖的木炭。1944 年 9 月 5 日,张思德在烧炭的生产中,因炭窑漏水而倒塌,为救班上的其他同志不幸牺牲。张思德牺牲的消息传到了枣园。据叶子龙回忆说,这一事情由胡乔木汇报给了毛泽东[①]。毛泽东听后既沉痛又生气,并指示卫队长古远兴说,要给张思德开个追悼会,并且强调了自己也要参加、还要讲话等事宜。[②]

9 月 8 日下午,张思德的追悼会在枣园召开。毛泽东在会上饱含深情地作了讲演。他在讲话时,没有使用讲话稿,显然是有备而来。会后,讲话的内容由罗青长和许立群整理成文,并刊登在中央警备团的《战卫报》上。在得到毛泽东的同意后,这次讲话又以新闻稿的形式发表在 1944 年 9 月 21 日的《解放日报》,题目是《警备团追悼战士张思德同志 毛主席亲致哀悼"为人民的利益而死,是死有重于泰山"》。随后,周恩来又指示《新华日报》对此进行了转载。

但是,据笔者考证,这份讲话稿并没有收入新中国成立前出版的《毛泽东选集》或者毛泽东著作的单行本。1950 年 5 月,中央政治局成立了毛泽东选集出版委员会,开始了新中国成立后新版《选集》的整理和出版工作。这

---

① 参见中国延安精神研究会等编:《为人民服务——纪念毛泽东〈为人民服务〉发表五十周年文集》,党建读物出版社 1995 年版,第 15 页。

② 参见陈惠方、廖可铎著:《张思德传》,解放军出版社 2004 年版,第 295 页。

次的整理工作进行得十分扎实和严谨。整个工作不仅由毛泽东亲自主持，而且一些文稿的选录还经过了中央政治局的集体讨论，刘少奇、周恩来、胡乔木、田家英、陈伯达等人都参与了编辑和审定。至 1960 年 4 月，4 卷本的《毛泽东选集》出版完毕。经过修改和整理后，毛泽东在张思德追悼会上的演讲被收入《选集》第 3 卷第 19 篇，毛泽东将其命名为 "为人民服务"。但是，对《毛泽东选集》的进一步修订工作并没有结束。1991 年又出版了《选集》的新版本，也就是现在我们常见的这一版本，其中《为人民服务》一文仍然保留了 1953 年旧版的面貌。

二、"为人民服务" 演讲的历史背景

经考证，在《警备团追悼战士张思德同志 毛主席亲致哀悼 "为人民的利益而死，是死有重于泰山"》一文中，毛泽东没有提出 "为人民服务" 这些字眼。"为人民服务" 这个题目也是新中国成立后在编订《毛泽东选集》时作者加上去的。如果稍加留意便可发现，《选集》中《为人民服务》一文与毛泽东的其他著作在风格上有较大的不同，该文既不是从概念的分析入手，也不是通过思辨和推理来加以论述。这对于有着深厚哲学功底且长于论述的毛泽东来说，不能不说是一个值得深思的事情。此外，我们也不能忽略毛泽东作这一演讲的场合，就是张思德的追悼会。但是从《为人民服务》一文，甚至从《解放日报》中报道的新闻稿来看，其行文风格也不似一般意义上的 "悼词"，而是毛泽东一气呵成的一篇精彩演讲。

张思德的牺牲看似是一个偶然性的突发事件。但是，毛泽东在演讲中阐述的这些问题是因为张思德的牺牲有感而发，还是毛泽东思考已久的呢？有没有规律性和必然性？其针对性又是什么？是因为毛泽东和张思德曾经相识，还是毛泽东的 "小题大做" 呢？在以往的研究中，很多学者都提出毛泽东的这次演讲是一次即兴演讲，是由于张思德的牺牲有感而发的，也就是从其偶然性方面来理解。但是对于这一演讲的必然性和针对性，则鲜有论及。事实上，毛泽东是一个坚持实事求是的马克思主义者，他的讲话也很少就事论事，而是根据实际工作的需要，并且具有较强的指向性。要考察毛泽东这一演讲

在"为人民服务"发展史中的地位，以及充分理解"为人民服务"的内涵，就要结合当时的历史背景，研究这次演讲的针对性。正确认识毛泽东的这一演讲的历史背景，理解"为人民服务"演讲以及《为人民服务》一文在"为人民服务"形成与发展中的地位，至少要弄清以下几方面的问题。

（一）张思德的牺牲值不值

毛泽东的演讲因张思德牺牲而来。在《警备团追悼战士张思德同志 毛主席亲致哀悼"为人民的利益而死，是死有重于泰山"》一文中，有这样一段话："毛主席即缓步登台，怀着沉痛的心情向死者表示敬意，并作历时一时半之久的讲话，对为人民利益而牺牲的意义，讲述至详。"[1] 由此我们可以确定，毛泽东在他的演讲中着重强调了张思德为人民利益而牺牲意义重大，比泰山还重，并且由此引申出革命的生死观问题。这部分内容是毛泽东演讲的重点。

如前所述，1940 年前后，党中央为了克服经济困难，发起了大生产运动。总体来说，通过广泛深入的政治动员，根据地的绝大多数同志充分认识到了大生产运动的重要意义，也对克服困难有着坚定的信心。但是也有一些同志特别是有过长期革命工作经历的同志对大生产运动的重要性认识不足，还存在着忽视经济工作、轻视生产劳动的错误倾向。比如，一些人认为这些工作"不足道"，干这些工作"没出息"等等[2]。这些论调虽然不多，但也对边区大生产运动产生了不好的影响，也反映出部分同志的革命目的还不够明确，觉悟还不够高。

严格地说，张思德的牺牲属于生产事故。他的牺牲有没有意义呢？在如火如荼的革命年代，是不是只有参加战斗才是有意义的和伟大的？是不是只有冲锋陷阵，在重大关头与敌人殊死搏斗而牺牲才算得上是英雄呢？据慕丰韵回忆说："张思德同志牺牲之后，警备团的战士有些议论：'老红军，经过长征，负过伤，最艰苦的环境都过来了，因到山中烧炭被崩塌的炭窑砸死了，

---

[1] 本报讯：《警备团追悼战士张思德同志 毛主席亲致哀悼"为人民的利益而死，是死有重于泰山"》，《解放日报》，1944 年 9 月 21 日，第 1 版。
[2] 房成祥、黄兆安编：《陕甘宁边区革命史》，陕西师范大学出版社 1991 年版，第268 页。

太不值得！' 这个情况被毛主席知道了，引发毛主席参加追悼会，并发表了那样一篇关系人生价值的、极其重要的讲话。"① 这就说明了毛泽东的演讲有着很强的针对性。虽然演讲有个人情感方面的因素，但这并不是他作演讲的主要原因。这次演讲的重要目的就是对当时的一些错误思想予以回应。

毛泽东在演讲中说："我们共产党八路军新四军这个团体，完全是为着解放人民的，是彻底为人民利益工作的，张思德同志就是我们这个团体中的一个。……张思德同志是为人民利益而死，所以他的死，比泰山还重。"② 他认为，我们大家不论是从事生产劳动也好，参加战斗也好，都是为人民的利益而工作的，都是有意义的；只要为人民的利益而工作，即使是牺牲，都是值得的和高尚的。

实际上，大生产运动中存在的错误思想并不是一般的工作态度问题。毛泽东正是抓住了问题要害之处，把大生产中的懈怠情绪上升到人生观的层面，对共产党人的革命人生观进行了阐述。工作中拈轻怕重固然是不对的，但是如果只是一心想做大事，而瞧不起平凡的工作，同样也是不对的。在对待生死这一人生大节问题上，更应该坚信只要是为人民利益而死，不管是做什么工作都是伟大的。对张思德来讲，他虽然不是因战斗而牺牲，但也是为了人民的利益而死，因此，就是死得其所，是有意义的。其事迹真正感人之处不在于他在生死关头舍己救人，虽然这足以令人感动。他更可贵的是从始致终都是为了人民的利益兢兢业业、无私奉献和不计名利，只要是合乎人民利益的，党叫干啥就干啥。这就比那些把从事生产劳动和经济工作视为"没出息"和"不足道"的人境界高出许多。

毛泽东的这一观点，在 1944 年 9 月 18 日，也就是纪念张思德追悼会 10 天后再一次得到明确阐述。他在中共中央办公厅举办的招待八路军留守兵团全体模范学习代表及各部队战斗英雄代表大会上讲话指出："我们的军队，是真正人民的军队。我们的每一指战员，以至于每一个炊事员、饲养员，都是

---

① 中国延安精神研究会等编：《为人民服务——纪念毛泽东〈为人民服务〉发表五十周年文集》，党建读物出版社 1995 年版，第 34—35 页。

② 本报讯：《警备团追悼战士张思德同志 毛主席亲致哀悼"为人民的利益而死，是死有重于泰山"》，《解放日报》，1944 年 9 月 21 日，第 1 版。

为人民服务的。"①　同年 12 月，毛泽东在《一九四五年的任务》中再次提出："我们一切工作干部，不论职位高低，都是人民的勤务员，我们所做的一切，都是为人民服务"②。

毛泽东在张思德追悼会上的演讲不仅澄清了人们的错误思想，更给默默无闻工作的人以激励。据 1944 年 9 月 21 日的《解放日报》记载，"战士们在回家的路上，都笑着说：'够份了，够份了。'一个伙夫回家后就挑了十担水，有人问他为啥今天特别加油，他说'挑水也是为人民，也是有功的，干啥不加油呢?'一个原来不大安心的干部，在闭会后，就订了一个争取当选模范工作者的计划。"③

（二）怎样处理党群关系和军民关系

毛泽东在《为人民服务》这篇演讲中，不仅对为人民利益而工作予以充分肯定，他提出的"我们共产党八路军新四军这个团体，完全是为着解放人民的，是彻底为人民利益工作的"这一论断，也为处理军民关系和党群关系提供了一个重要的原则。这一原则后来被提升为中国共产党和人民军队的根本宗旨。经考察，毛泽东之所以提出这一论断，是由于 1941 年前后军民关系、党群关系出现了偏差。

一方面，由于负担加重，边区人民对共产党和军队产生不满情绪。总体来说，自共产党成立和人民军队成立以来，党群关系和军民关系一直比较和谐，这也成为中国共产党及其领导下的军队与其他党派、军队的一个显著区别。在抗战初期边区经济状况较好的一段时期，国内很多进步人士以及不堪忍受国民党反动统治的人士纷纷来到延安。这既给延安带来了活力、壮大了革命的力量，但是也在客观上造成了边区非生产人员过多，并给边区经济带来了不小的负担。同时，由于大生产运动前的边区经济过分依赖外部援助，当受到国民党政府的排挤之后，边区的经济出现了严重困难，各地粮食供应

①　本报讯：《中央招待留守兵团学习代表毛主席勉励指战员坚持为人民服务》，《解放日报》，1944 年 9 月 23 日，第 1 版。
②　《毛泽东文集》第三卷，人民出版社 1996 年版，第 243 页。
③　警备团通讯：《纪念为人民利益而牺牲的张思德同志》，《解放日报》，1944 年 9 月 21 日，第 2 版。

出现危机。这样，边区不得不采取普遍征粮的办法。这虽然是形势所迫，但也在客观上使人民的负担空前加剧，"群众深感负担过重，普遍出现不满情绪。"① 再加上 1941 年起敌后根据地普遍遭受自然灾害，各根据地受灾居民均达数十万，部分地区外逃人口达百万人。人民生活十分困难，群众的怨言很大。

另一方面，党政军内的干部对当地群众存在误解。受到自然灾害的影响，边区内征粮指标越来越难以实现。在当地群众中出现了对党和军队的怨言和不满情绪。这本来是可以理解的。但是由于军阀主义、本位主义等错误思想又沉渣泛起，党政军内的一些干部在遇到困难的时候不去积极地想办法、调整政策，反而从群众中找原因。有人甚至说，陕甘宁边区的老百姓不好，陕甘宁边区的工作不好开展。在工作中，则表现为态度蛮横、方式粗暴，一些侵犯群众利益、对边区百姓打骂和捆绑的事情时有发生。1943 年 1 月 25 日，《留守兵团司令部及政治部关于拥护政府爱护人民的决定》指出："由于边区遭受着严重的经济封锁，物质条件异常困难，以及军队本身存在着主观主义、宗派主义、本位主义的倾向，因而造成了军政民关系某些不融洽的现象，军队方面应负主要的责任。在部队中，存在着与生长着忽视拥政爱民的观念，忘记了过去红军的优良传统，把军队与政府人民有时对立起来，某些人员存在着军阀主义的残余思想，把军队看成为高于政府和人民，丧失了革命军队的品质，于是违犯政府法令，自高自大，不尊重政府，侵犯群众利益、违犯群众纪律等行为，时有发生。"② 同月，谭政在陕甘宁边区部队干部会上作了《肃清军阀主义倾向》的报告，他在报告中系统分析了军队中存在的军阀主义错误倾向，阐述了军阀主义的 6 种表现。他提出军阀主义的第四种表现就是军民关系恶化，军队与地方关系极不正常。党政军内的这些错误做法虽然不是普遍现象，但是足以破坏共产党和军队的形象，其后果是难以估量的。

我们党和军队都是来自人民。离开了人民，党和军队就不可能生存下去。但在当时，由于重大经济困难的影响，以及部分党政军人员中的错误思想和

---

① 金冲及主编：《毛泽东传（1893—1949）》，中央文献出版社 2004 年版，第639 页。

② 中国人民解放军政治学院党史教研室编：《中共党史参考资料》，第 9 册，第141 页。

行为，使得本来是鱼水情深的军民关系、党群关系出现了危机，出现了人民不满意党、不满意军队，党政军内漠视群众、埋怨群众甚至侵犯群众利益的严重局面。这种局面如果不加以扭转，势必会给革命事业带来毁灭性的打击。这个问题不可能不引起毛泽东等领导人的高度关注。正如解放军出版社出版的《张思德传》的后记中所说，"毛主席之所以这么郑重其事地要参加一个因发生事故而牺牲的普通战士的追悼会，并发表重要讲话，这是异乎寻常的，毛主席对此是有着深远的思考的。这除了毛主席对同志对人民一贯怀有深厚的阶级情感外，当时还有一个背景：延安和陕甘宁边区，由于中央机关和军队（先是红军，后为八路军）进驻这里已历时九年，在军民关系，党群关系方面出现了一些需要解决的问题。"①

为了解决当时军民、党群关系中出现的问题，党中央和中央军委进行了一系列的政策调整，如开展大生产运动，实行精兵简政和减租减息，开展拥政爱民、拥军优抗运动，毛泽东还亲自领导了全党的整党运动。他起草的《开展根据地的减租减息、生产和拥政爱民运动》以及《组织起来》等文章更成为这一时期陕甘宁边区经济和其他各项工作的指导性文件。事实表明，这些运动的开展极大地改善了军民关系和党群关系。

由此可见，毛泽东在演讲中最开始就提出"我们共产党八路军新四军这个团体，完全是为着解放人民的，是彻底为人民利益工作的"，是他长时间思考并努力实践的必然结果。在抗日战争和国内形势即将面临重大转机的时候，他的这一论断就给党政军的所有人提供了一个工作的根本原则，就是一切以人民的利益为最高准绳，凡是与人民利益相一致的都是正确的，反之都是错误的。在这一原则的指导下，我们制定政策、检验政策，就有了标准。同时，通过纪念张思德这种形式，也无疑在全体人民心中树立了中国共产党人的良好形象。

（三）如何处理官兵关系

官兵一致是人民军队政治工作的三大原则之一。也就是说，军队内的官兵之间、上下级之间只是分工的不同，他们在政治上和人格上是平等的，而

---

① 陈惠方、廖可铎著：《张思德传》，解放军出版社 2004 年版，第 308 页。

没有高低贵贱之分。军官要关心和爱护士兵，士兵要尊重和服从军官，官兵间团结互助、同甘共苦。共产党所领导下的人民军队从诞生之日起就努力实行官兵一致的原则，不允许军官辱骂、体罚和虐待下级士兵。官兵一致是人民军队团结自身、克敌制胜的重要法宝之一。

在上下级关系的问题上，张思德就起到了很好的表率作用。在经济困难期间，部队粮食供应紧张，基本上每个人都吃不饱饭。张思德为了让班里的其他同志多吃一点，经常在吃饭的时候借故走开。又如，他第一次作为班长带队到土黄沟烧炭时，班里有的同志生病了，他就用自己的津贴从老乡那里买来鸡蛋和麻油，给班里的病号做荷包蛋吃。看到班长如此体贴，班上的同志都感动不已，班里士气高涨，气氛非常融洽，战斗力大增，各项工作也容易开展。

但是，正如毛泽东所说，我们的军队时时处在反动势力和小资产阶级的包围之中，旧军队的坏习气的影响还不可能完全肃清，军阀主义的灰尘还会天天向我们的脸上扑来。这就导致了军队里违反官兵一致的现象时有发生。军队内部的上下级关系、官兵关系等方面的问题也不断暴露出来。谭政在1943年1月作的《肃清军阀主义倾向》的报告中指出："军阀主义倾向第二种表现，就是官兵关系的不正常，官兵之间脱节。我们部队中某些干部，不关心部队，不关心下级人员与战士，对他们的情绪与生活，不闻不问，只求个人享受得舒适。"[1]

军官不关心下级人员与战士的危害极大。作为领导者不关心下属、对下属采取粗暴的态度，下级对领导者自然就冷淡起来。于是，军队中逐渐显露出士兵对军官的不满，说风凉话的大有人在。甚至士兵逃跑的现象呈现出增多的趋势。这就严重影响了军队内部的团结，对军队的凝聚力和战斗力造成了极大的破坏。

为了改善军队中上下级关系，增强军队内部的团结，党中央和中央军委开展了一系列的整顿。根据1942年10月至1943年1月召开的西北局高干会

---

① 《谭政军事文选》，解放军出版社2006年版，第185页。

议提出的整政、整军、整民、整党、整财政、整经济、整关系的"七整"①要求，军队结合自身存在的军阀主义问题，有针对性地开展了整军和整关系运动，从而有效地改善了军队中的上下级关系，增强了军队的团结。

正是由于看到军内团结的重要性，毛泽东在演讲中指出："我们干部要关心每一个战友，一切革命团体的人都要互相关心、互相爱护、互相帮助。"②当然，这主要就是针对军队中官兵关系不正常而提出的，旨在倡导一种革命式的同志关系。因为我们革命队伍中的同志，"都是来自五湖四海，为了这一个革命的共同目标，走到一起来了"③，同志之间相互关心是理所应当的事情。只有在革命队伍里形成同心同德的良好氛围，我们的队伍才能和以往的旧军队区别开来，才能取得革命的胜利。

无独有偶，毛泽东在同年年底发表的《一九四五年的任务》中再次重申："一九四五年，应该进行广大的工作，将军队官兵关系中的一切不良现象，例如打人，骂人，不关心士兵的给养、疾病及其他困难，对于士兵的错误缺点不耐心教育说服、轻易处罚，以及侮辱或枪毙逃兵等等恶劣习惯及错误方针，从根本上去掉。许多部队，现在还未重视这一工作，由于不明白这一工作是军队战斗力的极其重要的政治基础。"④

由此可见，改善军队内上下级的关系、增强官兵间的团结也是党中央关注的重要内容。毛泽东提出革命队伍中的同志要相互关心、相互爱护、相互帮助，主要针对于此。

（四）如何看待正确的批评

谦虚谨慎是共产党人的优秀品格。作为党的领袖，毛泽东更是一个谦虚谨慎的人。从历史上看，每当革命处于艰难的时候，毛泽东往往鼓舞人们，

---

① 参见中共中央文献研究室编：《毛泽东年谱（1893—1949）》（中），中央文献出版社2005年版，第409页。

② 本报讯：《警备团追悼战士张思德同志 毛主席亲致哀悼"为人民的利益而死，是死有重于泰山"》，《解放日报》，1944年9月21日，第1版。

③ 本报讯：《警备团追悼战士张思德同志 毛主席亲致哀悼"为人民的利益而死，是死有重于泰山"》，《解放日报》，1944年9月21日，第1版。

④ 《毛泽东文集》第三卷，人民出版社1996年版，第238页。

给人们以信心。当革命即将走向胜利的时候，他能够时常提醒人们，要大家保持清醒的头脑，戒骄戒躁。谦虚谨慎最主要的表现为：能够正确地看待批评，主动接受并改正缺点，经常进行自我批评，当工作中取得了成绩，也不能骄傲自满、狂妄自大。

在纪念张思德的追悼大会上，毛泽东提出："因为我们是为人民利益服务的，所以有缺点就不怕别人批评指出，不管是中国人外国人，谁向我们提出都行。只要你说的对，我们就改正；你说的办法对人民有好处，我们就照你的办。""只要我们能为人民的利益坚持好的，为人民的利益改正错误的，我们这个团体就一定会更加兴旺起来。"①

毛泽东之所以提出要为人民的利益坚持好的和改正错误的，不仅是因为党中央接受了陕甘宁边区参议会副议长李鼎铭先生在边区参议会二届会上提出"精兵简政"的议案。更是由于 1943 年前后的陕甘宁边区的党政军内都出现了骄傲自满的情绪，以及由此导致的工作中和生活中的官僚主义和军阀主义作风。

比如，1943 年 11 月 29 日，毛泽东在中共中央招待陕甘宁边区劳动英雄大会上就曾指明陕甘宁边区存在着骄纵自满的错误。他指出："我们的八路军新四军是人民的军队，历来是好的，现在也是好的，是全国军队中一支最好的军队。但是近年来确实生长了一种军阀主义的毛病，一部分军队工作同志养成了一种骄气，对士兵，对人民，对政府，对党，横蛮不讲理，只责备做地方工作的同志，不责备自己，只看见成绩，不看见缺点，只爱听恭维话，不爱听批评话。例如陕甘宁边区，就有这种现象。"② 可见，骄傲自满的情绪还是存在的，甚至是在一定范围内还比较严重。这种风气如果不加以扭转，就可能对革命带来非常不利的影响。

此外，在毛泽东看来，党政军内的骄傲自满情绪还会使一些干部联系群众不够，使他们容易犯路线上的错误。他指出："工农分子，可以自己的光荣出身傲视知识分子；知识分子，又可以自己有某些知识傲视工农分子。各种

---

① 本报讯：《警备团追悼战士张思德同志　毛主席亲致哀悼"为人民的利益而死，是死有重于泰山"》，《解放日报》，1944 年 9 月 21 日，第 1 版。

② 《毛泽东选集》第三卷，人民出版社 1991 年版，第 934 页。

业务专长，都可以成为高傲自大轻视旁人的资本。……所以，检查自己背上的包袱，把它放下来，使自己的精神获得解放，实在是联系群众和少犯错误的必要前提之一。"① 毛泽东还列举了我们党历史上曾经有过几次大的骄傲以及它们产生的危害。他指出："全党同志对于这几次骄傲，几次错误，都要引为鉴戒。近日我们印了郭沫若论李自成的文章，也是叫同志们引为鉴戒，不要重犯胜利时骄傲的错误。"② 不仅如此，1944 年 12 月底，毛泽东还专门就晋察冀根据地一级英雄李勇因骄傲而落选一事致信程子华，要求对当选的英雄模范加以教育，力戒骄傲，使模范人物永葆先进。

为什么毛泽东在这个时期会关注党政军内的骄傲自满情绪呢？主要是由于当时的革命处在了关键阶段，国际上的反法西斯战争局势日渐明朗，抗日战争和国内的形势也将发生重大转折，革命根据地的工作也呈现出良好的态势，陕甘宁边区的大生产运动也取得了较好的效果。在这样的形势下，稍有不慎，就可能会葬送大好的革命局面。这不能不引起毛泽东的高度警觉。这也就引发了他在多次讲话中提到要使共产党人保持谦虚谨慎、能正确看待批评的问题。

综上所述，毛泽东在《为人民服务》演讲中所阐述的内容不是偶然的，他提出为人民服务的这一命题更不是偶然的。他在演讲中所论述的问题，正是针对当时队伍中的一些人对大生产运动的重要性还认识不足、党群关系、军民关系以及军队中上下级关系都出现了一些不正常的现象，党政军中一些人生活作风腐化、骄傲自满的情绪有所增长等问题。这几个问题也是当时党中央各项工作特别是思想政治工作的主线，是党中央长期思考的重要问题。

三、"为人民服务"演讲的理论贡献

虽然毛泽东在演讲中并没有提及"为人民服务"这几个字，但是我们对这一问题应该坚持历史的态度。笔者认为，毛泽东的"为人民服务"演讲标志着"为人民服务"的形成。这是因为：

---

① 《毛泽东选集》第三卷，人民出版社 1991 年版，第 947 页。
② 《毛泽东选集》第三卷，人民出版社 1991 年版，第 947 页。

其一，在演讲中，毛泽东阐述了为人民利益而死比泰山还重，提出了"彻底为人民利益而工作"这个重要命题，要求革命同志相互关心、相互爱护、相互帮助，要求革命队伍中的同志为人民利益坚持好的、改正错的。这些实际上反映的就是革命人生观或生死观问题、党和人民群众关系问题、革命同志间关系问题以及革命党人谦虚谨慎作风的问题。虽然演讲中没有"为人民服务"这些字眼，但是演讲的主题思想就是"为人民服务"。而且，这些都是关系到革命成败的关键性问题。在革命的重要历史关头，毛泽东在纪念张思德追悼会上的演讲起到了统一思想、澄清困惑、激发斗志、团结队伍的重要作用，具有极强的针对性和有效性。我们今天读到的《为人民服务》一文字数虽然不多，但是其背后却包含了以毛泽东为代表的中国共产党人对上述问题的慎重思考，体现了中国共产党人应当提倡什么和反对什么的基本观点。这些观点结合在一起，就构成了"为人民服务"的内涵。

其二，通过演讲，"为人民服务"已经成为全党共识。从《毛泽东选集》的功能来看，它"不仅仅是供专家学者研究的，而是作为中国共产党的重要文献供全党和全国人民学习和宣传的，因而中共中央和毛泽东对此都非常重视。"① 正因如此，建国后开展的《毛泽东选集》编辑工作，经过了慎重的研究和讨论。其中的每一项修改不仅要得到毛泽东的认可，更要经过中央政治局的认定。因此，把演讲改名为"为人民服务"并出版，既是全党智慧的结晶，也说明从毛泽东发表演讲起，"为人民服务"的精神实质已经得到了党内的一致认同，并且演讲的内容就是围绕"为人民服务"。从另一个角度来看，虽然毛泽东在演讲中没有讲到"为人民服务"这几个字，但是在演讲后10天，毛泽东已经明确使用"为人民服务"这一提法，并把它作为对共产党员和人民军队的要求了。因此，这一修改符合毛泽东的本意。

第三节 "为人民服务"宗旨地位的确立

"为人民服务"演讲发表以后，以毛泽东为代表的中国共产党人对"为人

---

① 刘跃进著：《毛泽东著作版本导论》，北京燕山出版社1999年版，第79页。

民服务"的探索并没有停止。1944 年 9 月 18 日,也就是在发表为人民服务的演讲 10 天后,毛泽东在中共中央办公厅举办的招待八路军留守兵团全体模范学习代表及各部队战斗英雄代表大会上的讲话中,以及同年年底,毛泽东发表的《一九四五年的任务》一文中,都使用"为人民服务"这一命题,并且进行了较为集中的阐述。这充分说明了他已经开始把"为人民服务"这一提法固定下来了。此外,党的其他领导人如周恩来、刘少奇、朱德也分别从不同的视角对为人民服务的思想进行了探索。

正是在这些探索的基础上,"为人民服务"成为一个固定的命题,而且形成了独特的思想内涵。中国共产党第七次全国代表大会的召开,使"为人民服务"形成了结构完整的体系,并且作为党的宗旨被写入党章。这标志着"为人民服务"作为成熟的思想已经形成并且确立了它的宗旨地位。

一、党的七大的召开

中国共产党第七次全国代表大会是党成立以来筹备工作最为充分的一次会议。七大的召开经过了长达 17 年的思想准备和组织准备。不仅如此,为了筹备中共七大,1944 年 5 月 21 日至次年 4 月 20 日,中共中央在延安举行了扩大的六届七中全会,为即将召开的七大做进一步的准备。"全会讨论了七大的各项准备工作,通过了七大的议事日程和报告负责人,决定除毛泽东的政治报告由主席团和全会讨论外,其他如军事报告、修改党章的报告、党的历史问题报告、统一战线报告等,分别成立委员会起草。全会后期,讨论通过了准备提交七大的政治报告、军事报告和党章草案、七大主席团名单草案、代表资格审查委员会候选人名单和会场规则草案等。"① 由此可见,党的七大的文件、报告都经过了非常严格的起草工作,是全党集体智慧的结晶,具有极强的科学性和权威性。

1945 年 4 月 23 日至 6 月 11 日,党的第七次全国代表大会在延安杨家岭中央大礼堂举行。毛泽东致开幕词(题为《两个中国之命运》)和闭幕词

---

① 中共中央党史研究室著:《中国共产党历史》第 1 卷(1921—1949)下册,中共党史出版社 2011 年版,第 650 页。

（题为《愚公移山》），并作了口头报告和《论联合政府》的书面报告。朱德作了《论解放区战场》的军事报告，刘少奇作了《关于修改党的章程的报告》，周恩来作了《论统一战线》的报告。全会通过了新的党章。

二、党的七大对"为人民服务"的理论贡献

在中国共产党第七次全国代表大会上，毛泽东、朱德、刘少奇都对"为人民服务"进行了不同程度的论述，使"为人民服务"更加成熟。七大通过的《中国共产党章程》把"为中国人民服务"作为党的政治纲领的重要内容，把"为人民群众服务"作为党员的义务之一。这些都是党的七大对"为人民服务"的重大创新。

（一）毛泽东、朱德对党和人民军队的宗旨作了全面的论述

毛泽东在《两个中国之命运》中指出："我们应该谦虚，谨慎，戒骄，戒躁，全心全意地为中国人民服务，在现时，为着团结全国人民战胜日本侵略者，在将来，为着团结全国人民建设新民主主义的国家。只要我们能够这样做，只要我们有正确的政策，只要我们一致努力，我们的任务是必能完成的。"① 在这里虽然没有出现"宗旨"这样的字眼，但毛泽东把党的奋斗目标和为人民服务统一起来，就给党的各项工作提供了终极的价值指向，实际上谈的就是党的宗旨问题。就是说，无论是革命时期，还是取得政权以后，我们党奋斗的一切都是在为人民服务。

随后，毛泽东在《论联合政府》的报告中，科学、全面地论述了"为人民服务"的内涵。他指出："全心全意地为人民服务，一刻也不脱离群众；一切从人民的利益出发，而不是从个人或小集团的利益出发；向人民负责和向党的领导机关负责的一致性；这些就是我们的出发点。共产党人必须随时准备坚持真理，因为任何真理都是符合于人民利益的；共产党人必须随时准备

---

① 中共中央文献研究室编：《毛泽东在七大的报告和讲话集》，中央文献出版社1995年版，第20页。

修正错误，因为任何错误都是不符合于人民利益的。"① 虽然毛泽东的这些论述是与党的三大作风一起讲的，但是我们也要看到，毛泽东讲的上述四个方面的内容，前三个都是关于"立场"的问题，说到底也就是"为什么人"的问题。第四个方面则是坚持为人民服务而得出的必然结论。这四个方面内容就构成了"为人民服务"完整的思想内涵。

此外，毛泽东和朱德还明确提出全心全意为中国人民服务是人民军队的根本宗旨。毛泽东指出："这个军队之所以有力量，是因为所有参加这个军队的人，都具有自觉的纪律；他们不是为着少数人的或狭隘集团的私利，而是为着广大人民群众的利益，为着全民族的利益，而结合，而战斗的。紧紧地和中国人民站在一起，全心全意地为中国人民服务，就是这个军队的唯一的宗旨。"②

朱德在谈到人民军队的建军原则时说，过去和现在都有两种军队。一种是把人民组织起来，武装起来，训练起来，保卫人民利益，替人民服务的军队。另一种是压迫人民、剥削人民，保护大地主、大买办、大银行家等极少数人的利益的军队。我们的军队属于前一种。这支军队在毛泽东的领导下，具备民族的、人民的、民主的特点。这是八路军、新四军的三大特点，事实上也是建军的三大原则。"而归根到底，一个总的原则，即是从人民出发，为人民服务。因为它是为人民服务的军队，是人民的军队，因此就能够把保卫祖国当成自己的神圣职责，因此也就能充分发扬军队中的民主主义。这种人民的军队是真正的民主国家的军队，是具有最高度政治觉悟的军队，是真正有战斗力的军队。"③

（二）刘少奇系统阐述了"为人民服务"的思想

毛泽东从党的宗旨角度论述了"为人民服务"的完整内涵，刘少奇坚持了毛泽东的基本观点，并且对"为人民服务"的这些内涵进行了系统的论述。

---

① 中共中央文献研究室编：《毛泽东在七大的报告和讲话集》，中央文献出版社1995年版，第93页。

② 中共中央文献研究室编：《毛泽东在七大的报告和讲话集》，中央文献出版社1995年版，第32页。

③ 《朱德选集》，人民出版社1983年版，第158—159页。

刘少奇主要谈了五个方面：

第一，坚持为人民服务是系统总结党成立以来历史的必然结论。从1921年中国共产党成立到1945年中共七大，中国共产党已经走过了24年的风雨历程。中国共产党以马克思主义作为自己的指导思想，而马克思主义最本质的特征就是把为千百万人民谋益作为自己的根本原则，作为无产阶级政党的中国共产党同样如此。诚如刘少奇所说："我们党从最初起，就是为了服务于人民而建立的，我们一切党员的一切牺牲、努力和斗争，都是为了人民群众的福利和解放，而不是为了别的。这就是我们共产党人最大的光荣和最值得骄傲的地方。"① 在中国共产党成立的24年中，有胜利也有挫折，也经受了一系列的考验。刘少奇正是总结了我们党成立以后的光辉历史，认为我们党成立以来之所以取得伟大的成就，就在于坚持了"为人民服务"。他指出："我们党之所以获得伟大的成就，在于我们的党从最初建立时起，就是一个完全新式的无产阶级政党，是全心全意为中国人民服务而在最坚固的中国化的马克思列宁主义理论的基础上建立起来的党。"② "我们党之所以获得伟大的成就，又在于坚持地实行了为人民服务的基本原则，使我们党成为建立在人民群众中和人民群众保持密切的联系，而且有严格纪律的党。"③

第二，革命队伍中的一切同志都在为人民服务。在毛泽东发表的"为人民服务"演讲中，就已经提出了我们革命队伍中的一切同志，无论从事什么工作，都是人民的勤务员，都是为人民服务的。刘少奇在修改党章的报告中，进一步发挥了毛泽东的这一思想。他指出："我们的一切党员，以及参加我们队伍中的一切人员，只要是忠于职务并多少著有成绩的，也就都是为人民服务的，都是人民的勤务员，不管他们意识到了这一点与否，也不管他们担负的是重要的领导职务，或是普通的战斗员和炊事员、饲养员等职务，他们都

---

① 中共中央文献研究室、中央党校编：《刘少奇论党的建设》，中央文献出版社1991年版，第434页。

② 中共中央文献研究室、中央党校编：《刘少奇论党的建设》，中央文献出版社1991年版，第398页。

③ 中共中央文献研究室、中央党校编：《刘少奇论党的建设》，中央文献出版社1991年版，第398页。

是在不同的岗位上，直接或间接为人民服务的，因此，他们都是平等的、光荣的。"① 这就是说，每一个革命队伍中的同志，只要是兢兢业业做好本职工作的，无论他是否意识到，也无论他的工作是什么性质的，只要是革命的需要，他都是为人民服务。因为，并非只有天天和群众打交道的才是为人民服务，在一定意义上讲，党的工作和军队的工作，也是群众工作的一部分。做这些工作也是为人民服务的重要方面。

第三，为人民服务，就要对人民负责。这里刘少奇实际上谈了动机与效果相统一的问题。每一个共产党员承认党的为人民服务宗旨，这是正确的。但还不够。我们倡导为人民服务，就要为人民做出实实在在的工作，取得实际效果，也就是要善于为人民服务。在党的历史上，也曾有过一些主要领导人虽然主观上有服务人民、实现人民利益的意愿，但最终给人民的利益带来了极大的损害。因此，坚持为人民服务就要尽量减少工作中的失误，使人们得到真正的利益，而不能损害人民的利益。刘少奇指出："我们为人民服务，就要对人民负责，就要在客观上使人民因为我们的服务而获得益处，获得解放，就要力求不犯或少犯错误，免得害了人民，引起人民的损失。凡属是我们提出的任务、政策与工作作风，都应该是正确的，这样才于人民有利；如不正确，即要损害人民的利益，那就要诚恳地进行自我批评，迅速求得改正。就是说，我们要善于为人民服务，要服务得很好，而不要服务得很坏。因此，我们在人民面前，一切都不应采取轻率态度，而应采取严肃的负责的态度。"②

第四，要不断学习为人民服务的本领。刘少奇指出："我们同志除开完全忠实于人民解放事业，具有充分的热情和牺牲精神之外，还必须有足够的知识，还必须是十分有经验和十分机警，才能很好地去启发群众自觉和指导群众行动，才能很好地为人民服务。为了要使我们有知识、有经验和有预见，我们就必须学习。学习马克思列宁主义的理论，学习历史，学习外国人民斗争的经验，可以增加我们的知识。向敌人学习，也可以增加知识。而最重要

---

① 中共中央文献研究室、中央党校编：《刘少奇论党的建设》，中央文献出版社1991年版，第434页。

② 中共中央文献研究室、中央党校编：《刘少奇论党的建设》，中央文献出版社1991年版，第434—435页。

的，就是向人民群众学习。"①

第五，为人民服务是具体的。"人民"是一个带有集体性质的概念，具有一定的抽象性。但是为人民服务是具体的。正确认识为人民服务的具体性特征十分重要。否则，如果我们对"人民"进行抽象的理解，就容易使为人民服务成为一句口号。因此，我们要把为人民服务与工作中为具体的群众服务结合起来，把人民的局部利益与国家和民族的整体利益结合起来。这一点，刘少奇分析得十分明确。他说："我们同志应从各种工作的岗位上，直接地去为部分的、具体的人民服务（如为一个工厂的工人、一个农村的农民、一个机关的职员、一个部队的士兵服务，以至只为几个人服务等），而汇合于为全中国人民服务的一个共同目标上。因此，我们同志必须正确理解部分与全体的关系，直接进行部分工作与为部分人民服务，间接推进与加强整个革命工作与为全体人民服务。"② 当然，在实际工作中有可能出现部分群众的利益与整体的利益发生矛盾的时候。刘少奇指出："我们同志必须同时具有部分观点与全局观点，只照顾部分不照顾全体，是不对的，只照顾全体不照顾部分，也是不对的。应使部分与全体统一起来。在人民群众部分的暂时的利益与全体的长远的利益发生冲突时，应使部分的暂时的利益服从全体的长远的利益。这就是说，小道理应该服从大道理，小原则应该服从大原则。这是一个很复杂的问题，然而，只有当我们同志善于思想，善于在一切具体情况下，正确地区别与配合人民群众的部分利益与根本利益时，才能有彻底的群众路线。否则，就可能自觉与不自觉地只站在部分人民的暂时的利益上，反对多数人民的长远的利益，而从多数人民的长远的利益上脱离人民群众。"③

总之，刘少奇在修改党章的报告中，系统阐述了中国共产党"为人民服务"的思想。这些思想观点既是对党的历史经验的科学总结，又坚持了毛泽东提出的为人民服务的根本宗旨，并且成为毛泽东"为人民服务"思想的重

① 中共中央文献研究室、中央党校编：《刘少奇论党的建设》，中央文献出版社1991年版，第438—439页。

② 中共中央文献研究室、中央党校编：《刘少奇论党的建设》，中央文献出版社1991年版，第441页。

③ 中共中央文献研究室、中央党校编：《刘少奇论党的建设》，中央文献出版社1991年版，第441—442页。

要补充，从而使"为人民服务"思想更加成熟了。

（三）七大党章对党员作出为人民服务的规定

中共七大另一个重要的理论贡献就是把为人民服务作为党的纲领和党员的义务写入党章。这标志着"为人民服务"的宗旨地位在全党得到了确立。

七大党章把为人民服务作为党的政治纲领之一。"为人民服务"首先是作为党的政治纲领的一部分而提出的。七大党章的《总纲》部分指出："中国共产党人必须具有全心全意为中国人民服务的精神，必须与工人群众、农民群众及其他革命人民建立广泛的联系。并经常注意巩固与扩大这种联系。每一个党员都必须理解党的利益与人民利益的一致性，对党负责与对人民负责的一致性。"①

把为人民服务作为党的政治纲领之一，实际上就是确定了"为人民服务"的宗旨性地位。一方面，七大党章是中国共产党第一部独立修订的党章，也是党在革命战争年代最为成熟的一部党章。与以往党章不同的是，中国共产党第七次代表大会通过的党章包含总纲和章程两个主要的部分，而这两部分又构成一个有机的整体。党的纲领是贯穿章程各部分的总原则，是党的章程得以成立的根本前提；而党的章程则为实现党的纲领提供政治上、组织上的保障。也就是说，党的纲领对党的章程具有统摄作用。而党的纲领又包括政治纲领和组织纲领，其中最为重要的是政治纲领，它是对党的政治观点、政治路线、政治立场、政治目标等方面的高度概括。由此可见，党的政治纲领是党章的灵魂，对党的各项工作具有最强的规定效力，是指导党的一切工作的根本出发点。七大党章把"为人民服务"作为党的政治纲领之一，就体现了这一思想的指导性地位，也阐明了中国共产党的政治立场和最终目标，说明党的一切工作都要以此为依据。在这里虽然没有出现"宗旨"这样的词句，但实际上讲的就是党的宗旨问题。

另一方面，从七大党章的《总纲》部分所讲的内容来看，都是关乎中国革命成败的重大理论和实践问题，把为人民服务与这些问题放到一起来讲，

---

① 中央档案馆编：《中共中央文件选集》第15册（1945），中共中央党校出版社1991年版，第117—118页。

更凸显了"为人民服务"的重要地位。比如，除了为人民服务，《总纲》中还讲了党的性质和任务、中国革命的特点与领导力量、党的指导思想、党的组织原则等等。我们完全可以认为，为人民服务与这些问题一样，都是中国革命中至关重要的问题。如果我们党不能对中国革命的特点作出准确判断，当然不能取得革命的胜利；同样，如果我们党不坚持为人民服务，失去了与人民群众的密切联系，也一定会使革命遭到失败。

此外，七大党章还明确提出把"为人民服务"作为党员的义务。党员的义务是党员对党应尽的责任，是党员身份得以确立的前提。中共七大的《党章》规定了党员的四项义务，其中就包括为人民服务。《党章》指出："为人民群众服务，巩固党与人民群众的联系，了解并及时反映人民群众的需要，向人民群众解释党的政策。"① 把为人民服务作为党员义务，这是总纲中为人民服务宗旨要求的直接体现，也说明了广大党员践行为人民服务的宗旨具有无可争议的绝对要求。因为，任何党员必须无条件履行其党员义务，否则就要接受党的处罚，甚至开除党籍。

三、"为人民服务"宗旨地位确立的标志

在中共七大上，毛泽东等中国共产党人对"为人民服务"作了系统论述，并且进一步把它写入党章。这标志着"为人民服务"的成熟及其宗旨地位的确立。笔者认为，之所以说"为人民服务"确立了其宗旨地位，是因为七大期间"为人民服务"经典命题的确定、"为人民服务"核心内涵的形成，"为人民服务"得到党内高度认同。

（一）"为人民服务"经典命题的确定

任何一种思想都相应地有一个命题来概括它，并且有最适合其内涵的经典命题。这实际上是思想理论的表述形式的问题。经验上看，人们往往认为形式不重要，但是对理论来讲却不是这样。特别是对于党的思想理论，其经

---

① 中央档案馆编：《中共中央文件选集》第15册（1945），中共中央党校出版社1991年版，第119页。

典命题的确定在党的思想史上具有非常重要的意义，是一个思想成熟的基本特征之一。一般来说，所谓经典命题应当包括两方面的要求。

一方面是命题表述方式的科学化和规范化。这就是说该命题不能有歧义，而且能够承载思想所容纳的理论内涵。在"为人民服务"形成以前，曾经出现过诸如"为众人服务"、"为大众服务"、"为群众服务"、"为工农服务"、"替人民服务"、"为人民利益服务"等相关的命题。这些命题的提出固然在"为人民服务"思想的发展中具有重要的意义，体现了思想发展的阶段性特征，也是不同革命阶段的主要矛盾和主要任务的反映。但是这些提法与"为人民服务"这一命题相比，有的还不够科学，有的则是直接从马克思主义创始人的相关提法中引申而来的，还带有某些原生态的特点。比如，马克思和恩格斯站在全世界无产阶级的立场上提出的"为绝大多数人谋利益"的思想，他们所指的服务对象主要是世界上绝大多数人，而不是为少数压迫者服务。前文所述的"众人"、"大众"等，就和马克思、恩格斯的提法比较接近。此外，"群众"是一个中性的概念，这里就存在着服务对象范围过大的问题，"工农"一词虽然阶级性较强，但其内涵又过于狭窄了。这种不科学的提法充分说明了当时的"为人民服务"思想还不够成熟。

另一方面是表述方式相对固定化。一个思想只有其表述方式固定，这种方式才有可能成为经典性表述，这个思想才可能是成熟的思想。当然，在特定的历史条件下，为了减少不必要的麻烦，我们党也曾经把一些刊物、论著、文件中的个别表述方式甚至社团的名称进行适当的调整，这完全是出于革命的需要。尽管如此，在大多数情况下，党的思想在表述方式上的固定化是思想成熟的一个重要标志。因为，党的思想和观点是一个非常严肃的问题，不能各执一词。只有表述方式固定下来，才能保证和体现党的言论的一致性。否则，这种思想在表述上就是不严谨的，就容易引起思想上的混乱，也不容易宣传，也难以深入人心，甚至会对党的权威带来不利影响。就"为人民服务"来说，在它形成的过程，往往存在着不同的中国共产党人表述方式的不一致。甚至在同一个领导人的不同文献中，对其表述也不尽相同。这也正是"为人民服务"思想不成熟的表现。随着毛泽东等人对"为人民服务"认识的深化，特别是中共七大之后，"为人民服务"这一命题逐渐固定下来。

当然，我们不能仅仅认为经典命题确立了，这一思想理论就成熟了。还要依据这一命题所指代的理论内涵是否完备和彻底。但是在很多时候，经典命题和思想理论的内涵并不是同步确定下来的。一般认为，这二者达到了平衡就是这一思想理论成熟的标志。

（二）"为人民服务"核心内涵的形成

成熟的思想应当是自成体系的，并且在这个思想体系中，有一种思想内涵居于核心地位。这种核心层面的内涵能够对其他的方面加以统领，使多层次的内涵形成一个有机的整体。在中共七大召开前，许多马克思主义理论家、政治家从多个角度对"为人民服务"的相关思想进行了阐述。比如列宁、斯大林，也包括最初的毛泽东都从知识分子的视角阐发了"为人民服务"的相关思想，提出了知识分子要为人民服务的要求。刘少奇还从妇女工作的角度提出要为广大妇女同志服务，还有的共产党人从文学创作的角度、从教育的角度都提出过"为人民服务"的相关思想。实事求是地说，这些提法都有重要的理论价值和实践价值。可是，仅仅停留在这些层面还是不够的。这些内涵同作为党的宗旨相比，都属于非核心层面的。只有作为党的宗旨的"为人民服务"思想内涵的确立，才标志着这一思想的成熟。因为，"为人民服务"思想从知识分子的角度或者其他的角度延伸至党的宗旨，不仅体现了范围的扩大，而且是一种质的跃升①。在"为人民服务"的思想体系中，当然宗旨是居于指导层面的，对其他层面的内涵都有统领的作用。从实践上来看，只要我们坚持了为人民服务的宗旨，那么文学研究、文艺创作、军事工作、妇女工作等等，都必然要以"为人民服务"为根本准则。

在党的七大期间，毛泽东、朱德、刘少奇等人对"为人民服务"的论述包含着许多共通的之处，这些方面构成了"为人民服务"的核心内涵。七大期间，中国共产党人的相关论述体现了"为人民服务"以下方面的内涵。

第一，一切从人民的利益出发，为人民大众谋利益。马克思主义是全世界绝大多数受压迫者实现自身利益的思想武器。马克思主义政党就是实现人

---

① 参见刘建军：《"为人民服务"的命题史考察》，《马克思主义研究》，2011年第7期，第113页。

民大众利益的政治集团，她之所以得到人民的拥护，也在于她能带领人民为自己的利益而奋斗。离开了人民的利益，马克思主义政党就失去了存在的价值。因此，全心全意为人民服务最基本的要求就是全体党员干部一切从人民的利益出发，努力为人民大众谋利益。

一切从人民的利益出发，就是要求党员干部把人民的利益作为各项工作的出发点和落脚点，心里时时刻刻想着人民的利益，为了人民的利益不惜牺牲自己的一切，甚至生命。"一切从人民的利益出发，就不是从个人或小集团的利益出发，就不是为少数人或狭隘集团谋私利；一切从人民利益出发，就不是从地方利益出发，就不能仅从部门利益出发，不能仅从局部利益出发；一切从人民利益出发，也不能仅从人民个别的、片面的、眼前的利益出发；一切从人民利益出发，应该从广大的、全局的、长远的、根本的利益出发。"[①]一切从人民的利益出发，就要把人民是否满意，作为检验我们一切工作的根本标准。

为人民大众谋利益就是要使人民得到真正的实惠，而不能搞形式主义。这就要求党员干部，努力学习为人民服务的本领，在实践中不断提高自己，减少工作中的失误。为人民大众谋利益，就要从具体的工作做起，就要干一行爱一行，不拈轻怕重，不妄自菲薄，只要是人民需要的，就勤勤恳恳地去做。为人民大众谋利益就要关心群众的安危冷暖，帮助人民解决实际问题，就要克服官僚主义和军阀主义错误倾向，把自己作为实现人民利益的工具。

第二，对党负责与对人民负责相一致。共产党员要对党负责。因为，党员是党组织的一分子，执行党的决定和上级机关的任务，是党员必须履行的义务。共产党员同时要对人民负责。因为，作为党组织的成员，是由千千万万个党员分子组成的，这些分子来自于人民，植根于人民，离开了人民，党的生命力就不复存在。对党负责与对人民负责具有一致性，这主要体现在党和人民的根本利益的一致性。对党负责与对人民负责相一致就要求广大党员干部：一方面，拥护党的路线、方针和政策，认真贯彻上级党组织的各项决定。除了人民的利益，党没有自己的私利。党的一切路线、方针和政策的制

---

① 陈树文著：《为人民服务论纲》，内蒙古人民出版社2002年版，第87—88页。

定，都是为了实现人民群众的利益，党的利益就是人民的利益。因此，执行上级党组织和机关的决定，就是在为实现人民的利益而工作，就是在为人民服务。另一方面，当上级机关的政策不利于人民的利益时，要勇于维护人民的利益。面对错综复杂的工作环境，由于主观和客观的原因，上级机关的政策和决定也有出现失误的可能。当上级机关的政策不利于人民的利益时，共产党员为人民服务就表现为坚持实事求是的原则，通过正常的组织渠道，向上级反映自己的意见和观点，使人民的利益得到保护。正如毛泽东所说："我们的责任，是向人民负责。每句话，每个行动，每项政策，都要适合人民的利益，如果有了错误，定要改正，这就叫向人民负责。"①

第三，为人民服务要"完全"、"彻底"。党员干部要"全心全意为人民服务"，要"完全"、"彻底"，而不能"三心二意"、"半心半意"。这里的"全心全意"是一个表示程度的副词，体现了对党员宗旨方面的绝对性要求。也就是说，共产党员要把心思全用在人民身上，不能有任何的私心杂念。不仅要舍身忘我、大公无私，甚至要把"为人民服务"提升到信仰的层面，即把"为人民服务"作为自己毕生的追求。因为，从党与人民群众的关系来看，人民群众的地位是至高无上的，而共产党人的则是人民的"勤务员"。所以，"用这些带有绝对意味的词来表述，是完全必要的，正当的。不如此，便不是信仰的境界。"② 总之，广大党员"完全"、"彻底"地为人民服务，就是要甘于奉献、不求回报，不讲条件、不计名利，把为人民服务作为毕生的事业，在必要的时候为了人民的利益而牺牲也在所不辞。

第四，勇于为人民的利益承认缺点、修正错误。共产党全心全意为人民服务还要做到勇于承认缺点、修正错误。因为，人民的利益是否得到实现是检验党的理论、政策正确与否的根本标准。任何真理都是有益于人民的，反之，任何错误和缺点都是于人民利益有害的。只要我们从人民的利益出发，就不会害怕别人的批评，并且能够做到自我批评，不断改正自身的缺点。因此说，是否有承认缺点、修正错误的勇气，是党性纯洁与否的表现。在这一

---

① 《毛泽东选集》第三卷，人民出版社1991年版，第1128页。

② 刘建军：《从信仰视角看为人民服务》，《思想理论教育导刊》，2004年第12期，第22页。

点上，以毛泽东为代表的无数共产党人都给我们做出了榜样。毛泽东多次指出要"知无不言，言无不尽"、"言者无罪，闻者足戒"、"有则改之，无则加勉"。陈云在共产党人如何看待批评与错误时，告诫全体党员要讲真理，不要讲面子。他说："共产党员参加革命，丢了一切，准备牺牲性命干革命，还计较什么面子？把面子丢开，讲真理，怎样对于老百姓有利，怎样对于革命有利，就怎样办。"① 所以说，共产党人全心全意为人民服务，必须放下包袱，勇于承担，就要不计个人荣辱，为了人民的利益，有功不居，有过不避，随时准备接受批评和改正错误。

（三）七大期间"为人民服务"得到党内高度认同

同一般的学术思想相比，成熟的政党思想的重要特征就是党内认同度的最大化。一般来说，党的思想往往是由少数人首先提出的，在通过党的权力机关表决通过后，少数人的思想和观点才能得到党内最大限度的认同，才能转化为党内多数人的意志，才能最大限度地发挥指导作用。中国共产党的最高权力机关当然是党的全国代表大会。在历次党的全国代表会议上，都要对一些重要的理论、政策问题进行讨论，经过民主表决，最终形成党的决议，并且以党的文件形式固定下来。党的各级组织对上级的决议都要坚决遵照和执行。在这一问题上，任何少数人或个人都不得僭越。因此说，经过党内民主决定而得出的结论具有极大的权威性，标志着党的思想的形成。所以我们常常看到在一些思想史研究论著中出现类似的字句："这是第一次出现在党的文件中"。究其原因，正在于此。当然，在各类党的文件和决议中，指导层面最高、权威性最强、认同度最大的莫过于党的章程。它是党的一切政治路线的根本出发点。一种思想被纳入党的章程，也就说明了这一思想在党内的地位得到了最大程度的认同。在中国共产党第七次全国代表大会，"为人民服务"作为党的宗旨被写入党章，体现在党的政治纲领和党员的义务这两个方面。从这时候起，"为人民服务"思想就获得了前所未有的高度认同。

综上所述，在中国共产党第七次全国代表大会召开期间，毛泽东明确提

---

① 《陈云文选》第一卷，人民出版社1995年版，第296页。

出了全心全意为中国人民服务，全面阐述了"为人民服务"的科学内涵，刘少奇对"为人民服务"进行了系统的论证。不仅如此，"为人民服务"写入党章而获得了最高的权威性和约束力，标志着其宗旨地位的确立。

"为人民服务"宗旨地位的确立对中国革命产生了重要的影响。中国共产党人践行全心全意为人民服务的宗旨，确保了中国革命的胜利，也使中国共产党赢得了广泛赞誉。无论在哪里，党和人民军队不侵害老百姓的利益，帮助人们解决生活上的困难，杜绝一切军阀主义作风，使党群关系、军民关系、官兵关系焕然一新。"为人民服务"也成为中国共产党及其领导的人民军队同以往一切政党和军队的最大区别。正因如此，中国共产党人得到了人民的认可。新民主主义革命时期，妻子送丈夫，母亲送儿子参军、支前的事情绝不少见，更形成了军民一致争取胜利的良好局面。比如在淮海战役中，虽然解放军参战部队只有60万，而国民党部队多达80万，但是开赴前线支援解决军的人民群众竟达543万。以600余万人敌80万人，谁胜谁负，可想而知。难怪陈毅元帅后来说："淮海战役的胜利，是人民群众用小车推出来的！"[1]

笔者发现，不仅是广大人民群众，甚至一些外国人、国民党的将领对践行为人民服务宗旨的中国共产党人都肃然起敬。美国《纽约时报》前总编西默·托平回忆他六十多年前在延安的经历时说，最让他感动的是"中国共产党人全心全意为人民服务的精神"，今天这种精神"依然在闪光"[2]。张学良也说过："为什么共产党剿不完，就是他得民心，我们不得民心。""大部分（民众）支持它，那厉害。"[3] 甚至司徒雷登都说："共产党给老百姓留下了这样一个印象：他们所领导的革命运动代表人民利益、救人民于水火之中。尽管以前基督教会和其他文化势力都曾试图实现这一目标，但其所取得的收效实在少得可怜。……共产党就是把自己的身家性命置之度外，无私拯救劳苦

---

① 转引自张耀灿主编：《中国共产党思想政治教育史论》，高等教育出版社2006年版，第168—169页。

② 转引自汪晓东：《一切奋斗都是为了人民》，《人民日报》，2011年7月1日，第17版。

③ 转引自杨天石著：《抗战与战后中国》，中国人民大学出版社2009年版，第656页。

大众的典范。……能做到这个份上，可不简单。和国民党的那些缺陷比起来，简直就是天大的胜利。"① 在一定意义上说，新民主主义革命的胜利，是人民的胜利，也是"为人民服务"的胜利。

新中国成立后，中国共产党人继续坚持"为人民服务"，并使它得到了进一步的发展。

---

① ［美］司徒雷登著:《在华五十年》，常江译，海南出版社 2010 年版，第 225 页。

第三章
"为人民服务"的发展与受挫

新中国成立直至"文化大革命"结束这段时间，是"为人民服务"发展与受挫阶段。在这一时期"为人民服务"的发展境遇呈现两个阶段性的特点。一方面，"为人民服务"既获得了新的发展，又被赋予了新的内涵和要求。新中国成立后，以毛泽东为代表的中国共产党人提出了包括"爱人民"在内的国民公德，把为人民服务作为对全体国民的普遍性要求。社会风气得到明显改善，乐于助人、无私奉献成为人们普遍遵循的行为准则。在军队建设方面，新中国成立以后，中国共产党人在探索军队政治工作的过程中，明确将"全心全意为人民服务"作为中国人民解放军的根本宗旨。另一方面，"为人民服务"的发展势头没有很好地持续下去。随着党内"左"的思想日益严重并最终爆发了"文化大革命"，"为人民服务"的发展进程实质性地受到中断，并且在许多方面受到严重的破坏。

第一节 新中国成立初期
"为人民服务"的发展

中国共产党人坚持全心全意为人民服务的根本宗旨，团结和带领全国人民经过不懈努力，终于推翻了帝国主义、封建主义和官僚资本主义这三座大山，建立了新中国。新中国成立初期，"为人民服务"发展的一个重要方面就是不仅继续把它作为共产党员和人民军队践行的根本宗旨，而且进一步把它作为对全体国民的普遍性要求，提出了包括"爱人民"在内的国民公德。

一、《共同纲领》对"为人民服务"的新贡献

随着解放战争的胜利，长期饱受欺凌的中国人民即将迎来新中国的曙光。在新的历史条件下，如何建设社会主义新中国日益成为摆在全党和全国各族人民面前一个重要的理论问题和实践问题。建设社会主义，不仅要发展社会主义的经济，还要发展社会主义的文化和民主政治，加强党的建设以及在全社会开展思想道德建设。"为人民服务"是中国共产党的优良传统，它在革命战争年代发挥了重要作用。在新的历史条件下，仍有必要继续发扬这一优良传统，并以"为人民服务"教育人们。此外，新中国的成立对人们的社会生活即将带来的一系列新变化，也迫切要求我们在全社会大力开展为人民服务教育，同时也表明了为人民服务教育的可行性。可以说，正是人生生活领域的新变化特别是道德建设的需要推动着"为人民服务"的发展。

其一，人民群众的社会地位即将发生变化。即将诞生的新中国是人民的国家，人民也不再是被压迫的对象，而成为国家和社会的主人，成为自身的主人。这就要求社会主义的道德观念必须反映人民的利益诉求、代表广大人民的利益、为人民的利益服务。

其二，社会主义建设需要动员各方面的积极力量。新中国成立后，党面临着领导社会主义建设的任务。相比取得革命胜利来说，这一任务更加艰巨。用毛泽东的话说就是："夺取全国胜利，这只是万里长征走完了第一步。……中国的革命是伟大的，但革命以后的路程更长，工作更伟大，更艰苦。"[①] 这就要求中国共产党必须凝聚全国各方面的力量，其中也包括道德的激励和约束的力，从而调动一切积极因素建设社会主义。

其三，国民的结构和人们的利益关系十分复杂。新中国成立初期，我国不仅存在工人阶级，还存在农民、民族资产阶级、小资产阶级、大资产阶级和少量的买办资产阶级。由此导致了社会中多元化的利益关系。如工农关系、

① 《毛泽东选集》第四卷，人民出版社1991年版，第1438页。

公有制和私有制的关系、城乡关系、区域关系等等。这些都是制约社会主义道德建设的重要方面。

其四，人民群众有着思想改造的任务和需要。我国是有着几千年封建传统的国家，封建的宗法观念、等级关系以及一些私有观念还广泛存在；同时，资产阶级的价值观念也在一定范围内发挥着影响作用。这些落后的、腐朽的思想时刻影响着社会中包括工人阶级在内的社会成员。因此在建设社会主义的同时，必须加强社会主义的思想道德建设。

"为人民服务"最初是作为对共产党人和人民军队的宗旨，是一种高层次的共产主义道德。对于共产党人来说，在社会主义条件下仍然要始终坚持全心全意为人民服务的根本宗旨。而对于广大人民群众来讲，生活领域中的变化要求我们根据人们的思想道德实际不断赋予"为人民服务"更为丰富的内涵，使"为人民服务"在社会主义条件下不断发扬光大。在新中国为人民服务的发展史上，《共同纲领》迈出了至关重要的一步。

《共同纲领》是伴随着共和国的脚步而诞生的。1949年9月底，中国人民政治协商会议在北京中南海举行。各民主党派、无党派人士和各人民团体在这一历史性会议上畅所欲言、共商国是，并且通过了具有临时宪法作用的《共同纲领》。这一纲领对新中国成立后人民的地位作了明确的规定，提出了"发展为人民服务的思想"这一任务，并且把"爱人民"作为全体社会成员普遍遵守的国民公德。这些都是对"为人民服务"的重大创新。

第一，对人民主人翁地位的明确规定。《共同纲领》的序言部分明确指出："中国人民由被压迫的地位成为新社会新国家的主人，而以人民民主专政的共和国代替那封建买办法西斯专政的国民党反动统治。"① 新中国成立初期，《共同纲领》实际上是起到了临时宪法的作用。这就是说，在社会主义新中国，人民的主人翁地位已经不再是一个有待讨论和尚未解决的问题，而是一个已经确立并且受到法律保护的事实。这就决定了，一方面，人民是国家和社会的主人，党和国家的一切政策都应当体现人民的意志，各级国家机关工作人员都应该做人民利益的实现者和维护者，不断满足人民群众的根本利益，

① 中共中央文献研究室编：《建国以来重要文献选编》第1册，中央文献出版社1992年版，第1页。

并且依法保护人民的权益。这就从法律的角度提出了为人民服务的规定和要求。另一方面，这一论断确定了人民的主人翁地位。也就是说，在新中国，人人都是主人，奉献社会、服务他人的义务以及享受他人服务的权利在每一个人身上都是统一的。因此，人人都应享受他人为人民服务的成果，同时也要为人民服务，没有人能置身事外。这是社会主义人民应具备的基本品格。《共同纲领》的这一规定就给为人民服务作为一种普遍性要求带来了理论上和法律上的依据。

第二，把"发展为人民服务的思想"作为新中国文化教育的任务之一。《共同纲领》的文化教育政策部分指出："人民政府的文化教育工作，应以提高人民文化水平、培养国家建设人才、肃清封建的、买办的、法西斯主义的思想、发展为人民服务的思想为主要任务。"[1] 这实际上说明为人民服务不再仅仅是对党员和军队的先进性要求，而且作为社会主义中国的教育任务之一，成为对广大青少年以及全体社会成员的要求。这和恽代英的大家为民众服务思想、张闻天的青年为群众服务思想基本上是一致的。新中国成立后，我们国家各项教育事业基本上都遵循这一目标，把培养青少年为人民服务的思想作为重要任务。

第三，提出包括"爱人民"在内的国民公德。《共同纲领》的一个重要理论贡献就是提出了包括"爱人民"在内的国民公德。《共同纲领》的文化教育政策部分指出："提倡爱祖国、爱人民、爱劳动、爱科学、爱护公共财物为中华人民共和国全体国民的公德。"[2] 这显然已经把为人民服务作为一种普遍性的要求而提出，使为人民服务对全体社会成员都具有规范作用。徐特立在1950年发表的《论国民公德》中对包括"爱人民"在内的国民公德进行了十分明确的说明。他说："对于爱人民，我们可以具体说明如下：要为全国一切人民谋利益，全国人民都有人权、政权、财权，有事做，有书读，有饭吃，都要各得其所。"[3] 在他看来，爱人民就要为全国人民谋利益，努力实现人民

---

① 中共中央文献研究室编：《建国以来重要文献选编》第1册，中央文献出版社1992年版，第10—12页。

② 中共中央文献研究室编：《建国以来重要文献选编》第1册，中央文献出版社1992年版，第11页。

③ 湖南省长沙师范学校编：《徐特立文集》，湖南人民出版社1980年版，第445页。

的政治权力、经济权力、文化教育权力，保证人民就业、教育和生活。这些正是为人民服务在全体社会成员道德规范方面的具体要求。

"爱人民"公德是全心全意为人民服务的宗旨与新中国现实的道德土壤相适应的结果，是为人民服务在新的历史条件下的具体体现，是对全体社会成员在道德品格方面的要求。而作为党和人民军队宗旨的全心全意为人民服务，其宗旨地位和先进性要求始终都没有变。"爱人民"公德的提出，有利于形成社会主义国家良好的道德境界、人际关系和社会风貌。它和中国共产党的全心全意为人民服务的宗旨共同构成了一个完整的道德体系，体现了为人民服务的层次性。"爱人民"公德和全心全意为人民服务的宗旨既相互联系又存在区别。

"爱人民"公德与全心全意为人民服务的宗旨相互联系。这二者同根同源，都属于共产主义道德体系的一部分，都与马克思主义的道德观相契合，都以人民的利益为自身的出发点和落脚点。这二者的提出都是为了服务人民、服务社会主义建设。同时，这二者存在着一定的差异。全心全意为人民服务是共产主义道德的直接体现，是高层次的道德要求。而"爱人民"公德是道德规范层面的，是共产主义道德与当时社会生产力水平和人们思想道德状况相适应的结果。"爱人民"公德的提出赋予了"为人民服务"广泛性的内涵。

需要指出的是，《共同纲领》毕竟只是起到临时宪法作用的历史性文件。也就是说它是在一定时期内起作用的，并不是贯穿社会主义建设甚至新中国成立初期的整个阶段。随着社会主义建设的不断开展以及新中国第一部宪法的颁布，《共同纲领》逐步淡出了历史舞台。遗憾的是，在相当长的一段时期内，由于工作重心过多，党和国家无暇对社会主义道德建设作出相应的规定。这也是进入全面建设社会主义后，中国共产党在为人民服务方面理论创新不足的一个重要原因。

二、对中国人民解放军宗旨的明确规定

从理论定位上讲，"为人民服务"既是党的宗旨，同时也必然是人民军队的宗旨。因为，人民军队是受中国共产党直接领导的、执行革命政治任务的

武装集团。这就必然要求人民军队以党的意志为意志、以党的宗旨为宗旨。比如，毛泽东在"为人民服务"演讲中，就从党和人民军队两个角度对"为人民服务"进行了论述。中共七大上，毛泽东、朱德等人对全心全意为人民服务宗旨的论述，也是把它作为党和军队共同的要求。这反映出"为人民服务"作为党的宗旨、人民军队的宗旨在定位上具有很强的一致性，甚至可以认为二者具有绝对的一致性。

但是，从理论的内涵和基本要求来看，"为人民服务"作为党的宗旨与人民军队的宗旨并不完全一致。在革命战争年代，党的任务与人民军队的任务基本上是一致的，人民军队就是在党的领导下取得武装斗争的胜利。因此，"为人民服务"作为二者的宗旨在内涵和要求上也基本是一致的。新中国成立以后，党的任务变得更加丰富，人民军队也被赋予了新的历史条件下的新任务。二者的任务既保持了总体上的一致性，又体现出在具体要求方面的差异。因此，新中国的成立也必然使人民军队宗旨的发展呈现出自身的特点。

问题是，党的七大通过的《中国共产党章程》把全心全意为人民服务作为党的政治纲领和党员义务之一，由此确立了"为人民服务"在全党政治生活中的地位，实际上也相当于把全心全意为人民服务确立为人民军队的根本宗旨。但是党的七大通过的《党章》以及毛泽东、朱德等人在七大上的报告毕竟不是专门关于军队政治工作的文件，甚至不是关于军队工作的文件。中共七大以后，虽然全心全意为人民服务已经事实上成为人民军队的宗旨，并且在军队政治工作上发挥了实质性的指导作用。但是由于种种原因，中央军委一直没有制定反映军队建设需要的文件，也没有对人民军队的宗旨作出文件方面的明确规定。

新中国成立后，中国人民解放军的建设迎来了新的挑战，既要实现军队建设由低级阶段向高级阶段的转变，也要更好完成新民主主义革命向社会主义革命的转变过程中党和国家赋予的各项使命。这就对人民军队提出了不断实现军队正规化和现代化的要求，也提出了使人民军队发扬革命战争时期的优良传统、逐步提高全军的战斗力、保持人民军队革命本色的要求。但是，新中国成立后很长一段时期内，我们国家的军队建设受苏联的影响比较大。这不仅表现在一些条令条例照搬苏联的经验，更表现为忽视政治工作倾向的存在。比如，1953 年颁布的《中国人民解放军内务条令》规定了军事干部是所属部队的首长，而不再承认政工干部的领导身份。这对军队建设带来了十分不利的影响。一方面削弱了党对军队的领导，另一方面也导致了一段时期内军队政治工作的松懈，少数人出现了与革命军人要求不适应的错误思想和行为。这种照搬苏联经验的做法不但脱离了人民解放军的实际，更与我党领导下的军队建设的优良传统不相符。

为了适应新时期军队建设和军队新变化、新任务的需要，保证人民军队的健康发展，党中央、中央军委和总政治部专门成立了政治工作条例编写组，由当时总政治部主任罗荣桓主持具体编写工作。1953 年年初，《政治工作条例》的草稿起草完毕。当时罗荣桓已经重病在身。他不顾个人身体，在广泛征求意见的基础上，对《条例》的草案反复进行修改，并多次强调，军队建设必须坚持党的领导，要通过政治工作，使人民军队继续发扬"三大民主"，实行军政、军民、官兵的团结一致，这个军队建设的基本原则，决不能削弱更不能丢掉，不能把现代化和革命化对立起来。① 后来，罗荣桓把这一想法向彭德怀作了汇报，并得到了彭德怀的支持。1953 年 12 月，全国军事系统党的高级干部会议认真讨论了军队建设的若干问题。会议闭幕后，中央决定由陈毅、谭政协助罗荣桓继续主持《政治工作条例》的修改工作。在他们的努力推动下，《中国人民解放军政治工作条例（草案）》的修改工作顺利完成。1954 年 4 月 15 日，中共中央、中央军委下达命令，要求全军遵照执行《条例（草案）》。

《中国人民解放军政治工作条例（草案）》是建国后第一个完备的军队政治工作指导性文件，它坚持了毛泽东的建军思想，反映了建设现代化和正规化军队的要求，既发扬了人民军队在革命战争年代的优良传统，又吸收借鉴了苏联军队建设的经验，是对人民军队建立以来历史经验的总结和提炼。

《条例（草案）》涵盖了新时期人民军队建设的各个方面，内容十分丰富。《条例（草案）》总则第一条指出："中国人民解放军是中华人民共和国的武装力量，是中国共产党领导的、保卫祖国、服务于人民革命斗争和国家

---

① 参见姜思毅主编：《中国共产党军队政治工作七十年史》第 5 卷，解放军出版社1992 年版，第 21 页。

建设的人民军队。中国共产党是中国人民解放军的缔造者和组织者。党的马克思列宁主义的政治路线和军事路线是这个军队取得胜利的决定性因素。紧紧地和人民站在一起，全心全意地为人民服务，就是这个军队的唯一的宗旨。中国人民解放军必须坚决地为党的纲领、路线，为社会主义共产主义而奋斗。"① 这就明确了人民军队和党的关系，有利于加强党对军队的领导，也指明了人民军队的性质、任务和根本宗旨。

《中国人民解放军政治工作条例（草案）》在军队建设中具有指导性的地位，它是新中国成立后第一个关于军队政治工作的基本法规，并且为军队建设和人民军队的一切行动提供了准则和依据。《条例（草案）》明确把全心全意为人民服务作为军队的唯一宗旨，使军队这一宗旨得到了明确的规定。这就标志着人民军队全心全意为人民服务宗旨更加清晰和明确了。从此，人民军队坚持全心全意为人民服务的宗旨，就不再是一种实践上的自觉行为，而是有了相应的文件规定加以约束，从而为实现军队政治工作的正规化和制度化提供了重要依据。

三、整风整党运动对党员宗旨意识的强化

党的建设是中国共产党的一大法宝。在新民主主义革命即将胜利之际，毛泽东就曾告诫全体共产党人要警惕骄傲自满、官僚主义等脱离群众的危险。新中国成立以后，那些以功臣自居的情绪、脱离群众和命令主义的问题也逐步暴露出来。这就非常容易破坏党在人民心中的形象，也十分不利于党和人民的事业。此外，新中国成立前后党员数量有了很大幅度的增长，但是由于形势的原因还没有针对新的党员同志进行思想教育，入党动机不纯的大有人在。为了密切党和人民群众的关系，增强广大党员全心全意为人民服务的宗旨意识，党中央从 1950 年 5 月起开始了新一轮的整风运动。这是新中国成立以后我们党的第一次思想建设。其目的就是要增强广大党员的党性觉悟，使他们坚持全心全意为人民服务的宗旨，继续保持与人民群众的血肉联系。

---

① 中共中央文献研究室编：《建国以来重要文献选编》第 5 册，中央文献出版社 1993 年版，第 210 页。

1950 年 5 月 1 日，党中央公布了《中共中央关于在全党全军开展整风运动的指示》，该文件尖锐地指出了当时新老党员思想中存在的问题，"由于两年多以来党的发展已增加了党员约二百万人，其中很多人的思想作风极为不纯"，"老干部党员中亦有很多人骄傲自满，发展了严重的命令主义作风，任意违反党与人民政府的政策，采取蛮横态度去完成工作任务，破坏党与人民政府的威信，引起人民不满，甚至有贪污腐化、政治上堕落颓废、犯法乱纪等极端严重现象发生"①。针对这些情况，党中央对各地区的整风运动作出了要求。原计划在 1950 年内完成，但是随着经济建设形势和政治形势的不断好转，以及在整风运动出不断暴露出的问题，中央发现在短时间内还不能完全解决党员干部党性不纯、官僚主义等问题。对此，中央决定用三年时间进行一次比较彻底的整党运动，对党的各级组织和全体党员进行普遍的整顿。

1951 年 3 月底，中国共产党第一次全国组织工作会议在北京召开。会议通过了《中国共产党第一次全国组织工作会议关于整顿党的基层组织的决议》和《中国共产党第一次全国组织工作会议关于发展新党员的决议》，刘少奇作了《为更高的共产党员的条件而斗争》的总结报告。根据这次会议的各项决议，整党运动全面展开，直至 1953 年 6 月结束。

新中国成立后的这次整风和整党运动是一次较为深入的党内思想政治教育，并且对党员队伍进行了深入的考查。整风整党运动具有以下几个特征：

第一，发挥了舆论监督的作用，对官僚主义作风进行了有效的揭批。官僚主义作风与党的宗旨格格不入，是全心全意为人民服务的大敌。整风运动前夕，党中央就作出决定，要求各大报纸针对党和政府工作中的缺点展开批评。在舆论的作用下，党和政府的各级机关纷纷展开批评和自我批评，取得了较好的效果。1950 年 9 月至 10 月，《人民日报》在头版连续发表《坚决反对命令主义》《克服以功臣自居的骄傲自满情绪》《坚决肃清恶霸作风》等一系列重要社论，批评了党和国家机关一些工作人员特别是党员干部存在的命令主义、骄傲自满情绪、恶霸作风，并深刻地指出了这些错误思想的严重危害。社论指出："今天，当着革命已经在全国取得基本胜利的时候，我们的党

---

① 中共中央文献研究室编：《建国以来重要文献选编》第 1 册，中央文献出版社 1992 年版，第 217 页。

有了更大地发展。这时候，老党员、老干部中有的不免骄傲居功，看不起群众，助长了命令主义的错误倾向；新党员、新干部中有的受了国民党作风的影响，也有的不懂得怎样走群众路线，他们都很容易采取命令主义的恶劣作风来对待群众，把许多正确的政策和代表群众利益的好事办坏了。这种命令主义作风，如果让它发展下去，对人民群众和革命事业会有极大的危害。一切忠实于人民、忠实于革命的同志，都应该自觉地起来，坚决反对与克服这种命令主义作风。"① 因此，社论号召全党行动起来，反对命令主义和官僚主义，要求各级党员干部着重从思想上解决问题，发扬全心全意为人民服务的精神，使自己忠诚地做 "人民的勤务员"，给人民当好 "长工"。同时，社论还提出："应该动员群众起来纠正他们的狂妄行动，并且向他们分清是非，说明利害，指出这种作风给予革命事业与干部自身的损害，以便使他们彻底改正自己的错误。"② 在舆论的影响和人民群众的监督下，广大党员积极开展自我批评、检讨自己思想上和工作中的错误，这些人深刻意识到了自身存在的命令主义、骄傲自满情绪等错误思想，有的党员干部还不断剖析自己的错误根源，甚至把自己的检讨材料公开发表在各类报纸中，这些都有力地表明整风整党运动取得了较好的效果。总之，在这次运动中，社会舆论发挥了很大的作用，使整风整党运动更加深刻，从而促进了党的思想作风和工作作风的改善，增强了广大党员的宗旨意识。

第二，对党员标准作出了明确规定，有利于强化党员的为人民服务宗旨。整党运动的一个突出成绩就是公布了党员的标准。《中国共产党第一次全国组织工作会议关于整顿党的基层组织的决议》提出了党员必须具备的条件，其中第 5 条和第 7 条的内容都与党的为人民服务宗旨有直接关系。《决议》指出："一切党员必须把人民群众的公共利益，即党的利益，摆在自己的私人利益之上，党员的私人利益必须服从人民的利益即党的利益。一切自私自利的人，不肯为人民的公共利益而牺牲自己利益的人，都不能作共产党员。"③ "党是人民的 '勤务员'，不是人民的 '老爷'。一切党员必须全心全意地为人民群

① 《坚决反对命令主义》，《人民日报》，1950 年 9 月 14 日，第 1 版。
② 《坚决肃清恶霸作风》，《人民日报》，1950 年 10 月 14 日，第 1 版。
③ 中共中央文献研究室编：《建国以来重要文献选编》第 2 册，中央文献出版社 1992 年版，第 207 页。

众服务，虚心地听取人民群众的要求和意见，及时地向党反映，并把党的政策向人民群众做宣传解释，使党与人民群众保持密切的联系，领导群众前进。否则，不能作一个共产党员。"① 《决议》指出的这些条件对党员具有无可争议的规定性，凡是不符合这些条件的都将被改造或清除出党。事实证明，党中央公布党员的条件也绝不是纸上谈兵，而是具有相当强的执行力度。"经过整党，共有32.8万人离开了党的组织。其中，属于混入党内的各种破坏分子和蜕化变质分子的23.8万人被清除出党，9万余人不够党员条件自愿或被劝告退党。"② 这次整党运动把一部分与为人民服务要求相违背的党员清除出去，从而纯洁了党员队伍，增强了广大党员的党性，并且进一步强化了党员的宗旨意识。

第三，与党和国家的中心任务相结合，使为人民服务教育更加彻底。在整党运动期间，全国开展了"三反"运动。1952年2月，党中央发出的《关于"三反"运动和整党运动结合进行的指示》指出，"三反"运动是一个更加深刻有力的整党运动，又是一种了解干部、教育干部的一种最好的方法。所以，整党工作必须与"三反"运动相结合，在"三反"运动的基础上，进行党员八项标准的教育，进行登记、审查和处理。③ 同年5月，党中央发出的《关于在"三反"运动的基础上进行整党建党工作的指示》指出："'三反'运动对于全国人民来说是一次最深刻、最生动的教育，对于共产党员来说，是一次严格的考验，对于共产党的组织来说，是一次实际有效的整理，同时又大大地创造了建党的条件。……而在'三反'运动的建设阶段中，结合党员的八项标准进行一次教育，是能够更好地提高所有党员的觉悟程度和改正某些党员的缺点和错误的。"④ 通过把整党运动与"三反"运动相结合，党内许多贪污腐败和官僚主义的现象被揭发出来，与党员标准不相符的部分党员

---

① 中共中央文献研究室编：《建国以来重要文献选编》第2册，中央文献出版社1992年版，第208页。

② 中共中央党史研究室著：《中国共产党历史》第2卷（1949—1978）上册，中共党史出版社2011年版，第172页。

③ 参见中共中央文献研究室编：《建国以来重要文献选编》第3册，中央文献出版社1992年版，第64页。

④ 中共中央文献研究室编：《建国以来重要文献选编》第3册，中央文献出版社1992年版，第197页。

也受到应有的处理。这种揭批和整顿，对党员的教育作用是十分巨大的。在整党与国家中心任务相结合的过程中，广大党员接受的为人民服务教育更加彻底。

四、在全社会开展为人民服务的教育

新中国成立初期，党中央不仅对广大党员进行了党员的宗旨教育，而且结合党和国家的中心任务，在全社会开展了为人民服务教育。这与《共同纲领》中提倡的包括"爱人民"公德的要求是相一致的。

第一，培养为人民服务的社会主义建设人才。《共同纲领》的文化教育政策部分提出了发展为人民服务思想的任务，这就给社会主义的教育指明了方向。根据《共同纲领》的这一规定，党中央开始了新中国的教育事业的改革。1949 年 11 月 17 日，中央人民政府教育部在北京召开华北区及京津两市专科以上院校主要负责人联席会议。在会上，教育部部长马叙伦指出要坚决执行《中国人民政治协商会议共同纲领》中所规定的任务，我们的教育方针是实行为人民服务。教育部副部长钱俊瑞作总结发言。他指出："当前课程改革的中心环节是加强政治课的学习，使学生建立起正确的人生观，树立为人民服务的观点。"[1] 1950 年 6 月初，中央人民政府第一次全国高等教育会议在北京召开。马叙伦部长在会上作了关于高等教育的方针任务的报告。他指出："高等教育的任务是：按照《共同纲领》，我们的高等学校的目的应该是以理论与实际一致的教育方法，培养具有高度文化水平，掌握现代科学技术的成就，全心全意为人民服务的高级建设人才。为了达到这个目的，我们的高等学校要进行革命的政治教育，肃清封建的、买办的、法西斯主义的思想，发展为人民服务的思想"[2]。此外，1952 年颁发的《中学暂行规程（草案）》《中等技术学校暂行实施办法》《小学生守则》《中学生守则》等重要文件中，都对培养学生的为人民服务思想进行了相应的规定。这就意味着，教育部门已经按

---

[1] 参见冯刚、沈壮海主编：《中华人民共和国学校德育编年史》，中国人民大学出版社 2010 年版，第 4 页。

[2] 参见冯刚、沈壮海主编：《中华人民共和国学校德育编年史》，中国人民大学出版社 2010 年版，第 12 页。

照《共同纲领》的要求，在新中国的教育事业已经把培养学生的为人民服务思想、使他们成为社会主义的建设人才作为目标。

第二，对知识分子进行为人民服务的教育和改造。中国共产党历来重视知识分子问题。新中国成立以后，党中央认识到建设社会主义离不开先进的科学技术，更离不开广大知识分子的努力。但是相当一部分知识分子的思想水平与社会主义的要求还不适应。这就提出了改造知识分子的任务。

1950年6月6日，党的七届三中全会在北京召开。毛泽东在会上作了题为《为争取国家财政经济状况的基本好转而斗争》的报告。报告提出了当时党的工作重点，其中就谈到了知识分子问题。毛泽东指出："争取一切爱国知识分子为人民服务"[①]。这实际上体现出党中央对待知识分子问题的基本态度。一方面要团结知识分子，另一方面，也要对知识分子进行改造，使他们为人民服务。

1951年9月底，周恩来在北京、天津高等学校教师学习会上作了《关于知识分子的改造问题》的讲话。他在讲话中对广大教师正在进行的思想改造的学习表示肯定和鼓励，同时也对知识分子提出了新的要求。周恩来认为，知识分子要改造自己首先要解决立场问题和态度问题。而立场问题解决了，态度问题也就好解决了。他说，"我们今天要求大家有一个共同的立场，这就是为绝大多数人民的最高利益着想的人民立场。"[②] 旧社会出身的工人、农民通过学习和实践已经具备了人民的立场，只要知识分子坚持改造，就会像工人、农民一样。因此，"知识分子的改造也要经过锻炼，经过学习，经过实践。知识分子到工厂去，到农村去，就是要学习工人阶级、劳动人民的思想和立场。"[③] 总之，新中国成立初期，党对知识分子改造的一个基本出发点就是把从旧社会出身的资产阶级知识分子改造成为人民服务的知识分子。

第三，在社会主义改造中进行为人民服务教育。1953年，党中央提出了过渡时期总路线，并且开始了对农业、手工业和资本主义工商业的社会主义改造。为了保证社会主义改造的顺利进行，中国共产党对人民群众进行了一

---

① 《毛泽东文集》第六卷，人民出版社1999年版，第71页。
② 《周恩来选集》下卷，人民出版社1984年版，第65页。
③ 《周恩来选集》下卷，人民出版社1984年版，第67页。

系列的社会主义思想教育，其中就包含"为人民服务"的教育。

在农业社会主义改造中，主要进行了社员和合作社两方面的教育。一方面，对社员进行社会主义和资本主义两条道路的教育，教育社员正确认识个人利益和集体利益以及国家利益的关系，引导社员形成人与人间平等的合作关系①。另一方面，在农业生产合作社中，党中央提倡要正确处理小集体利益和广大农民的利益关系，不能把赚取利润当作主要目的。刘少奇指出："凡为社员所急切要求的产品推销和物资供应，不管利多、利少，甚至是无利的事情，它也应该尽力去经营"；"凡是与推销社员产品和供应社员物资无关的事情，即使能赚取高额利润，在合作社办理社员所要求的事业还感到人力财力物力不足时，就不要分出人力财力物力去经营"②。总之，就是教育合作社成员要忠实服务人民、给人民办事。

在手工业社会主义改造中，对手工业者进行了"四为"方向的教育，即坚持手工业合作组织为农业生产服务、为城乡人民生活服务、为国家工业建设服务和为出口需要服务的生产方向，加强对手工业者的团结教育，使广大手工业劳动者发扬互助合作的精神③。

在资本主义工商业改造中，党和国家对资本家进行为人民服务的教育是改造资产阶级腐朽思想的重要方面。主要采取了改造企业与改造个人相结合的办法。企业改造通过既团结、又斗争的方针，注重保护工人的利益，使资本主义经济成为为人民服务的经济。"个人改造就是改造资本家的资本主义思想，使个人在思想上树立起整体观念，正确认识个人利益必须服从整体利益的道理，发扬爱国守法精神，加强为人民服务的观点，清除自私自利唯利是图的、有害于国家人民的腐朽思想。"④ 这就有助于资本家认识到社会主义改造是符合人民利益的必然趋势，使资本家成为为人民服务的劳动者。

---

① 参见刘建军主编：《中国共产党思想政治教育的理论与实践》，中国人民大学出版社 2008 年版，第 186 页。

② 《刘少奇选集》下卷，人民出版社 1985 年版，第 105 页。

③ 参见张耀灿主编：《中国共产党思想政治教育史论》，高等教育出版社 2006 年版，第 225 页。

④ 李烛尘：《为企业改造和个人改造而努力》，《人民日报》，1954 年 9 月 26 日，第 6 版。

第二节　全面建设社会主义时期的"为人民服务"

1956 年年底，我国的社会主义改造已经基本完成。这标志着社会主义制度在我国的确立，也标志着我国进入全面建设社会主义的新阶段。在这一期间，中国共产党第八次全国代表大会在北京召开。中共八大继承并发展了七大所确立的为人民服务宗旨，邓小平等党和国家领导人提出了新的论断，丰富了"为人民服务"的思想内涵。此外，在这一时期，我国的思想道德建设卓有成效，全国上下涌现出许多为人民服务的英雄模范和先进集体。在党中央的领导下，全国掀起了学习英雄模范和先进集体为人民服务精神的热潮。

一、中共八大对党的根本宗旨的深化

1956 年 9 月，中国共产党第八次全国代表大会在北京召开。这是建国以后中国共产党召开的第一次全国代表大会，也是国际共产主义运动史上的一次盛会。毛泽东致开幕词，刘少奇作了政治报告，邓小平作了《关于修改党的章程的报告》，周恩来作了《关于发展国民经济的第二个五年计划建议的报告》，大会通过了新的党章。中共八大总体上继承了七大中论述的"为人民服务"思想，坚持把全心全意为人民服务作为党的根本宗旨，并且结合新的实际进行了一定的理论创新。

中共八大召开前夕，党的执政环境、执政任务发生了一系列的新变化。毛泽东在开幕词中指出："为了进行伟大的建设工作，在我们的面前，摆着极为繁重的任务。虽然我们有一千多万党员，但是在全国人口中仍然只占极少数。在我们的各个国家机关和各项社会事业中，大量的工作要依靠党外的人员来做。如果我们不善于依靠人民群众，不善于同党外的人员合作，那就无法把工作做好。"① 邓小平在《关于修改党的章程的报告》中对新形势作了进

---

① 《毛泽东文集》第七卷，人民出版社 1999 年版，第 115 页。

一步概括：一是国家实现了前所未有的统一；二是社会主义革命的任务基本完成；三是社会主义建设取得了巨大的成绩；四是社会上的阶级关系发生了根本的变化，工人阶级已经成为国家的领导阶级，农民已经由个体农民转变为合作化的农民，资产阶级作为一个阶级已经处在消灭的过程中；五是党自身也发生了变化，党已经取得了全国的领导地位，党员数量比七大时增加了八倍。

这些党和国家生活中的重大变化给党的各项工作提出了新的更高要求，也给党进一步发扬密切联系群众的优良传统、全心全意为人民服务提出了更高的要求。广大人民群众是社会主义建设的主体，是中国共产党的依靠力量。作为执政党的中国共产党只有依靠群众，全心全意为人民服务，才能进一步团结全国各族人民搞好社会主义建设。

邓小平在报告中对"为人民服务"作了进一步的阐述。

第一，提出全心全意为人民服务是党的全部任务。邓小平指出："群众路线是我们党的组织工作中的根本问题，是党章中的根本问题，是需要在党内反复进行教育的。"党的群众路线包含一层重要含义就是"党的全部任务就是全心全意地为人民群众服务"[①]。邓小平这里的论述虽然是从党的群众路线的角度讲的，但是也表明了全心全意为人民服务的宗旨地位没有变，也不能变。他把党的宗旨作为党的群众路线的重要内容，并且把党的全部任务概括为全心全意为人民服务，这也是对党的宗旨的具体阐述，有助于广大党员干部在实际行动中践行党的宗旨。

第二，提出中国共产党是实现人民群众利益的工具。如何看待人民群众的历史地位，是历史观中的重要问题。这个问题说到底是个"谁服务于谁"、"为了谁"的问题。马克思主义产生以前，虽然一些革命领袖为了壮大自己的力量也能够从策略上做到发动人民大众。但是说到底，这种做法也只是把人民群众当作实现自己政治目标的工具。马克思主义政党则坚持人民群众是历史创造者的观点，认为人民群众应该享受历史发展的成果，马克思主义政党要为绝大多数人的利益服务。

---

① 中共中央文献研究室编：《建国以来重要文献选编》第 9 册，中央文献出版社 1994年版，第 123 页。

邓小平指出:"同资产阶级的政党相反,工人阶级的政党不是把人民群众当作自己的工具,而是自觉地认定自己是人民群众在特定的历史时期为完成特定历史任务的工具。"① 邓小平的这一论述包含着十分丰富的涵义。所谓"工具",就是为"目的"服务、因"目的"而存在。这表明:一方面,中国共产党必须为人民服务,党的一切活动就是为了不断实现人民群众的利益;另一方面,人民群众利益的实现程度决定着党的形成、存在和发展。这就是说,中国共产党为实现人民利益而诞生,也要为实现人民群众的利益不断发展和壮大自己、加强自身建设。私有制和阶级被消灭后,影响人民群众利益实现的因素不存在了,无产阶级和无产阶级政党也将退出历史舞台。此外,邓小平把中国共产党称为人民群众的工具,也形象地揭示了广大党员干部的勤务员身份。一个共产党员,只有认同这种身份,才能在实践中做到为人民服务。

第三,提出人民群众的信任是对党员工作的最大奖励。八大通过的党章的一个重要变化就是取消了党内的奖励制度。这和七大党章是完全不同的。事实上,虽然七大党章中规定了党员的奖励内容,但革命实践表明这种奖励意义不大。共产党员的一切工作只为群众,不图回报,这是由党的性质和宗旨决定的。邓小平指出:"从根本上说,我们共产党不是为奖励而工作的。我们是为人民群众的利益而工作。当我们的工作是正确的努力的,因而我们得到了人民群众的信任的时候,这对于共产党员说来,就是最高的奖励。"② 也就是说,共产党员为人民服务是单向的,不需要什么回报。共产党员的最高奖励就是人民群众对党的工作的认可和信任。同时,人民群众的利益是否得到实现、人民是否满意也是检验党的一切工作的根本标准。

此外,八大通过的党章在坚持七大党章主要原则的基础上,对为人民服务的宗旨也有了进一步的发展和较为明确的阐述。其一,八大党章的"总纲"部分明确提出:"每一个党员都应当理解党的利益和人民利益的一致性,对党负责和对人民负责的一致性,都必须全心全意地为人民群众服务"。这就比七

① 中共中央文献研究室编:《建国以来重要文献选编》第 9 册,中央文献出版社 1994 年版,第 124 页。

② 中共中央文献研究室编:《建国以来重要文献选编》第 9 册,中央文献出版社 1994 年版,第 159 页。

大党章中所说的"中国共产党人必须具有全心全意为中国人民服务的精神"更加精炼了。其二,在"党员"部分,将七大党章中党员义务第三条的"为人民群众服务"进一步提升为"全心全意地为人民群众服务"。这一部分的修改是十分重要的,体现了对党员的更高的要求。这也是完全必要的。共产党员是社会中最先进的部分,对党员就应该以共产主义的标准来严格要求。作为先进分子的共产党,为人民服务就要全心全意,三心二意是不行的。

总的来说,中共八大坚持把全心全意作为共产党的根本宗旨,并且根据新的实际有了一定的创新。在八大党章的规范和指导下,广大党员积极践行全心全意为人民服务的宗旨,在社会主义建设和社会生活中起到了较好的表率作用。

二、"人人为我,我为人人"的呼声

《共同纲领》中把"爱人民"作为国民公德的重要内容之一,使"为人民服务"成为对全体社会成员的普遍性要求。这就从理论上扩展了"为人民服务"的内涵。从这时起,"为人民服务"不仅包括了对广大党员和人民军队的先进性要求,而且初步具备了对广大人民群众的广泛性要求。在人民群众中普遍开展为人民服务教育,也成为新中国教育特别是思想道德建设的重要内容。

1954年的《中华人民共和国宪法》通过以后,《共同纲领》退出了历史舞台。1954年《宪法》规定了公民的基本权利和义务:"中华人民共和国公民必须遵守宪法和法律,遵守劳动纪律,遵守公共秩序,尊重社会公德。"① 而对"社会公德"的具体内容并没有作出进一步的说明。进入全面建设社会主义阶段以后,党和国家也没有出台相应的法律法规,对社会公德以及为人民服务作出理论上的阐释。值得注意的是,这个时期社会上出现了关于"人人为我,我为人人"的讨论,这在一定意义上可以看作是人们对"为人民服务"的一种理解。

在全面建设社会主义的过程中,一些工人群众出现了注重享受、不求奉

---

① 《中华人民共和国宪法(之二)》,《人民日报》,1954年9月21日,第3版。

献的错误思想，工作中迟到早退、挑肥拣瘦、攀比资金和待遇、不比干劲和工作质量的现象日益增多。这不仅是工作态度的问题，实际上也是对为谁服务的问题缺乏正确的认识。针对这种现象，1958年3月《人民日报》发表了评论员文章，批判了那些"不是为人民服务，而是为人民币服务"的错误思想和行为。文章指出："在社会主义社会的工人阶级队伍里，居然有不少人不是为人民服务，为社会主义劳动，而是为人民币服务，为'四大件'劳动……在人民当家作主的社会主义社会里，工人阶级最能自觉地为人民服务，为社会主义劳动。'人人为我，我为人人'在社会主义社会，是工人阶级内部和全体劳动人民内部的根本关系，也是工人阶级的信条。"①。也就是说，在社会主义条件下，人民是国家的主人，积极工作、乐于奉献、为他人服务应当成为一种自觉自愿的行为。每一个人应当把为人民服务当作自己的工作目的和工作态度，而不应该片面地夸大个人利益。

在这一时期，社会上也出现了对服务性工作的错误认识。有人认为服务性的工作都是"伺候人"的工作，是没有什么前途、没有出息的工作。对此，《人民日报》的一篇文章深刻分析了这种错误的思想根源，认为这是由于剥削阶级的思想观念还没能完全肃清造成的。在旧社会里的剥削阶级看来，一切从事劳动的人们都是"低贱"的，而只有剥削阶级自己才是"高尚"的。这种"低贱"与"高尚"的区别，实际上是剥削与被剥削关系的反映，是落后的思想观念。但是在我们社会主义国家，人与人之间是相互服务的关系。因此，一切劳动都是高尚的，即使那些"伺候人"的工作，也有着十分重要的意义。作者指出："在今天的社会里，剥削阶级已被彻底摧垮，人和人的关系已经根本改变，社会上已经没有剥削者与被剥削者的分工，只有劳动的分工，在人民内部来说每个人的劳动都是为人民服务，也可以说都是'侍候人'。我在这个事情上'侍候'了你，你在那个事情上又'侍候'了我，专门受人'侍候'的人是没有的。反过来，不受任何人'侍候'的人也是没有的。这便是新社会中人们之间的新型关系，也是新社会中个人同集体同社会的正常关系。"② 也就是说，在我们国家一切劳动者在人格上都是平等的，各个行业

---

① 《人人为我，我为人人》，《人民日报》，1958年3月15日，第1版。
② 林准：《服务性的工作是崇高的工作》，《人民日报》，1959年2月23日，第7版。

的人们，无论职务的高低都是在从事为人民服务的工作，而没有高低贵贱之分。而社会上不同分工的人们，都是以服务者和服务对象的双重身份而出现。因此，人人都是服务者，人人也都是服务对象。

诚然，从严格意义上讲，"人人为我，我为人人"并不能算作社会主义的道德命题。但在全社会高调倡导先进性层面"为人民服务"的情况下，这种观点在一定程度上有着积极的意义。如果沿着这一问题进行深入的探讨，就会增强人们对"为人民服务"广泛性层面的理解，有利于在理论上突破过于强调为人民服务先进性要求的不足，进而有助于在全社会开展道德建设。但是，这种"人人为我，我为人人"的论点并没有得到高度的重视。只有张闻天在《关于按劳分配提纲》中结合按劳分配的问题，提出共产主义教育要使人们正确处理个人和国家、集体的关系，能够做到先公后私。只有人人都为集体做贡献，集体的利益得到了实现，个人的利益才能得到满足。作者特别强调共产主义教育就是提倡列宁所说的"人人为我，我为人人"的思想①。当然，这一提纲也只是张闻天研究社会主义政治经济学的笔记，他当时也没有作出详细的理论阐释。

三、人民军队"三八"作风的提出

延安时期，毛泽东在中国人民抗日军政大学的演讲、题词中分别讲到了三句话和八个字。在林彪的促成下，这三句话和八个字构成了抗大完整的校训。所谓"三句话"，就是毛泽东在抗大演讲中提到的抗大的教育方针，即坚定正确的政治方向、艰苦朴素的工作作风和灵活机动的战略战术；而"八个字"就是指团结、紧张、严肃、活泼。林彪主持军委工作以后，把这三句话和八个字概括为"三八"作风。

林彪概括"三八"作风与他炮制对毛泽东的个人崇拜并企图借此树立个人威望的阴谋活动密切联系在一起。1959年庐山会议以后，林彪实际上开始主持军委工作，并逐渐制造对毛泽东的个人崇拜。他大力鼓吹"顶峰"论，强调人们学习马克思列宁主义就要"走捷径"、要求人们"背警句"，并且提

---

① 参见《张闻天选集》，人民出版社1985年版，第507页。

出学习毛泽东思想要"立竿见影"的主张。1960年2月，在广州军委扩大会议上，林彪把毛泽东提出的三句话和八个字放在一起，并称为"三八"作风。

需要说明的是，林彪提出"三八"作风的动机是错误的，是为实现其个人政治野心服务的。但是，"三句话"和"八个字"的具体内容是正确的，是毛泽东对人民军队优良传统和历史经验的概况和提炼①。"三句话"和"八个字"中包含着人民军队为人民服务的要求。比如，坚持正确的政治方向，就是要革命军人忠于党和忠于人民，个人利益服从党和人民的利益；讲团结，就是指解放军官兵之间、上下之间、部门之间、友邻之间，以及军政之间，军民之间的团结一致；讲严肃，就是要求解放军战士对工作认真负责，踏实肯干。

同时需要注意的是，对于"三句话"和"八个字"的具体内容，当时党内的其他同志没有疑义。但是以谭政为代表的一些负责任的同志十分反对林彪的这做法。而林彪却不顾谭政的质疑并指示总政治部下发了《关于开展培养三八作风运动的指示》。不仅如此，林彪还多次强调"三八"作风的重要性，并把它作为评价"五好战士"、"四好连队"的重要内容。在林彪的推动下，中央军委组织人力对1954年《中国人民解放军政治工作条例（草案）》作出了修订，主要就是增加了"四个第一"和"三八"作风等内容。1963年3月，《中国人民解放军政治工作条例》正式颁布。

在林彪的鼓动下，"三八"作风在全军得到推广。但是不能否认，林彪提出和极力宣传"三八"作风有着不可告人的秘密，是他干扰和错误实施军队各项建设的体现。受到林彪的干扰，军队政治工作中的"左"倾错误日益严重，"三八"作风中包含的"为人民服务"精神也逐渐被淡化甚至被歪曲。

四、学习英雄模范为人民服务的事迹

新中国成立以后，人民群众建设社会主义的热情高涨，社会主义思想道德建设也取得了巨大的成绩。各行各业都涌现出了许多先进的集体和个人。

---

① 参见姜思毅主编：《中国共产党军队政治工作七十年史》第5卷，解放军出版社，第241页。

他们都以自己的行动践行着为人民服务的道德要求，为共和国的建设事业也为人民群众利益的实现作出了重大贡献。全面建设社会主义时期，党中央开展了一系列学习英模和先进集体为人民服务事迹的活动，这是一场全国性的为人民服务教育，也是一场持久的群众性自我教育运动。通过学习，为人民服务的思想更加深入人心。

第一，学习雷锋全心全意为人民服务的精神。雷锋是我国思想道德建设史上一个非常重要的人物。1940年12月，雷锋出生在湖南省望城县的一个贫农家庭，1962年因公殉职。他牺牲前担任中国人民解放军沈阳部队工程兵某部运输连班长，是伟大的共产主义战士。雷锋在部队期间，为人民群众做了大量的好人好事，而且做好事从不留名。他牺牲后，毛泽东、刘少奇、周恩来、朱德、陈云、邓小平等党和国家领导人分别题词，号召人们向雷锋同志学习。各地党团组织、各大报纸和出版社纷纷响应党中央的号召，采取了各种形式宣传雷锋的先进事迹。雷锋的事迹所体现的正是全心全意为人民服务的精神，主要包括：

一是"螺丝钉"精神。雷锋在日记中写到："一个人的作用，对于革命事业来说，就如一架机器上的一颗螺丝钉。机器由于有许许多多的螺丝钉的连接和固定，才成了一个坚实的整体，才能够运转自如，发挥它巨大的工作能力。螺丝钉虽小，其作用是不可估量的。我愿永远做一个螺丝钉。"[①] 除此以外，雷锋还多次在日记中把自己比做螺丝钉。这种螺丝钉精神是一种非常可贵的品质，就是说无论在什么样的工作岗位上，都要为祖国和人民毫无保留的奉献自己，就要干一行，爱一行，哪怕工作再平凡，也要干出不平凡的事来。一颗螺丝钉也许是平凡的，但正是有了无数颗螺丝钉，才有了伟大的事业；一滴水也许是渺小的，但也能折射出太阳的光辉；雷锋生前也许只是共和国大厦中一个微不足道的小人物，但这种小人物所体现出的所做所想，更能反映出共产主义品质的强大魅力。在这一点上，雷锋和张思德有许多相似之处。

雷锋是中国人民解放军七英模之一。在这七位光荣的革命战士中，有两位不是在战斗中牺牲的，一位是张思德，而另一位就是雷锋。有意思的是，

---

① 总政治部编：《雷锋日记选》，解放军文艺出版社1989年版，第60页。

毛泽东一生中亲自树立并且产生重大影响的典型人物有三个：一位是国际共产主义战士白求恩，另两位分别是张思德和雷锋。笔者认为，张思德和雷锋这两位英雄人物有着许多相似之处，特别是他们对待革命工作有着相同的态度：他们虽然出生在不同的年代，但是他们都是在平凡的岗位上全心全意地为人民服务，都是心中只有党和人民，工作中任劳任怨、无私奉献。张思德是毛泽东塑造全心全意为人民服务的原型，而雷锋则是新时期全心全意为人民服务的践行者，是和平建设年代的张思德。雷锋的"螺丝钉"精神正是全心全意为人民服务的体现。

二是为人民服务的人生观。人为什么活着是每一个有理想的人必须思考的内容。雷锋的可贵之处就在于他时刻把全心全意为人民服务作为自己的人生目的。他在日记中写到："人的生命是有限的，可是，为人民服务却是无限的，我要把有限的生命，投入到无限的为人民服务之中去。"① 雷锋对自己为谁而活十分坚定，更对为谁而死十分明确。他说："我觉得一个革命者活着就应该把毕生精力和整个生命为人类解放事业——共产主义全部献出。我活着，只有一个目的，就是做一个对人民有用的人。当祖国和人民处在最危急的关头，我就挺身而出，不怕牺牲。生为人民生，死为人民死"② 这些话到处体现着雷锋把为人民服务作为自己人生目的的决心。无论是生还是死，雷锋的目的就是一个：全心全意为人民服务。

三是舍己为人和乐于奉献的精神。雷锋生前做了许多好事。他帮助农民送化肥，帮战友洗衣服，帮妇女送小孩，不顾自己生病帮工地运砖，他自己省吃俭用，省下的钱送给有需要的人，还买了《毛泽东选集》送给战友……他把自己比作人民的勤务员，在他的心中，永远只有别人，而没有自己。这一件件的好事都是雷锋舍己为人和乐于奉献精神的最好证明，更体现了全心全意为人民服务的崇高境界。

深入开展学雷锋活动在全社会产生了深远的影响。通过学习雷锋全心全意为人民服务的精神，"人们的思想觉悟有了明显提高，克己奉公和助人为乐的共产主义精神大发扬，好人好事层出不穷。拾金不昧、拾物归主、扶老助

---

① 总政治部编：《雷锋日记选》，解放军文艺出版社1989年版，第83页。
② 总政治部编：《雷锋日记选》，解放军文艺出版社1989年版，第104页。

幼、积极参加各种义务劳动、做好事不留名等成为当时的社会风范。……学习雷锋运动开创了一代共产主义新风,全国思想政治教育和道德文明达到了前所未有的程度。雷锋精神家喻户晓,学习雷锋成为当时人们的行动口号和行为准则。雷锋式的人物不断涌现"①。

第二,学习焦裕禄为人民利益鞠躬尽瘁、死而后已的精神。焦裕禄是广大党员干部的优秀代表。1962年在河南兰考县遭受严重自然灾害的之际,他赴任兰考县委第一书记。在任期间,他工作舍身忘我,不辞辛劳,全心全意为人民服务。他心里始终装着兰考的人民,什么时候人民群众有需要,他总是出现在困难群众面前,为人们排忧解难。为了彻底治理兰考恶劣的自然条件,他本着对人民群众高度的负责感,对兰考进行了全面深入的调查,并且掌握了治理兰考的第一手资料,还不顾自己的身体,带领人们同自然灾害展开了不屈不挠的斗争,终因积劳成疾,累死在工作岗位上。焦裕禄去世前交代:死后要把他埋在沙丘上。他说"生前没有把沙丘治好,死了,也要看着沙丘被治理好。"焦裕禄事迹的感人之处正在于,他心里始终装着人民,为人民的利益鞠躬尽瘁、死而后已。他去世后,《人民日报》以"县委书记的好榜样——焦裕禄"为题介绍了他的事迹,并号召广大党员干部学习他全心全意为人民服务的精神。许多党员干部在学习中深受感染,纷纷检查自己的思想觉悟和工作作风。焦裕禄的事迹在社会中也引起强烈反响。这些都促进了社会上为人民服务风气的形成。

第三,学习孟泰的主人翁意识和真心实意为人民服务的精神。孟泰是鞍山钢铁公司的优秀职工,是我国工人阶级践行为人民服务的典型代表。1950年孟泰被评为全国劳动模范,受到毛泽东主席的接见。孟泰艰苦创业,爱厂如家。他在工作中,不顾个人安危排查高炉事故。抗美援朝期间,为了应对帝国主义者对我国边境地区工厂的轰炸,孟泰主动担任护厂队员,保护工厂和职工的安全。这充分反映了孟泰的主人翁精神,而这种精神正是为人民服务的前提。在孟泰担任副厂长期间,他更是把工厂和工人的利益放到第一位,经常帮助群众解决实际困难。他不图名利,不怕牺牲,以自己的无私奉献践

---

① 刘建军主编:《中国共产党思想政治教育的理论与实践》,中国人民大学出版社2008年版,第216—217页。

行着共产党人全心全意为人民服务的高尚品格。

第四，学习解放军热爱人民、大公无私的精神。1964年2月至3月，《人民日报》先后发表了《全国都要学习解放军》《把三八作风传播到全国去》《学习解放军革命的硬骨头精神》等一系列重要社论，并号召人们学习解放军全心全意为人民服务的精神。随后，全国掀起了学习解放军的热潮。中国人民解放军是人民的队伍，在革命战争期间时刻以全心全意为人民服务为宗旨，在人民心中树立了良好的形象。新中国成立以后，解放军一如既往地发扬革命战争时期的优良传统，有的部队继续战斗在祖国的第一线，有的部队则服从祖国建设的需要，成为建设社会主义的重要力量，为共和国的建设事业和人民的利益作出了巨大牺牲。但是，他们始终坚持全心全意为人民服务的宗旨，对党和人民无限忠诚、对人民无限热爱、对同志无限关心。在人民解放军中更涌现出"南京路上好八连"等模范集体，这些都成为人们学习的好榜样。这一时期，学习解放军的这种崇高精神主要围绕学习他们的"三八"作风展开，包括：忠于党和人民的精神；大公无私、毫不利己、专门利人、全心全意为人民服务、个人利益无条件服从革命利益的精神；互相尊重、互相帮助、严于律己、宽以待人的精神；对待工作认真负责、埋头苦干、任劳任怨的精神；等等。在学习解放军运动中，人们纷纷以解放军的标准要求自己，社会主义的凝聚力大大增强。这些都成为建设社会主义的强大精神动力。

总而言之，全面建设社会主义时期，"为人民服务"作为对党和全体社会成员两方面的要求体现出来。但是如前所述，《共同纲领》退出历史舞台后，由于种种原因，党和国家没有及时对社会主义道德建设作出新的理论探讨和文件规定。虽然这一时期全国学习为人民服务事迹的活动开展得有声有色，但也只是为人民服务在实践方面的发展。实践创新大于理论创新，是全国建设社会主义时期"为人民服务"发展的一个重要表现。此外，随着社会主义改造的顺利进行，以及后来开展的反右派斗争、"大跃进"、"人民公社"运动，都使得毛泽东等中共领导人对当时人民群众的思想道德水平的判断发生了偏差。在为人民服务建设方面，对广大社会成员提出了不切实际的道德期望，即逐渐以共产主义标准的全心全意为人民服务来要求所有人。一时间，"一大二公"、"兴无灭资"、"破除资产阶级法权"等口号盛行，由此导致了思想道德建设过于强调集体利益，个人的正当利益都被视作资产阶级观念。"文化大革命"开始以后，虽然"为人民服务"这句话一直被人们所提倡，而恰恰是在这样的形势下，一部分人打着为人民服务的旗号，行与人民利益相背之事。"为人民服务"遭到了极大的破坏。

第四章
"为人民服务"的返本与开新

"文化大革命"结束后，"为人民服务"迎来了新的发展阶段。党中央恢复了马克思主义的认识路线和思想路线，重申了全心全意为人民服务的根本宗旨，开启了改革开放、建设社会主义现代化的新时期。改革开放适应了中国社会需要，反映了人民群众心声，提高了中国的综合国力和人民的生活水平，使人民群众不断得到更多的实惠。这其实就是在基本国策层面体现了"为人民服务"的宗旨，展现了"为人民服务"的强大生命力。同时，由于社会生活的急剧转型，特别是受到市场经济的负面影响，"为人民服务"的政治宗旨和社会道德也遇到了新的挑战。一些党员干部违背了宗旨的要求，出现了脱离群众的问题，甚至有的人走向腐败的深渊；社会生活中的一些道德失范现象，不仅违背了"为人民服务"的社会道德，甚至突破了起码的道德底线。正是在这样的形势下，党中央既致力于恢复和重申"为人民服务"的重要地位，又在新的历史条件下创造性地丰富和发展了"为人民服务"，使"为人民服务"实现了返本与开新。

第一节 新时期"为人民服务"
的机遇与挑战

改革开放是新中国成立以来党和国家具有深远意义的伟大实践。诚如胡锦涛所指出:"我们在推进改革开放和社会主义现代化建设中所肩负任务的艰巨性和繁重性世所罕见,我们在改革发展稳定中所面临矛盾和问题的规模和复杂性世所罕见,我们在前进中所面对的困难和风险也世所罕见。"① 在这样复杂的历史进程中,"为人民服务"的发展面临着机遇与挑战并存的双重境遇。如何抓住机遇并迎接挑战构成了改革开放以来党中央探索"为人民服务"的逻辑前提。

一、改革开放的历史进程和基本特点

一般认为,改革开放的历史进程可分为以下阶段。党的十一届三中全会至十三届四中全会是拨乱反正和改革开放全面展开的阶段。粉碎"四人帮"后,我国的社会主义建设面临着向何处去的重大历史抉择。但是,由于"左"的思想还十分顽固,这导致了粉碎"四人帮"后的相当一段时期内,党和国家的工作出现了徘徊局面。以邓小平为代表的党和国家领导人同"两个凡是"展开了坚决的斗争,并且领导了真理标准的大讨论。这就为党的十一届三中全会以及改革开放作了思想上的准备。1978 年年底召开的党的十一届三中全会实现了新中国成立后党的历史上具有深远意义的伟大转折。这次会议重新恢复了实事求是的思想路线,毅然扭转了长期以来"以阶级斗争为纲"的混乱局面,提出把党的工作重点转移到经济建设上来的重大战略决策。十一届三中全会标志着马克思主义的思想路线、政治路线和组织路线在党内的重新确立,从而开启了改革开放与建设中国特色社会主义的伟大征程。在邓小平等人的支持和领导下,我国的改革首先在农村开始并且逐步扩大到城市。与此同时,党中央果断结束了我国长期以来的封闭和半封闭状态,开始了以创办经济特区为主要形式的对外开放。在不懈探索的基础上,邓小平在党的十二大上正式提出了"建设有中国特色社会主义"这一新命题和新任务,这表明党中央关于改革开放的轮廓日益清晰。十二大以后,我国的社会主义现代化建设在经济、政治、文化、教育、外交、国防等领域得到全面展开。党的十二届三中全会通过的《中共中央关于经济体制改革的决定》突破了以往把

---

① 《十七大以来重要文献选编》(上),中央文献出版社 2009 年版,第 808 页。

计划经济和市场经济对立起来的观点，提出 "社会主义计划经济必须自觉依据和运用价值规律，是在公有制基础上的有计划的商品经济。"① 在此基础上，党的十三大对我国正处于社会主义初级阶段的国情作出了准确判断，并制定了党在社会主义初级阶段的基本路线，提出了我国社会主义现代化建设的 "三步走" 战略。这就勾画了我国改革开放、建设中国特色社会主义的宏伟蓝图。

党的十三届四中全会至党的十六大是改革开放走向深入的阶段。这一时期，我国改革开放的主题是进一步深化改革与扩大开放水平、建立社会主义市场经济体制。其中，邓小平的 "南方谈话" 与党的十四大对这一历史进程无疑起了至关重要的作用。20 世纪 80 年代至 90 年代初，我国面临着十分复杂的国内国际环境。就国内形势来看，1989 年春夏之际，我国发生了一场严重的政治风波，经济领域也出现了通货膨胀、经济过热等问题。尚未健全的市场经济体制使得一些人对改革开放存在着姓 "资" 还是姓 "社" 的疑虑。从国际环境来看，苏东剧变给国际共产主义运动带来了严重的损失，一些主要的西方国家在经济领域对我国实行制裁和封锁，在意识形态领域不断加强对我国的 "和平演变"。党的十三届四中全会后，以江泽民为核心的第三代党中央领导集体顶住了国内和国际的巨大压力，坚持了党的十一届三中全会特别是十三大制定的路线和政策。针对社会上对要不要坚持改革开放还存在疑惑，邓小平于 1992 年先后视察了武昌、深圳等重要开放城市，并发表了重要讲话。"南方谈话" 给全党和全国人民以巨大的鼓舞，明确回答了社会主义的本质，澄清了党内外的对改革开放和发展社会主义市场经济的模糊认识，并提出了 "三个有利于" 的标准。根据 "南方谈话" 的精神，党的十四大进一步确立了建设有中国特色社会主义理论的指导地位，明确提出了建设社会主义市场经济体制的目标，确立了全党集中精力、加快发展的重要任务。这就开启了我国深化改革的新局面。按照这一精神，党的十四届三中全会研究了我国建设社会主义市场经济体制的一系列问题，并通过了《中共中央关于建立社会主义市场经济体制若干问题的决定》，为我国市场经济体制改革提供了理论基础。在党中央的领导下，我国初步建立起了社会主义市场经济体制。

---

① 《十二大以来重要文献选编》（中），人民出版社 1986 年版，第 568 页。

同时，政治体制、文化体制等方面的改革也取得了重大的进展。在对外开放中，我国逐步建立起全方位的对外开放格局，并且积极地应对经济全球化的挑战，主动参与国际间合作与竞争，在处理国际事务中日益发挥了重要的作用。

党的十六大以来，我国改革开放处于继续推进的阶段。鉴于党的十三大确定的"三步走"战略的前两步已经基本完成，在这一时期，我国的改革开放紧紧围绕全面建设小康社会、加快推进社会主义现代化建设的中心任务，同时更加注重全面、协调、可持续的科学发展。按照科学发展观的要求，党中央把完善社会主义市场经济体制、实现我国经济社会又好又快发展作为经济体制改革的目标。同时，党中央积极稳妥地推进社会主义政治体制改革，不断加强党的建设和社会主义先进文化建设，更加注重以人为本和改善民生，从而开创了我国改革开放的新局面。

党的十八大以来，在以习近平同志为总书记的党中央团结带领下，全党和全国各族人民开启了全面建成小康社会、实现中华民族伟大复兴中国梦的伟大征程。习近平围绕改革发展稳定、治党治国治军、内政外交国防发表了一系列重要讲话，并且逐渐形成了全面建成小康社会、全面深化改革、全面依法治国、全面从严治党的战略布局。"两个一百年"奋斗目标以及中华民族伟大复兴中国梦的目标清晰地呈现在世人面前。

总之，党的十一届三中全会开启了我国改革开放、建设中国特色社会主义的新时期。三十多年来，在党中央和全国人民的共同推动下，我国取得了举世瞩目的伟大成就。无论纵观改革开放30多年的全过程，还是改革进程中的每一个历史阶段，都有许多经验与特征值得总结。比如，我国改革的性质是社会主义的自我完善与发展，是一种渐进式的改革。在指导思想上，党中央始终保持了解放思想、实事求是、与时俱进的精神状态，从而不断实现了实践基础上的理论创新；从改革开放的历史跨度来看，它涵盖了邓小平、江泽民、胡锦涛、习近平等党中央领导集体，在政策方面具有连续性特征；从改革的中心任务来看，它始终围绕经济建设这一"兴国之要"展开，同时又以四项基本原则这一"立国之本"为前提。这些都是我国改革开放的重要特征。

笔者认为，改革开放另一重要基本特点就在于人民性。在改革开放的整个历程中，党中央始终坚持相信人民、依靠人民、为了人民，人民群众的主体性得到了充分的肯定与发扬。

首先，改革开放符合人民的意愿。改革开放之所以取得伟大的成就，最根本原因就是它反映了广大人民追求美好生活的意愿，承载着几代中国人实现国富民强的梦想，得到了人民群众的真心拥护。十年的"文革"给人们的生活造成了极大的贫困，更严重阻碍了国家的发展。这种情况不加以扭转，国家将变得没有出路，人们的生活更将变得没有出路。"文革"结束后，实现国家的快速发展和人们生活的富裕成为广大人民的切实心愿。从揭批"两个凡是"到安徽的土地承包，从广东、福建等地的引进外资到上海、辽宁等地的企业股份制改革，这一系列的大胆尝试无不源于旧的体制束缚了生产力的发展、阻碍了人们生活水平的提高，突破这些限制正是人民群众的迫切希望。可以说，"中国的改革，一开始就与人民'捆'在一起，……30年竞相迸射的'中国活力'，从根本上说，来自于对人民意愿的由衷尊重。"[①] 正因如此，党中央坚持问政于民、问需于民、问计于民，时刻以群众的呼声为第一信号，不断根据群众的意愿制定党的政策，不断把群众实践的经验提升为党的理论，从而推动了改革开放的实践创新和理论创新。所以说，改革开放是符合人民意愿的正确抉择，它"符合党心民心、顺应时代潮流"[②]，是实现人们生活幸福的必由之路，也是党全心全意为人民服务的必由之路。

其次，改革开放的伟大实践充分发扬了全体人民的首创精神。改革开放与党和国家的命运息息相关，更与人民的命运息息相关。我国的改革开放一开始就得到了最广大人民的"合唱"。三十多年来，党中央紧紧依靠人民，不断从人民中汲取智慧、获得力量，充分调动了广大人民的积极性、主动性和创造性。三十余年的伟大实践更是处处可见人民群众建设中国特色社会主义的激情洋溢。在党中央的团结带领下，人民的主人翁精神得到不断发扬，亿万中华儿女积极投身国家建设，为我国社会主义的发展注入了强大的动力。

---

① 任仲平：《30年不变的时代呼声——写在改革开放30周年之际（上）》，《人民日报》，2008年12月16日，第1版。

② 《十七大以来重要文献选编》（上），中央文献出版社2009年版，第810页。

改革开放以来，经过几代人的艰苦奋斗，中国人民攻克了一个又一个难关，取得了一个又一个胜利，并且成功地探索出中国特色社会主义道路，进而书写了一个又一个"中国震撼"，在世界历史上创造了一个又一个人间奇迹。改革开放的伟大成就说到底是人民群众主体力量的深刻体现。

再次，改革开放以人民利益为根本取向。改革开放的人民性特征还体现在它始终坚持了人民利益至上的价值取向，始终做到发展由人民共享。改革开放没有改变中国共产党的性质和宗旨，党制定改革开放的政策恰恰是为了更好地做到全心全意为人民服务，使人民得到实惠。不断实现和满足人民群众的根本利益是改革开放以来党中央研究问题的根本出发点。三十多年来，国家和社会都发生了巨大的变化，但最为深刻的变化还是体现在人民生活水平的改善和提高：人们从吃得饱到吃得好再到吃得健康，从穿得暖到穿得美再到穿出个性，从满足温饱变为追求更高的生活质量，从解决生存问题变为追求全面发展①。不仅是人们物质生活的改善，30年来社会主义民主建设取得了重大的发展，广大人民当家作主的权利得到很好的保障，社会主义先进文化建设也取得长足的发展，人民群众日益增长的物质文化需求得到更好的满足；社会事业也有了突飞猛进，人民从中不断得到了实惠。总之，改革开放坚持了人民利益的价值取向，使之成为一项真正"为人民服务"的重要国策。

二、"为人民服务"的历史机遇

改革开放不仅给我国的经济、社会发展注入了新的生机，也推动了社会主义精神文明建设的蓬勃发展。改革开放、建设中国特色社会主义的新时期，同时也是"为人民服务"发展的良好机遇期。

第一，思想路线的恢复与发展为党继续探索"为人民服务"提供了重要的思想基础。党的思想路线是关系到党生死存亡的生命线，是指导党的一切活动最为根本的思想方法和思想原则。在历史上，党的思想路线经历了确立、

① 参见中共中央宣传部理论局编：《六个"为什么"——对几个重大问题的回答》，学习出版社2009年版，第101页。

偏离、恢复、发展这些阶段。中共七大标志着党实事求是思想路线的确立。1958年"大跃进"以及"文化大革命"期间，党的思想路线一度发生偏离。党的十一届三中全会彻底否定了"文化大革命"的错误，恢复了党的思想路线，并把它发展为解放思想、实事求是。党的十六大进一步把党的思想路线丰富为解放思想、实事求是、与时俱进。党的十七大通过的《中国共产党章程》把思想路线的基本内容概括为："一切从实际出发，理论联系实际，实事求是，在实践中检验真理和发展真理。"① 可见，党的思想路线的恢复开启了改革开放的征途，思想路线的发展贯穿着改革开放三十多年的全部过程。党的思想路线的恢复与发展为中国共产党继续探索"为人民服务"提供了重要的思想基础。

一方面，思想路线的恢复与发展把党和人民从对马克思主义的教条式理解中解放出来，使党和人民以科学的态度对待马克思主义、对待毛泽东思想，从而有利于全党和全国人民始终做到与时俱进，并且能够不断研究新情况、解决新问题，不断丰富党的思想理论。这就创造了"为人民服务"发展的有利条件。

另一方面，思想路线的恢复与发展使党能够始终做到正确判断党和国家的历史方位。党的思想路线也称为党的认识路线。在错误思想路线的指导下，"文革"期间，党和国家"以阶级斗争为纲"，倡导"破"字当头的斗争哲学，给党和人民带来了灾难，使"为人民服务"有名无实。在改革开放的新时期，思想路线的恢复与发展，使中国共产党人能够科学判断党和国家所处的历史方位，正确看待社会主义初级阶段的主要矛盾。在此基础上，全党和全体人民紧紧抓住经济建设这个中心，始终做到不为任何干扰所惑、不为任何风险所惧，从而能够正确制定党的路线、方针和政策，妥善应对前进道路上遇到的各种风险挑战，确保党始终做到"不折腾"，使人民群众不断得到更多的实惠，使"为人民服务"实至名归。

第二，利益格局的变化给"为人民服务"的发展提供了新的空间。改革开放以来，利益格局的变化表现在利益主体的凸显以及利益主体多样化两方面。这都给"为人民服务"的发展提供了新的空间。一方面，利益主体的凸

---

① 《中国共产党章程》，《人民日报》，2007年10月26日，第3版。

显有利于人们发扬"为人民服务"的精神。"为人民服务"得以落到实处有赖于人们主体精神的觉醒。改革开放以来，党中央彻底改变了以往对人们正当利益忽视的做法。在政策层面，党和国家鼓励竞争，同时也对人们通过诚实劳动、合法经营创造财富予以肯定。在法律层面，个人的正当利益不断受到法律的保护。2004 年修订并通过的《中华人民共和国宪法》明确指出："公民的合法的私有财产不受侵犯"①。对正当个人利益的肯定凸显了公民的主体地位，有利于增强主人翁精神，这就有利于人们在社会生活的不同领域以各种形式做到"为人民服务"。另一方面，利益主体的多样化，对"为人民服务"提出了新的要求。从广义上讲，"为人民服务"可以理解为一种道德。而道德在本质上是人与人之间经济关系的反映。改革开放以来，由于市场经济的不断发展，我国社会的经济成分、组织形式、就业方式、利益关系和分配方式日益多样化。这种多样化的利益主体必然要求"为人民服务"不能仅仅作为共产党员的先进性道德，而且还要体现最广大人民群众的道德需要，与人民群众的道德水平相适应。只有如此，"为人民服务"才能更好地对人们的行为起到规范和调节的作用。这既对"为人民服务"提出了新的要求，也给"为人民服务"的发展创造了新的空间。

第三，和谐稳定的社会环境给"为人民服务"的发展提供了环境保障。一般来说，党和国家的政策对社会环境的塑造起着决定作用。但另一方面，一定时期内的社会环境又对人们的社会心理起着反作用，进而影响党和人民应对问题的心态和方式。"文革"期间，社会环境总体上处于混乱状态，由此导致人们的心理普遍呈现狂热与焦躁的特点。在这样的形势下，党和国家不可能对人们的道德水平以及社会主义道德建设问题作出科学判断。党的十一届三中全会彻底否定了"文革大革命"的错误，也使中国社会不断朝着和谐稳定的方向发展。改革开放以来，和谐稳定日益成为人民的心声。理性、平和、开放、包容成为人们社会心理的主要特征。在这一前提下，即使在前进的路上会遇到各种各样的困难，但是通过全党和全国各族人民的努力，总会使这些朝着好的方向发展。这就给党中央探索和深化"为人民服务"营造了良好的社会环境。

---

① 《中华人民共和国宪法》，《人民日报》，2004 年 3 月 16 日，第 2 版。

三、"为人民服务" 面临的挑战

改革开放不仅给"为人民服务"的发展创造了难得的历史机遇，同时改革开放进程中暴露出的人们思想道德领域的新问题也对"为人民服务"构成了挑战。

第一，市场经济负面影响给"为人民服务"带来挑战。市场经济的负面因素对"为人民服务"的挑战是巨大的。一方面，社会主义市场经济的不完善引起了不良竞争、损人利己行为的出现。发展市场经济肯定了竞争以及个人的正当利益，这有利于社会主义生产力的发展和人们生活水平的提高。但是由于一些人对市场经济的片面理解，再加上社会主义市场经济体制还不够完善，一些人认为竞争就是那种不择手段的竞争，目的就是为了最大限度占有市场资源，使自己立于不败之地，因此出现了拜金主义、不良竞争、恶意竞争等行为。这在很大程度上损害了社会上大多数人的利益，有的甚至触犯了法律。还有一些人过于强调个人利益，而忽视了自己的社会责任和奉献。由此出现了损公肥私、损人利己，甚至一些极端个人主义、利己主义等自私自利的行为。当然，这些现象不是社会主义市场经济的必然结果，通过不断完善社会主义市场经济体制以及加强为人民服务的宣传教育，这种情况会得到有效改善。

另一方面，经济至上的理念对"为人民服务"的挑战更为严重。市场经济最大的负面影响就是诱发了人们经济至上的错误观念。对党员干部来说，有的体现为金钱至上的理念。他们把手中的权力作为自己获得个人利益的手段，出现了以权谋私等违法乱纪行为。更为严重的是，经济至上理念在相当一部分党员干部那里体现为发展经济至上，进而表现为 GDP 至上。基于这种错误的政绩观，一些党员把全心全意为人民服务等同于发展经济，把发展经济等同于 GDP 的增长，因而出现了一系列形象工程、面子工程。在经济建设中盲目追求速度，不求质量，盲目上项目，求快、求大的现象比较普遍，而人民从中没有得到真正的实惠，这些都严重损害了人民的利益和党在人民中的形象，给"为人民服务"带来了挑战。

对普通群众来说，经济至上的理念体现在把"等价交换"的原则想当然地运用到各个领域，在评价社会中的道德现象时，只从经济的角度看问题，而不考虑道德方面的影响，对身边发生的事，总是和经济利益联系起来，考虑"值不值"。比如，对于前些年来报道的一些大学生因救老人而牺牲的事件，相当一部分人认为这是一种"以金子换石头"的做法，是不值得肯定的。这种错误观点正是经济至上理念的充分体现。"等价交换"原则的滥用就会导致人们事事计较个人得失，而不会考虑社会责任和他人的利益，最终就会走向极端个人主义。而且，从这种经济至上的理念出发，只能得出重金钱、轻道德，重索取、轻奉献的结论，这是对社会主义道德的根本否定，也对"为人民服务"带来了严重的挑战。

第二，不良社会风气对"为人民服务"构成了挑战。不良社会风气对"为人民服务"的挑战主要体现在机关工作人员的工作作风和世风两个方面，具体是指部分机关工作人员的宗旨意识有所欠缺，人们的价值选择和价值判断能力有待提高。

部分机关工作人员的宗旨意识有所欠缺。机关工作人员代表着党和政府的形象，其中的共产党员更是社会中的先进分子，是引领社会主义经济建设和社会主义道德建设的排头兵。我们常说，要求群众做到的，广大党员和机关工作人员首先要做到。只有这些人真正做到全心全意为人民服务，让人民满意，我们才能理直气壮地要求普通群众践行为人民服务的道德要求。因此，每一个机关工作人员特别是广大党员干部理应成为为人民服务的典范。但在实际生活中，一些机关工作人员的宗旨意识还有待进一步提高。调查表明，社会上人们认为公职人员和领导干部应当坚持为人民服务的分别占 22.93% 和19.19%，而认为为人民服务是对所有公民要求的占 50.2%。这说明有相当一部分人对掌握公共权力的执政者有着更高的道德要求。但是调查发现，认为机关工作人员"办事公道，很满意"的仅占 5.84%，而认为"门难进，脸难看，事难办"的占 34.6%，认为"以权谋私，不给好处不办事"的占21.20%。① 这充分暴露出人们对机关工作人员的工作作风有着很大的不满情

---

① 以上数据参见吴潜涛等著：《当代中国公民道德状况调查》，人民出版社 2010 年版，第 32、125 页。

绪。在这样的情况下，我们对普通群众开展为人民服务的宣传教育，就难免存在"底气不足"的问题，也难以使人们信服。

人们价值判断和行为选择能力的有待提高。当前我国正处于经济社会的转型时期，思想领域呈现出多元化的价值观念，使得一些人无法做出正确的价值判断和行为选择。诚然，部分领域存在着与为人民服务要求相悖的现象，一些行业的不当之风严重影响着人们的生活。比如，在某些行业和领域还存在着违法、违纪、违规等现象。这固然是由于为人民服务建设特别是职业道德建设不到位造成的。但是另一方面，人们对这些错误做法存在着是非界限不明的问题，对这些丑恶现象不愤怒、不批评、不斗争，反而与之同流合污，被所谓的"潜规则"所左右。正是这些错误认识和错误做法在一定程度上助长了那些与为人民服务要求背离的现象，进而给"为人民服务"带来了挑战。

第三，对外开放带来的资产阶级价值观念容易诱发自私自利、极端个人主义的思想和行为。随着改革开放的日益深化，我国与世界的联系也变得更加紧密。我们在引进西方先进科学技术和管理经验的同时，一些资产阶级的价值观念也与之俱来。特别是在我国积极融入经济全球化的过程中，这些错误观念也通过网络、影视作品等各种途径影响着人们的思想和行为。比如，20世纪80年代我国出现的资产阶级自由化思潮，一些人盲目崇拜西方的思维方式和行为理念，造成了一段时期内我国的思想道德领域出现了严重问题。近些年来，社会上出现的自私自利、极端个人主义的恶劣行径都与资产阶级价值观念的影响不无关系。受到个人主义、抽象人性论等资产阶级价值观念的影响，一些人特别是青少年过于强调"自我"，而对人民群众主体地位的认识有所缺失；社会上功利主义盛行、金钱至上的理念，容易导致人们忽视社会责任和基本道德准则。这些都对"为人民服务"的道德造成极大的破坏。

总之，改革开放以来，"为人民服务"受到了多方面的挑战。这些发生在思想道德领域的新情况、新问题都迫切要求党中央不断加强社会主义道德建设，不断丰富与创新"为人民服务"。改革开放以来，党中央紧紧抓住"为人民服务"发展的历史机遇，勇于面对"为人民服务"受到的挑战，使"为人民服务"得到了新的发展。

第二节 对党的根本宗旨的新阐述

党的宗旨问题关系到中国共产党执政地位是否巩固，也关系到社会主义现代化建设的成败。改革开放以后，中国共产党人继续发扬革命、建设时期全心全意为人民服务的优良传统，始终保持党同人民群众的密切联系，并结合改革开放和中国特色社会主义建设中的新情况、新问题对全心全意为人民服务的根本宗旨进行了创造性发展。需要说明的是，党中央历来都十分关心社会主义道德建设的问题，但是毫无疑问，他们论述最多的、带有根本性的还是党的宗旨。

一、邓小平关于党的宗旨的论述

以邓小平为核心的党的第二代领导集体在领导改革开放、探索社会主义现代化建设的过程中，对中国共产党的宗旨进行了长期不懈的探索，并且提出了一系列新的断论。邓小平对为人民服务宗旨的贡献主要有：

第一，在改革开放的进程中，毫不动摇地把全心全意为人民服务作为党的根本宗旨，恢复了党的优良传统。"文化大革命"对党内思想政治教育造成了极大的破坏，许多党员特别是新党员没有受到好的宗旨教育。改革开放以来，随着市场经济的发展，宗旨意识缺失表现得日益明显。社会上包括党内出现了对革命传统的错误认识，而一些党员对这些错误论调则采取了漠视的态度。邓小平对这种党内的精神污染展开了严厉的批判，并且通过开展广泛的党内教育来加强党员的宗旨观念。1980年年底，邓小平在中央工作会议上指出："我们在新民主主义革命时期，就已经坚持用共产主义的思想体系指导整个工作；用共产主义道德约束共产党员和先进分子的言行；提倡和表彰'全心全意为人民服务'，'个人服从组织'，'大公无私'，'毫不利己、专门利人'，'一不怕苦、二不怕死'。现在已经进入社会主义时期，有人居然对这些庄严的革命口号进行'批判'，而这种荒唐的'批判'不仅没有受到应有的抵制，居然还得到我们队伍中一些人的同情和支持。每一个有党性、有革命性的共产党员，难道能够容忍这种状况继续下去吗？"① 在邓小平看来，全心全意为人民服务这些优良传统是中国共产党的传家宝，是在任何时候都必须坚持的。没有这些，就不会取得新民主主义革命的胜利，也不能建设好社会主义。

第二，提出全心全意为人民服务，就要少讲空话，多做实事，给人民实实在在的利益。1978 年 9 月，邓小平指出："按照历史唯物主义的观点来讲，正确的政治领导的成果，归根结底要表现在社会生产力的发展上，人民物质文化生活的改善上。如果在一个很长的历史时期内，社会主义国家生产力发展的速度比资本主义国家慢，还谈什么优越性？我们要想一想，我们给人民究竟做了多少事情呢？我们一定要根据现在的有利条件加速发展生产力，使人民的物质生活好一些，使人民的文化生活、精神面貌好一些。"② 同年 10 月，邓小平在与外宾谈到我国发展核武器的问题时指出，"我们也要搞一点核武器，但不准备多搞，到有还击力量的时候就不再发展了。在那上面花那么多钱，不如好好发展自己国家的经济，改善人民的生活。"③ 这充分体现了邓小平求真务实的品格，也体现了他对人民实际生活的高度关注。1978 年 12 月 13 日，邓小平在《解放思想，实事求是，团结一致向前看》这次著名的讲话中指出："革命精神是非常宝贵的，没有革命精神就没有革命行动。但是，革命是在物质利益的基础上产生的，如果只讲牺牲精神，不讲物质利益，那就是唯心论。"④ 可以说，邓小平这一论断正是对"文化大革命"反思得出的必然结论。在邓小平看来，中国共产党坚持全心全意为人民服务的宗旨，就必须努力改善人民的生活水平，满足人民的利益需要。1985 年 9 月，邓小平在党的全国代表会议上指出："要全心全意为人民服务，深入群众倾听他们的呼声；要敢说真话，反对说假话，不务虚名，多做实事"⑤。此外，邓小平还认为，为人民服务不仅要满足人们的物质生活需要，提高人民生活水平，同时

① 《邓小平文选》第二卷，人民出版社 1994 年版，第 367 页。
② 《邓小平文选》第二卷，人民出版社 1994 年版，第 128 页。
③ 《邓小平年谱（1975—1997）》上册，中央文献出版社 2004 年版，第 404 页。
④ 《邓小平文选》第二卷，人民出版社 1994 年版，第 146 页。
⑤ 《邓小平文选》第三卷，人民出版社 1993 年版，第 146 页。

也要满足人们的精神文化需要。他指出："我们在充分注意满足人民需要，逐步提高人民生活水平的同时，还要注意政治思想工作，其中心就是建设社会主义精神文明。"①

第三，对党全心全意为人民服务的实践提出了判断标准。改革开放以后，一些党员干部对要不要改革开放、要不要发展社会主义市场经济还存在疑虑。1992年，邓小平在"南方谈话"中指出："判断的标准，应该主要看是否有利于发展社会主义社会的生产力，是否有利于增强社会主义国家的综合国力，是否有利于提高人民的生活水平。"② "三个有利于"是一个相互的整体，其中提高人民的生活水平是最根本的标准。因为，我们发展生产力、提高综合国力也是为了更好地实现和保障人民生活水平的不断提高。这就给党的各项工作提供了判断的标准和根本的出发点。因而也为党全心全意为人民服务的实践提供了检验的标准。在邓小平看来，党员干部在坚持四项基本原则的前提下，就要迈开改革的步伐，只要符合"三个有利于"标准的，就要大胆去做，因为这都是全心全意为人民服务的表现。"三个有利于"是邓小平对全心全意为人民服务宗旨发展的集中体现。

二、江泽民关于党的宗旨的论述

江泽民继承了邓小平为人民服务的思想，在领导改革开放的过程中，继续以全心全意为人民服务为宗旨，提出要把群众的安危冷暖记在心上。针对一些党员党性不强，宗旨意识欠缺的问题对党进行了"三讲"教育，并且进一步提出了"三个代表"重要思想。其中代表最广大人民的根本利益是全心全意为人民服务宗旨的根本体现。江泽民对全心全意为人民服务的新论断主要包括：

第一，任何时候任何条件下都要坚持全心全意为人民服务的根本宗旨。改革开放以后，市场经济带来的负面因素影响、西方资产阶级思潮的影响，再加上一些党员干部忽视了思想改造，这些都导致党内一些人特别是一些党

---

① 《邓小平年谱（1975—1997）》下册，中央文献出版社2004年版，第743页。
② 《邓小平文选》第三卷，人民出版社1993年版，第372页。

员干部宗旨意识淡漠。这对党的形象造成了较坏的影响。针对这些问题，以江泽民为核心的第三代领导集体一方面强调坚持全心全意为人民服务的重要性，另一方面注意加强对党员干部的思想教育。江泽民指出："全心全意为人民服务，是我们党的根本宗旨，是我们党始终得到人民拥护和爱戴的根本原因所在"①，"是我们党区别于其他任何政党的一个显著标志。"② 他强调指出："在任何时候任何情况下，与人民群众同呼吸、共命运的立场不能变，全心全意为人民服务的宗旨不能忘，坚信群众是真正英雄的历史唯物主义观点不能丢。"③

第二，提出"讲学习、讲政治、讲正气"。江泽民不仅坚持把全心全意为人民服务作为党的宗旨，而且进一步把它上升到共产党员"讲政治"的高度。1995 年 11 月，江泽民在北京视察时提出领导干部要"讲学习、讲政治、讲正气"。"三讲"是一个有机的整体。其中，"讲政治"是"三讲"的核心内容，也就是要求广大党员坚持党性，维护党的团结统一，始终站在人民群众的立场。"衡量一个领导干部是不是讲政治，一个重要标准就是看他是不是时刻把人民群众放在心头，是不是诚心诚意为人民谋利益。"④ "讲学习"，也就是要求广大党员不断学习党的思想理论，掌握在市场经济条件下为人民服务的本领；"讲正气"就是要求广大党员干部发扬艰苦奋斗、全心全意为人民服务的工作作风和生活作风，做到清正廉洁、一身正气。江泽民指出："我们党的宗旨是全心全意为人民服务，这就是全党同志首先是各级领导干部必须坚持树立和发扬的最大的正气。"⑤

"三讲"的提出随即在全党乃至全社会产生强烈反响。根据党中央的部署，各级领导干部开展了以"三讲"为主要内容的党性党风教育。"三讲"教育说到底就是要弘扬党的优良传统和优良作风，增强党同人民群众的血肉联系，使广大党员特别是党员干部在市场经济条件下继续发挥先锋模范和领导核心的作用，使党员干部充分做到全心全意为人民服务。

---

① 《江泽民文选》第一卷，人民出版社 2006 年版，第 406 页。
② 《江泽民文选》第一卷，人民出版社 2006 年版，第 98 页。
③ 《江泽民文选》第三卷，人民出版社 2006 年版，第 271 页。
④ 《十五大以来重要文献选编》（上），人民出版社 2000 年版，第 368 页。
⑤ 《江泽民文选》第一卷，人民出版社 2006 年版，第 485 页。

在开展 "三讲" 教育期间, 江泽民对全心全意为人民服务作了进一步论述。他认为, 能否做到全心全意为人民服务关系到党的生死存亡, 广大党员要为群众办实事, 使群众得到真正的利益。1999 年 6 月, 江泽民在中国共产党成立 78 周年大会上做了题为 《"三讲" 教育是加强党的建设的新探索》 的报告。江泽民指出: "要全心全意为人民谋利益。我们共产党人全部工作的出发点和归宿, 都是为人民谋利益。这是我们的立党之本、执政之基。……领导干部要同群众保持密切联系, 真正同群众打成一片, 想群众之所想、急群众之所急, 以群众赞成不赞成、高兴不高兴作为自己的行为准则。否则, 就有被群众抛弃的危险。"① 江泽民进一步讲到, 为人民服务就应该对人民充满热情, 要把实现人民利益落实到具体工作之中。他指出: "对群众提出和反映的问题, 必须满腔热情地加以处理, 切实帮助群众解决生产生活中的实际困难, 绝不能漠然置之, 更不能粗暴地对待群众, 激化矛盾。全心全意为人民谋利益, 不能挂在嘴上, 不能搞 '虚功', 而是要实实在在为群众办事, 要从群众最关心、最迫切需要解决的实际问题入手开展工作, 把我们党的根本宗旨切实落实到各项工作中, 落实到广大人民群众身上。"②

第三, 提出 "三个代表" 重要思想。党的十三届四中全会以来, 以江泽民为核心的党中央站在时代的前列, 紧紧抓住 "建设什么样党, 怎样建设党" 这一重大历史课题, 提出了 "三个代表" 重要思想。这是以江泽民为核心的第三代党中央领导集体的重大理论创新。2000 年 2 月, 江泽民在广州考察工作时首次提出了 "三个代表" 的命题, 并对 "三个代表" 的内涵进行了论述。2001 年 7 月 1 日, 在庆祝中国共产党成立 80 周年大会上, 江泽民系统、全面地论述了 "三个代表" 重要思想的内涵、相互关系、基本要求等重大理论问题。2002 年 5 月 31 日, 江泽民在中央党校省部级干部进修班毕业典礼上发表重要讲话 (以下简称 "5·31" 讲话)。"5·31" 讲话更为深刻地阐述了 "三个代表" 重要思想根本要求, 更有助于人们对 "三个代表" 重要思想历史地位和精神实质的理解。同年 11 月, 党的十六大修订的 《党章》 将 "三个代表" 重要思想同马克思列宁主义、毛泽东思想、邓小平理论一道确立为党

① 《江泽民文选》 第二卷, 人民出版社 2006 年版, 第 365 页。
② 《江泽民文选》 第二卷, 人民出版社 2006 年版, 第 365—366 页。

的指导思想。这标志着"三个代表"重要思想在党的政治生活中指导地位的确立。

"三个代表"重要思想的提出对于加强党的建设，使广大党员坚持党的全心全意为人民服务宗旨具有重要的指导意义。"三个代表"重要思想是一个相互联系的有机整体，其中"始终代表中国最广大人民的根本利益"是"三个代表"重要思想的核心内容，是全心全意为人民服务的根本体现。因为，广大人民群众是中国先进生产力和先进文化的创造者，是决定中国社会发展方向的主体力量，更是社会主义物质生产成果和精神生产成果的最终享有者，而我们发展社会主义的生产力和文化，说到底是为了满足人民群众物质和文化生活的需要。所以说，"三个代表"重要思想这三个方面说到底就是要代表中国最广大人民的根本利益，这是"三个代表"重要思想的核心。正如江泽民在庆祝中国共产党成立 80 周年大会上讲话所说，"我们党要始终代表中国最广大人民的根本利益，就是党的理论、路线、纲领、方针、政策和各项工作，必须坚持把人民的根本利益作为出发点和归宿，充分发挥人民群众的积极性、主动性、创造性，在社会不断发展进步的基础上，使人民群众不断获得切实的经济、政治、文化利益。"① 实际上，这里讲的也是党的宗旨问题，是党的宗旨的根本体现。这就要求中国共产党人为人民群众谋利益，做人民利益的维护者、实现者和发展者，把广大人民群众的利益作为党的一切工作的出发点和归宿。

第四，提出党员干部要立党为公、执政为民。坚持立党为公、执政为民是江泽民探索"三个代表"重要思想期间的阶段性成果，也是对全心全意为人民服务的重要创新。2002 年 1 月，江泽民在中纪委第七次全体会议上做了题为《领导干部要树立正确的权力观》的讲话。他指出："各级领导干部必须在思想上、行动上、作风上做到立党为公、执政为民，增强公仆意识，自觉摆正同人民群众的关系。"② "各级领导干部一定要把人民群众的安危冷暖时刻放在心上，勤政为民，扎实工作，多为群众办实事、办好事、办得人心的

---

① 《江泽民文选》第三卷，人民出版社 2006 年版，第 279 页。
② 《江泽民文选》第三卷，人民出版社 2006 年版，第 422 页。

事，为人民群众谋取实实在在的利益。"① 他反复告诫党员干部要正确看待手中的权力，树立正确的权力观，不能立志做大官，更不能把升官发财作为人生目的。同年，江泽民在"5·31讲话"中把执政为民作为"三个代表"重要思想的本质要求。他指出："贯彻'三个代表'要求，关键在坚持与时俱进，核心在保持党的先进性，本质在坚持执政为民。"② "立党为公、执政为民"揭示了党存在的根本价值，更突显了党员干部为官的最终目的。它要求广大党员干部树立正确的权力观，摆正"勤务员"身份，而不能有"官本位"思想，并且要通过工作为群众谋求实实在在的利益。这就明确了党员干部如何做到全心全意为人民服务，是共产党为人民服务的具体要求。"立党为公、执政为民"的提出有利于增强党员干部全心全意为人民服务的自觉性，更有利于密切党同人民群众的联系。

三、胡锦涛关于党的宗旨的论述

十六大以来，世情、国情、党情的不断变化对党的建设提出了更高的要求。在新的形势下，以胡锦涛为总书记的党中央始终坚持把全心全意为人民服务作为党的根本宗旨，并结合时代特征和实践需要进行了新的阐述。胡锦涛在坚持江泽民提出的正确的权力观基础上提出树立正确的权力观、政绩观、利益观，要求党员干部"权为民所用、情为民所系、利为民所谋"。胡锦涛对全心全意为人民服务宗旨的发展集中体现在他提出的"以人为本"中，并且围绕"以人为本"，提出了"发展为了人民、发展依靠人民、发展成果由人民共享"。在庆祝中国共产党成立90周年大会上，胡锦涛进一步提出以人为本、执政为民是全心全意为人民服务的根本体现。这是新时期党中央对全心全意为人民服务宗旨的重要发展。

第一，提出"权为民所用、情为民所系、利为民所谋"。2002年12月，胡锦涛在西柏坡考察时指出："各级领导干部要坚持深入基层、深入群众，倾

---

① 《江泽民文选》第三卷，人民出版社2006年版，第422页。
② 中共中央文献研究室编：《江泽民论有中国特色社会主义（专题摘编）》，中央文献出版社2002年版，第583页。

听群众呼声，关心群众疾苦，时刻把人民群众的安危冷暖挂在心上，做到权为民所用，情为民所系，利为民所谋。"① "权为民所用、情为民所系、利为民所谋"是对江泽民提出的正确权力观以及立党为公、执政为民思想的新发展，也是全心全意为人民服务的生动写照和重要体现。我国是人民民主专政的社会主义国家，广大人民群众是国家和社会的真正主人，党之所以拥有现在的执政地位，是人民拥护的结果。因此，党的一切权力都是人民赋予的，党行使权力的唯一目的只能是实现人民的根本利益，而不是为了别的。"权为民所用、情为民所系、利为民所谋"揭示了人民的主人翁地位以及党员干部的"勤务员"身份，也揭示了党的一切活动的根本目的。它要求党员干部关心人民的切实利益，帮助困难群众解决实际问题，关心和保障民生。胡锦涛多次强调："尤其要关心那些生产和生活遇到困难的群众，深入到贫困地区、困难企业中去，深入到下岗职工、农村贫困人口、城市贫困居民等困难群众中去，千方百计地帮助他们解决实际困难。要通过扎实有效的工作，实实在在地为群众谋利益，带领群众创造自己的幸福生活。"② 2004年9月，胡锦涛在首都各界纪念全国人民代表大会成立50周年大会上讲话指出："各级国家机关及其工作人员的权力都来自于人民，必须用来为人民服务，必须自觉接受人民群众的监督，必须不断改正工作中的缺点和错误，坚决反对脱离人民群众的形式主义、官僚主义，坚决同各种腐败现象作斗争。"③ 这实际上也是强调了中国共产党的权力是人民赋予的，广大党员干部要尊重人民群众的主人翁地位，深知自己权力的来源和用意，要树立正确的权力观，始终做到全心全意为人民服务。

第二，提出"以人为本"。党的十六大以来，以胡锦涛为总书记的党中央面对世情、国情、党情的重大变化，全面分析了党的执政环境、执政考验和执政任务，系统总结了改革开放以来社会主义建设的经验教训，提出了以人为本的理念，并把它作为科学发展观的核心。这是以胡锦涛为总书记的党中央的重大理论创新。以人为本和马克思主义关于人的全面发展理论以及社会

①《十六大以来重要文献选编》（上），中央文献出版社2005年版，第84页。
②《十六大以来重要文献选编》（上），中央文献出版社2005年版，第84页。
③《十六大以来重要文献选编》（中），中央文献出版社2006年版，第224页。

发展理论是一脉相承的关系，更是对毛泽东、邓小平、江泽民等人关于全心全意为人民服务思想的新发展。

"以人为本"是胡锦涛等党和国家领导人在探索和提出科学发展观的过程中形成的理论成果。在指导抗击"非典型性肺炎"期间，胡锦涛、温家宝等人就多次提出要关注人的生活水平和健康状况、实现城乡协调发展和区域协调发展、实现人与自然的和谐发展。温家宝还曾在讲话中使用过"以人为本"这一命题。2003 年 10 月，党的十六届三中全会通过的《中共中央关于完善社会主义市场经济体制若干问题的决定》指出："坚持以人为本，树立全面、协调、可持续的发展观，促进经济社会和人的全面发展。"[1] 这是党的重要文件中第一次明确提出"以人为本"，并且实际上把它作为科学发展观的重要内容。2004 年 3 月，胡锦涛在中央人口资源环境工作座谈会上系统论述了"以人为本"的主要内涵。他指出："坚持以人为本，就是要以实现人的全面发展为目标，从人民群众的根本利益出发谋发展、促发展，不断满足人民群众日益增长的物质文化需要，切实保障人民群众的经济、政治和文化权益，让发展的成果惠及全体人民。"[2] 同年 9 月，胡锦涛在党的十六届四中全会上的工作报告中明确提出"坚持以人为本，全面、协调、可持续的科学发展观"[3]。2007 年 10 月，党的十七大报告指出："科学发展观，第一要义是发展，核心是以人为本，基本要求是全面协调可持续，根本方法是统筹兼顾。"[4] 这就明确揭示了"以人为本"在科学发展观中的核心地位。"以人为本"把"人"作为根本的价值取向，是新时期党中央对全心全意为人民服务宗旨的发展。

首先，"以人为本"丰富了为人民服务的理论基础。人民群众是历史创造者的观点是"为人民服务"的理论基础。它内在地包含着党的依靠力量和党的根本目的两个方面。"以人为本"明确把为了谁和依靠谁这两个问题统一起来。它强调人民群众是历史发展和社会进步的动力，进而也是党的依靠力量；同时，也强调人民群众是党的各项工作的根本目的。也就是说，"以人为本"

---

① 《十六大以来重要文献选编》（中），中央文献出版社 2005 年版，第 465 页。
② 《十六大以来重要文献选编》（中），中央文献出版社 2005 年版，第 850 页。
③ 《十六大以来重要文献选编》（中），中央文献出版社 2005 年版，第 235 页。
④ 《十七大以来重要文献选编》（上），中央文献出版社 2009 年版，第 11—12 页。

不仅把人民当作发展的动力，也当作发展的目的，即 "发展为了人民、发展依靠人民、发展成果由人民共享"。2006 年 4 月，胡锦涛在耶鲁大学演讲时指出："今天，我们坚持以人为本，就是要坚持发展为了人民、发展依靠人民、发展成果由人民共享，关注人的价值、权益和自由，关注人的生活质量、发展潜能和幸福指数，最终是为了实现人的全面发展。"① 坚持发展为了人民、发展依靠人民、发展成果由人民共享，这就明确回答了 "相信谁、依靠谁、为了谁" 这三个密切相关的问题，是全心全意为人民服务的重要体现。这就是说，我们党要相信人民的主体力量，尊重人民的首创精神，在人民当中汲取生机和活力，在社会主义建设的各个领域，都要紧紧依靠人民群众，充分发扬人民的首创精神，并且党和国家一切工作着眼于实现广大人民群众的根本利益。

其次，"以人为本" 发展了为人民服务的方式。全心全意为人民服务就是要不断实现和满足广大人民的根本利益。它不仅要求广大党员有为人民服务的良好意愿，更要使人民得到实在的利益。"以人为本" 是总结改革开放以来中国共产党为人民服务实践的经验教训得出的科学结论。长期以来，一些党员干部对为人民服务的方式存在误解，把为人民服务等同于发展经济，把发展经济等同于 GDP 的增长。这种错误的为人民服务方式损害了人民群众的根本利益。"以人为本" 就要求党员干部转变发展的观念，从以往对发展问题的片面认识中解放出来，强调要以实现和满足人民群众的经济、政治、文化利益作为各项工作的出发点。说到底，它要求我们以人的全面发展为最终目的，不能盲目追求单纯的 GDP 增长，应该以人的全面发展统领经济建设、政治建设和文化建设，满足人民群众物质文化各方面的需求，不断实现人与人、人与社会、人与自然的和谐发展。这就发展了党全心全意为人民服务的方式，从而把改进党的领导和完成党的使命结合起来，把推动社会进步与实现广大人民的根本利益结合起来。

再次，"以人为本" 对党员干部全心全意为人民服务提出了新的要求。"以人为本" 是对广大党员干部的新要求。它强调广大党员把人民群众摆在心中最高位置，把广大人民的根本利益作为想问题、做工作的根本出发点和落脚

---

① 《十六大以来重要文献选编》（下），中央文献出版社 2008 年版，第 429 页。

点，坚持做到权为民所用、情为民所系、利为民所谋。党员干部坚持"以人为本"，就要清除官僚主义、形式主义等错误思想和行为，要自觉做人民的"勤务员"，始终保持与人民群众的血肉联系，坚持做到立党为公、执政为民。不仅如此，"以人为本"还要求党员干部在实际工作中转变工作方式，树立正确的政绩观，不断提高执政能力和执政水平，坚持以人的全面发展为目标，做到尊重人民、为了人民，不断满足人民群众多方面的利益。正如胡锦涛在党的十七大报告中指出："全心全意为人民服务是党的根本宗旨，党的一切奋斗和工作都是为了造福人民。要始终把实现好、维护好、发展好最广大人民的根本利益作为党和国家一切工作的出发点和落脚点，尊重人民主体地位，发挥人民首创精神，保障人民各项权益，走共同富裕道路，促进人的全面发展，做到发展为了人民、发展依靠人民、发展成果由人民共享。"①

总之，"以人为本"不仅回答了新时期广大党员要不要全心全意为人民服务的问题，而且还结合时代特征回答了怎样全心全意为人民服务的问题。"以人为本"的提出有利于党更好地实现和满足广大人民的根本利益，从而确保了党的宗旨落到实处。

第三，提出"以人为本、执政为民"。2011年7月1日，胡锦涛在庆祝中国共产党成立90周年大会上讲话指出："以人为本、执政为民是我们党的性质和全心全意为人民服务根本宗旨的集中体现，是指引、评价、检验我们党一切执政活动的最高标准。"② 这就明确揭示了"以人为本、执政为民"与党的宗旨的关系，是对全心全意为人民服务的新论断。其一，以人为本、执政为民要求以人民群众的根本利益引领党的各项工作。以人为本、执政为民作为一种执政理念是对以往不全面、不协调、不可持续发展理念的扬弃，它强调要以人民群众各方面的根本利益作为实现发展的出发点和落脚点，以人的全面发展为最终目标。"坚持以人为本、执政为民，就要彻底摒弃与科学发展观不相符合的思想观念，以科学发展为主题，以加快转变经济发展方式为主线，更加注重以人为本，更加注重全面协调可持续发展，更加注重统筹兼

---

① 《十七大以来重要文献选编》（上），中央文献出版社2009年版，第12页。
② 胡锦涛：《在庆祝中国共产党成立90周年大会上的讲话》，《人民日报》，2011年7月2日，第2版。

顾，更加注重保障和改善民生，不断在生产发展、生活富裕、生态良好的文明发展道路上取得新进展。"[1] 其二，以人为本、执政为民要求我们以人民作为评价党的各项工作的根本依据，以人民拥护不拥护、赞成不赞成、高兴不高兴、答应不答应作为评价尺度，而不能以领导的褒奖、个人职位的升迁衡量党员干部工作的得失。其三，以人为本、执政为民要求以人民利益的实现作为检验工作的最高标准，而不能以单纯的经济增长来衡量各项工作的得失，必须把经济效益、社会效益统一起来，把少数人的利益和广大人民群众的根本利益统一起来，把眼前利益和长远利益统一起来。即坚持以实现好、维护好、发展好广大人民的根本利益和有利于促进人的全面发展为最高准绳。

四、习近平关于党的宗旨的论述

党的十八大以来，以习近平为总书记的党中央高举中国特色社会主义伟大旗帜，在推进中国特色社会主义事业和全面深化改革的实践中对党的宗旨作出了一系列的新论断，把我们党对全心全意为人民服务宗旨的认识提升到了新阶段。

第一，鲜明指出了宗旨的本质，统一了宗旨"变"与"不变"的关系。从"为人民服务"的形成与发展的进程来看，始终伴随着"变"与"不变"两个方面。一方面，无论是作为党的宗旨，还是人民军队的宗旨，就是指全心全意为人民服务；另一方面，宗旨的内涵和基本要求必然随着实践发展和时代进步而发展。历史证明，中国共产党坚持以全心全意为人民服务作为根本宗旨，这在任何时候都不能动摇。但是，曾经有些学者认为，在改革开放的历史条件下，党的根本任务是发展社会生产力，党的宗旨就是以经济建设为中心；还有相当学者在认为党的宗旨是"以人为本"。其实这些观点都是错误的，都是对宗旨的本质缺乏正确的理解。2012 年 12 月，习近平在河北省阜平县考察时指出："我们讲宗旨，讲了很多话，但说到底还是为人民服务这句

---

① 刘开华等：《以人为本、执政为民：检验党一切执政活动的最高标准》，《人民日报》，2011 年 10 月 21 日，第 7 版。

话。我们党就是为人民服务的。"① 2013 年 2 月，他在党的十八届二中全会第二次全体会议上再次指出："为人民服务是我们党的根本宗旨，也是各级政府的根本宗旨。不论政府职能怎么转，为人民服务的宗旨都不能变。"② 2014 年 3 月，习近平在河南省兰考县调研指导党的群众路线教育实践活动时强调指出，焦裕禄同志是县委书记的榜样，也是全党的榜样，他虽然离开我们五十年了，但焦裕禄精神是永恒的。焦裕禄精神和井冈山精神、延安精神一样，体现了共产党人精神和党的宗旨，要大力弘扬。只要我们搞中国特色社会主义，只要我们还是共产党，这种精神就要传递下去。习近平的这些论述明确告诉我们，党的宗旨就是全心全意为人民服务，无论世情、国情、党情发生什么变化，党的宗旨都不能变。习近平的讲话不仅捍卫了为人民服务的宗旨地位，而且澄清了人们的疑惑。

第二，把党的宗旨与党的奋斗目标统一起来，统一了共产党人的真理追求与价值追求的关系。马克思主义经典作家揭示了人类社会发展的规律，提出了"两个必然"的论断，体现了马克思主义的真理性特征，同时也为马克思主义者的一切行动提供了科学的理论指南。因此，马克思主义者坚持真理、追求真理就要为共产主义事业奋斗终身。马克思主义政党的奋斗目标是这一追求的直接体现。此外，在马克思主义的学说体系中，还有一系列价值性的论断，比如"为绝大多数人谋利益"、"为人民服务"。马克思主义政党的宗旨是这一价值追求的直接体现。从理论上讲，马克思主义的真理性和价值性从来都是有机统一的，二者统一于党为社会主义事业而奋斗的过程之中。因为共产党人没有自己特殊的利益，共产党人追求真理的过程，也是实现自身价值追求的过程。在我国，共产党人把坚持和发展中国特色社会主义事业作为奋斗目标，这是坚持马克思主义科学真理性的体现；坚持全心全意为人民服务，不断满足人民群众的根本利益，这是坚持马克思主义崇高价值性的体现。

党的十八大以来，习近平多次讲到要坚持全心全意为人民服务的根本宗

---

① 中共中央文献研究室编：《论群众路线——重要论述摘编》，中央文献出版社党建读物出版社 2013 年版，第 128 页。
② 中共中央文献研究室编：《论群众路线——重要论述摘编》，中央文献出版社党建读物出版社 2013 年版，第 137 页。

旨, 并且明确提出要把不断满足人民群众的利益需要作为共产党人的奋斗目标。这就把党的宗旨与党的奋斗目标统一起来, 把共产党人的真理追求与价值追求统一起来。2012 年 11 月 15 日, 习近平在十八届中央政治局常委同中外记者见面时指出: "这个重大责任, 就是对人民的责任。……我们的人民热爱生活, 期盼有更好的教育、更稳定的工作、更满意的收入、更可靠的社会保障、更高水平的医疗卫生服务、更舒适的居住条件、更优美的环境, 期盼孩子们能成长得更好、工作得更好、生活得更好。人民对美好生活的向往, 就是我们的奋斗目标。"① 这在国内外引起了强烈的反响。

习近平的上述思想集中体现在他关于 "中国梦" 重要论述中。他多次讲到, 实现中华民族伟大复兴的中国梦, 就是要实现国家富强、民族振兴、人民幸福。2013 年 3 月 17 日, 习近平在第十二届全国人民代表大会第一次会议上系统阐述了中国梦的科学内涵。他指出: "实现全面建成小康社会、建成富强民主文明和谐的社会主义现代化国家的奋斗目标, 实现中华民族伟大复兴的中国梦, 就是要实现国家富强、民族振兴、人民幸福, 既深深体现了今天中国人的理想, 也深深反映了我们先人们不懈追求进步的光荣传统。"② 他强调: "中国梦是民族的梦, 也是每个中国人的梦"、"中国梦归根到底是人民的梦"③。从理论上讲, "中国梦" 既是国家的梦想, 也是民族的、共产党和全体中华儿女的梦想; 既是社会理想, 也是个人理想; 既是对国家、民族、个人未来生活状况的描绘, 也是对党的奋斗目标的高度凝练。习近平关于中国梦的论述使党的宗旨与党的奋斗目标统一起来, 也进一步明确了中国共产党人在新的历史条件下的任务使命, 以及广大党员践行宗旨的出发点和落脚点。

第三, 把全心全意为人民服务作为共产党人的精神追求, 统一了有限与无限的关系。人民群众的利益和需要是不断得到满足又不断向更高水平提升的过程。正如马克思所指出: "已经得到满足的第一个需要本身、满足需要的活动和已经获得的为满足需要而用的工具又引起新的需要"④。对共产党人来说, 为人民服务的事业是无限的, 但是一个人的生命和精力又是有限的。这

---

① 《十八大以来重要文献选编》(上), 中央文献出版社 2014 年版, 第 70 页。
② 《十八大以来重要文献选编》(上), 中央文献出版社 2014 年版, 第 234 页。
③ 《十八大以来重要文献选编》(上), 中央文献出版社 2014 年版, 第 235 页。
④ 《马克思恩格斯选集》第 1 卷, 人民出版社 1995 年版, 第 79 页。

就产生了有限与无限的矛盾问题。因此，共产党人必须把全心全意为人民服务作为毕生的追求和终生的事业，从信仰的高度看待"为人民服务"，非此就无法正确认识和解决"有限"和"无限"的矛盾。

实际上，在中国共产党人看来，全心全意为人民服务包含着信仰方面的意蕴和要求。毛泽东就曾经指出为人民服务要"完全"、"彻底"，即使为人民而死，也是死得其所。伟大的共产主义战士雷锋也曾经说过，"人的生命是有限的，可是，为人民服务却是无限的，我要把有限的生命，投入到无限的为人民服务之中去。"这就揭示了全心全意为人民服务的信仰特征。

党的十八大闭幕之际，习近平指出："每个人的工作时间是有限的，但全心全意为人民服务是无限的。"[1] 十八大以后，习近平多次强调，共产党员必须坚定理想信念，要把理想信念作为共产党人精神上的"钙"。他指出："今天，衡量一名共产党员、一名领导干部是否具有共产主义远大理想，是有客观标准的，那就要看他能否坚持全心全意为人民服务的根本宗旨，能否吃苦在前、享受在后，能否勤奋工作、廉洁奉公，能否为理想而奋不顾身去拼搏、去奋斗、去献出自己的全部精力乃至生命。"[2] 这就明确指出了全心全意为人民服务是共产党人理想信念的重要内容，是判断党员干部是否具有远大理想的重要客观标准，进而揭示了"为人民服务"的信仰内涵。据考察，这是我们党第一次明确地从理想信念的高度论述党的宗旨。习近平的这些论述对广大党员干部认识和实践党的宗旨具有重要的现实意义。

第四，要求党员干部把宗旨落实到行动中，统一了理论与实践的关系。"为人民服务"具有很强的实践性。坚持党的宗旨，就必须把理论和实践统一起来，把全心全意为人民服务落到实处，使人民群众得到实际的利益。习近平十分重视这个问题，体现了他为民务实的宝贵品质。他指出："实干兴邦，空谈误国。这个道理，我们都要牢记在心。各级领导干部要坚持为民务实清廉，切实转变工作作风，做到讲实话、干实事，敢作为、勇担当，言必信、行必果。"[3] 他还告诫党员干部要树立正确的政绩观，不搞"形象工程"、"政

---

① 《十八大以来重要文献选编》(上)，中央文献出版社2014年版，第70—71页。
② 《十八大以来重要文献选编》(上)，中央文献出版社2014年版，第116页。
③ 中共中央文献研究室编：《论群众路线——重要论述摘编》，中央文献出版社党建读物出版社2013年版，第127页。

绩工程", "更不要为了显示所谓政绩去另搞一套, 真正做到一张好的蓝图一干到底, 不折腾, 不反复, 切实干出成效来。"① 他要求党员干部, "多想想我们干的事情是不是党和人民需要我们干的?"② 要真正做到对党和人民负责, 对历史负责。此外, 习近平还从多个方面论述了党员干部如何把党的宗旨落到实处的问题。

其一, 增强党员干部的宗旨意识。宗旨意识是使党的宗旨落到实处的思想保障。习近平指出: "在各级党组织的全部活动中, 都要坚持引导广大党员、干部特别是领导干部自觉学习党章、遵守党章、贯彻党章、维护党章, 自觉加强党性修养, 增强党的意识、宗旨意识、执政意识、大局意识、责任意识, 切实做到为党分忧、为国尽责、为民奉献。"③ 不仅如此, 以习近平为总书记的党中央深入开展的党的群众路线教育实践活动, 其中一个重要的方面就是要增强党员的宗旨意识。习近平告诫广大党员干部要以党章为镜, 在宗旨意识上摆问题、找差距、明方向。

其二, 要求党员干部牢记宗旨和责任, 把权力行使的过程作为为人民服务的过程。习近平指出: "领导干部是人民的公仆, 必须始终牢记宗旨、牢记责任, 自觉把权力行使的过程作为为人民服务的过程"④。"要坚持以人为本、执政为民, 接地气、通下情, 想群众之所想, 急群众之所急, 解群众之所忧, 在服务中实施管理, 在管理中实现服务。"⑤ 习近平还强调, "各级领导干部都要牢记, 任何人都没有法律之外的绝对权力, 任何人行使权力都必须为人民服务、对人民负责并自觉接受人民监督。""领导干部手中的权力都是党和人民赋予的"⑥。习近平的这些论述指出了党员干部权力的来源以及行使权力的

---

① 中共中央文献研究室编:《论群众路线——重要论述摘编》, 中央文献出版社党建读物出版社 2013 年版, 第 128 页。

② 中共中央文献研究室编:《论群众路线——重要论述摘编》, 中央文献出版社党建读物出版社 2013 年版, 第 128—129 页。

③ 中共中央文献研究室编:《论群众路线——重要论述摘编》, 中央文献出版社党建读物出版社 2013 年版, 第 120 页。

④ 中共中央文献研究室编:《论群众路线——重要论述摘编》, 中央文献出版社党建读物出版社 2013 年版, 第 127 页。

⑤ 中共中央文献研究室编:《论群众路线——重要论述摘编》, 中央文献出版社党建读物出版社 2013 年版, 第 137 页。

⑥ 《十八大以来重要文献选编》(上), 中央文献出版社 2014 年版, 第 136 页。

本质要求，同时也表明了党员干部践行宗旨的现实路径，即不断发扬密切联系群众的优良传统和政治优势，坚持人民群众的主体地位，在联系群众中践行党的宗旨。

其三，关心人民群众特别是困难群众和弱势群体的利益。在我国，广大人民群众的根本利益是一致的，全心全意为人民服务就是为广大人民群众的利益服务。但是由于特殊的国情导致了一些人民群众的利益不能得到完全的实现，困难群众和弱势群体的问题还需要认真解决。这就对党员践行宗旨提出了更高的要求。以习近平为总书记的党中央不仅高度重视人民群众整体利益的满足，而且特别关心困难群众和弱势群体的利益，着力改善民生。在十八届中央政治局常委同中外记者见面会上，习近平连续道出了人民群众对生活的美好所期盼的 10 个方面，可见他对人民群众利益的高度关注。不仅如此，习近平还指出："要正确处理最广大人民根本利益、现阶段群众共同利益、不同群众特殊利益的关系，切实把人民群众利益维护好、实现好、发展好。"① 这就比以往从整体上论述人民群众的根本利益更深入了一步。习近平还指出："对各类困难群众，我们要格外关注、格外关爱、格外关心，时刻把他们的安危冷暖放在心上，关心他们的疾苦，千方百计帮助他们排忧解难。"② "保障和改善民生，必须紧紧围绕人民群众所思所盼来进行，尤其要关注各方面困难群众。群众生产生活遇到了什么困难，要千方百计加以解决，能解决要抓紧解决，暂时不能解决的要创造条件加以解决。"③ 这些论断为党员干部更好地践行全心全意为人民服务的宗旨指明了方向，有利于我们把新时期的群众工作做实、做深、做细、做透。

总之，改革开放以来，以邓小平、江泽民、胡锦涛、习近平等为代表的中国共产党人，对党的宗旨进行了创造性的发展。一方面，他们都毫不动摇地坚持以全心全意为人民服务作为党的根本宗旨。不仅"为人民服务"在党

---

① 中共中央文献研究室编：《论群众路线——重要论述摘编》，中央文献出版社党建读物出版社 2013 年版，第 117 页。

② 中共中央文献研究室编：《论群众路线——重要论述摘编》，中央文献出版社党建读物出版社 2013 年版，第 128 页。

③ 中共中央文献研究室编：《论群众路线——重要论述摘编》，中央文献出版社党建读物出版社 2013 年版，第 137—138 页。

的政治生活中的地位没有变，还仍然坚定地写在《中国共产党章程》和《中华人民共和国宪法》之中，而且"为人民服务"这几个字的表述方式也没有变。此外，他们都从维护党的执政地位、坚持和发展中国特色社会主义的高度强调了党的宗旨的重要性，都坚持用党的宗旨来教育广大党员干部，提出要努力为人民谋利益、不断满足人们物质和文化生活需要，都把人民是否满意、人民群众的利益是否得到满足作为衡量党的工作得失的重要标准。另一方面，邓小平、江泽民、胡锦涛、习近平等党的领导人结合时代要求发展了宗旨的内涵，论述了全心全意为人民服务的时代要求和时代体现。这些都是对党的宗旨的创造性发展，体现了社会主义建设、改革开放过程中的时代性特征，也反映了不同历史时期党的建设的新需要。

第三节　对人民军队宗旨的新论断

"文化大革命"不仅对党的宗旨，也对人民军队的宗旨带来了十分不利的影响。邓小平主持军委工作以后，对人民军队的性质与宗旨进行了恢复，并进一步丰富和发展了人民军队全心全意为人民服务的宗旨。改革开放以来，中央军委、总政治部先后下发了《中央军委关于新时期军队政治工作的决定》《关于改革开放和发展社会主义市场经济条件下军队思想政治建设若干问题的决定》《中国人民解放军政治工作条例》等一系列关于军队政治工作的重要文件，这些都对人民军队的宗旨作出了新的阐述和新的要求。

一、人民军队宗旨的恢复与发展

军队的宗旨由其性质决定。中国人民解放军是中国共产党领导下的人民军队，这一性质从根本上决定了人民军队必须坚持全心全意为人民服务的根本宗旨。但是，"文化大革命"期间，林彪等人利用军队制造个人崇拜，实际上已经把人民军队忠于人民这一性质篡改为忠于毛泽东个人，并间接转变为忠于少数阴谋家。从某种程度上说，这些做法已经实质上破了人民军队的性质，进而破坏了军队的宗旨。"文化大革命"结束以后，邓小平首先着眼于恢复人民军队的性质，并进一步恢复与发展了人民军队的根本宗旨。

第一，邓小平对人民军队性质的恢复。邓小平主持军委工作以后，便从恢复人民军队性质入手，加强了军队的宗旨建设和作风建设。早在1975年7月，邓小平在中央军委扩大会议上就指出了军队中存在的"肿、散、骄、奢、惰"现象。其中的"骄"主要是指一部分军人养成了骄横的习气，人民军队坚持群众路线这一传统有所欠缺，军民、军政关系以及各级单位间的关系都存在着不少问题，"三大纪律八项注意"有所丧失。比如当时社会上流传着"雷锋叔叔不在了"，这就是因为一些军人的宗旨意识差，在公共汽车上不给老人、妇女让座，视群众的困难于不顾。邓小平认为这种现象必须引起注意，否则将是十分危险的①。针对这些现象，邓小平要求全军开展整顿，使人民军队继续发扬革命战争时期的优良传统。但是后来由于邓小平被错误的打倒以及其他方面的原因，军队整顿没有持续下去。1978年9月，邓小平在接见沈阳军区机关以及沈阳军区师以上干部讲话时指出："批林彪也好，批'四人帮'也好，怎样才叫搞好了，要有几条标准。第一，也是最主要的，是恢复我们军队的传统。我们的传统就是老老实实，说通俗一点，就是不看风使舵，不投机取巧，忠诚老实，忠于党，忠于人民，忠于社会主义。"② 这就对恢复人民军队性质提出了要求。后来，邓小平又多次指出这个军队的性质就在于这是党的军队、人民的军队、社会主义国家的军队，从而明确了人民军队的根本性质。邓小平的这些论述为人民军队坚持全心全意为人民服务的宗旨提供了理论支撑。

第二，"五种革命精神"的提出及发展。"文化大革命"对人民军队的优良作风也带来了极大的破坏。1978年6月召开的全军政治工作会议，是粉碎"四人帮"以后第一个关于全军政治工作的重要会议。邓小平在会上明确指出："要完整准确地掌握毛泽东思想体系，在新的历史条件下，恢复和发扬我党我军的优良传统和作风"③。1980年12月，邓小平在中央工作会议上把中

---

① 参见《邓小平文选》第2卷，人民出版社1994年版，第18页。
② 《邓小平年谱（1975—1997）》上册，中央文献出版社2004年版，第382页。
③ 《邓小平文选》第二卷，人民出版社1994年版，第122页。

国共产党和人民军队在革命战争中形成的优良传统概括为"五种革命精神"，即"革命和拼命精神，严守纪律和自我牺牲精神，大公无私和先人后己精神，压倒一切敌人、压倒一切困难的精神，坚持革命乐观主义、排除万难去争取胜利的精神"① "五种革命精神"是中国共产党和人民军队宗旨的生动体现。在革命战争年代，中国共产党和人民军队正是发扬了勇于自我牺牲的大无畏精神、大公无私先人后己的精神，为了实现人民的翻身和解放努力工作，才有了新民主主义革命的伟大胜利。在新的历史条件下，人民军队发扬"五种革命精神"，就是要不怕困难和牺牲，努力实现和维护人民的利益，个人利益服从集体利益。这些都是全心全意为人民服务的具体表现和具体要求。1983年1月，为了响应党中央建设社会主义精神文明的号召，解放军总政治部根据军队自身的特点并结合"五种革命精神"，对人民军队提出了"四有、三讲、两不怕"的要求。即有理想、有文化、有道德、有纪律、讲军容、讲礼貌、讲卫生、不怕艰苦困难、不怕流血牺牲。"四有、三讲、两不怕"中也包含了全心全意为人民服务的精神实质，是对人民军队宗旨的又一重大发展。

第三，《关于新时期军队政治工作的决定》对人民军队宗旨的发展。随着改革开放的深入发展，社会主义现代化建设日益成为党和国家的中心任务。为了更好地服务于这一任务，军队政治工作也面临着战略性的转变。一方面，军队政治工作要教育广大官兵明确经济建设和军队建设的关系、经济现代化和国防现代化的关系。这是对政治工作的新要求。另一方面，政治工作的指导思想和任务也要围绕经济建设的大局并作出相应调整。1986年年底，中央军委召开扩大会议，结合新时期对军队政治工作的要求展开讨论。1987年1月，中央军委发布了《关于新时期军队政治工作的决定》（以下简称《决定》）。《决定》对新时期的军队政治作了新的规定，其中包含了许多对全心全意为人民服务的新论断。

其一，围绕"三大任务"践行全心全意为人民服务。根据党的十三大的部署，党和全国人民在相当长一段时间内面临着经济建设、实现祖国统一、维护世界和平这三大任务。其中经济建设是三大任务的重中之重。《决定》要求人民军队服从于经济建设这个大局，积极参加和支持经济建设，为国家富

---

① 《邓小平文选》第二卷，人民出版社1994年版，第367页。

强和人民富裕而奋斗，要自觉担负起保卫国家安全、保护人民建设成果的重要使命。同时，《决定》还要求人民军队发扬密切联系群众的优良作风，发挥军队在社会主义精神文明中的模范带头作用，为军队驻地的精神文明建设贡献力量。此外，实现祖国统一是全国人民的共同心愿，维护世界和平有利于保障和平的建设环境，因而也是保障人民的根本利益。"三大任务"符合人民的利益和要求，有利于满足人民群众的物质文化生活需要。在新的历史条件下，人民军队为"三大任务"作贡献，就是全心全意为人民服务的表现。围绕"三大任务"加强军队建设就是不断推动军队的革命化、现代化和正规化。其中"革命化"，就是指"这支军队必须是党领导下的，以全心全意为人民服务为唯一宗旨，坚持四项基本原则，具有崇高的理想和严格的纪律，具有爱国主义和国际主义精神，能够压倒一切敌人、战胜一切困难的革命军队"①。《决定》要求全体官兵认识到献身"三大任务"、实现军队革命化、现代化和正规化是光荣的使命，要不断增强自己的使命感、责任感，坚定献身使命的信念，不怕牺牲和困难，为了人民的利益甘愿牺牲自己的一切。

其二，突出人民利益的至上性以及坚持党的领导与坚持全心全意为人民服务宗旨的绝对性。《决定》在论述军队政治工作的任务中提出："我军是中国共产党领导的中华人民共和国的武装力量，以人民的利益为最高利益。坚持党对军队的领导和全心全意为人民服务的宗旨，是关系军队性质和发展的不可动摇的原则。"② 这一方面强调了人民军队和党的关系，指出了人民军队必须接受党的绝对领导，因此，在价值取向上必须同党保持高度一致。这就决定了人民军队必须把人民摆在至高无上的位置，以人民的利益为最高利益。另一方面强调了坚持党的绝对领导和全心全意为人民服务的宗旨，是在任何时候都不能动摇的。如果背离了这两个方面，人民军队的性质就发生了变化，人民军队的发展就失去了正确的方向。

为了推进军队的精神文明建设，《决定》对官兵的理想纪律教育作出了部署，把理想纪律教育作为军队思想教育的首要任务，提出了以"忠于祖国，忠于人民"为核心的"军人道德"。《决定》指出："养成与军队的特殊使命相

---

① 《十二大以来重要文献选编》（下），人民出版社1988年版，第1273页。
② 《十二大以来重要文献选编》（下），人民出版社1988年版，第1277页。

适应的军人道德，即：忠于祖国，忠于人民，把国家的尊严、人民的利益看得高于一切；热爱军队，恪尽职守，处处爱护军队和集体的荣誉；服从命令，严守纪律，维护军队的坚强团结和集中统一；英勇顽强，宁死不屈，在任何情况下都保持革命气节。"① 这里不仅提出了 "军人道德" 这一命题，而且强调了国家利益、人民利益高于一切。

其三，概括了军队的优良作风。人民军队作风包括思想作风、工作作风和战斗作风。良好的作风是军队精神文明的重要体现，关系着人民军队的自身形象。《决定》根据军队建设的经验和实际状况，把人民军队的优良作风概括为：实事求是、艰苦奋斗、联系群众、公道正派、谦虚谨慎、团结互助、雷厉风行、英勇顽强。这是对人民军队革命战争年代优良作风的提炼与升华，对军队精神文明建设有着重要的指导意义。其中联系群众、谦虚谨慎、团结互助这些方面都是全心全意为人民服务的重要体现。

二、十三届四中全会以来人民军队宗旨的发展

江泽民主持军委工作以后，在继承毛泽东、邓小平军队建设思想的基础上，结合军队建设的实际对军队政治工作进行了新的发展，并对人民军队的宗旨作了新的阐述。针对这些现实问题，这一时期党中央对人民军队宗旨的主要发展主要包括以下方面：

第一，积极应对 "三个考验"，坚持和发展了人民军队的宗旨，并明确提出军人道德建设的高标准、高要求。20 世纪的最后 10 年，我们面临的国际国内形势十分复杂，这对军队政治工作带来了极大挑战。与此同时，在和平条件下，军队中也容易滋生一些革命意志衰退、作风松散等问题。这样的形势必然提出加强军队政治工作、使解放军继续保持人民军队的性质和坚持全心全意为人民服务宗旨的新要求。1989 年年底，解放军总政治部召开了全军政治工作会议。这次会议以十三届四中、五中全会的精神为指导，深刻分析了国际国内形势对军队政治提出的新要求，并通过了《关于新形势下加强和改进军队政治工作的若干问题》。这是继 1987 年《关于新时期军队政治工作的

---

① 《十二大以来重要文献选编》（下），人民出版社 1988 年版，第 1281 页。

决定》后又一个关于军队政治工作的重要文件。《关于新形势下加强和改进军队政治工作的若干问题》对如何保证党对军队的领导、保持军队的高度稳定和集中统一以及政治上永远合格作出了部署。文件认为，在新的形势下，我军始终面临着西方和平演变、改革开放以及和平环境这三方面的考验。文件指出："要经得起这'三个考验'，就必须保证军队在政治上永远合格，真正做到：在任何情况下，都毫不动摇地坚持党对军队的绝对领导，同党中央在思想上、政治上、行动上保持高度一致；在任何情况下，都把党和人民的利益摆在高于一切的位置，全心全意为人民服务"①。这实际上再一次强调了新形势下，坚持党的领导、坚持人民利益高于一切、坚持全心全意为人民服务的宗旨的重要性，并把这些提高到人民军队保持政治合格的重要位置上来。

此外，《关于新形势下加强和改进军队政治工作的若干问题》明确提出坚持高标准开展军队道德建设。文件指出："军队中党员和干部占有很大比例，是一个比较先进的群体，在思想道德建设上应该坚持高标准，走在全社会的前列。"② 根据这一原则，文件提出要在军队中倡导无私奉献的精神，认为这种精神是"人民军队的本质要求"，"是共产主义思想道德的集中体现，是革命军人价值观的核心。"③ 文件提出无论是战时还是平时，军人都应当以为人民利益和理想献身为荣，自觉抵制资产阶级腐朽的思想和价值观念。为了弘扬与培育官兵的无私奉献精神，文件号召全军深入开展学雷锋运动，组织广大官兵深入学习雷锋日记和雷锋的事迹，把雷锋大公无私的共产主义品质和全心全意为人民服务的精神带到各项工作中去。笔者认为，人民军队是党领导下的革命队伍，在道德要求方面，应当与党保持一致。《关于新形势下加强和改进军队政治工作的若干问题》明确提出这一高标准有着十分重要的意义。

第二，提出"五句话"和"两个历史性课题"，发展了"为人民服务"。随着经济全球化和世界多极化的不断推进，世界范围的军事竞争也发生了重大变化，主要表现为军事领域内的科技竞争日益突显，战争形式呈现出与以往不同的特点。对此，一些主要国家都把加快推进军队现代化建设作为军事

---

① 《十三大以来重要文献选编》（中），人民出版社1991年版，第900—901页。
② 《十三大以来重要文献选编》（中），人民出版社1991年版，第908页。
③ 《十三大以来重要文献选编》（中），人民出版社1991年版，第908页。

战略调整的重要内容。人民军队建设面临着日益复杂的国际环境。特别是1989年前后，东欧和苏联等社会主义国家先后发生了剧变。这更明确告诉我们，无论在任何时候都必须坚持党对人民军队的绝对领导和全心全意为人民服务的根本宗旨。与此同时，为了更好地履行人民军队的历史使命，也要求我们不断探索新时期军队建设的规律。针对这一形势和要求，以江泽民为核心的第三代党中央领导集体创造性地提出了"五句话"与"两个历史性课题"。"五句话"与"两个历史性课题"以实现人民军队革命化、现代化和正规化为根本目标，以新的历史条件下打赢信息化的局部战争以及始终保持人民军队性质和宗旨为着力点，从而深刻把握了军队建设的规律，为加强军队建设明确了方向。

所谓"五句话"，就是江泽民在1990年12月全军军事工会会议上提出的"政治合格、军事过硬、作风优良、纪律严明、保障有力"①。1991年，江泽民在"七·一"讲话中再次强调了这五个方面的内容。"五句话"反映了人民军队革命化、现代化和正规化的总体要求，体现了新的历史条件下军队建设的基本趋势和基本规律。其中"政治合格"，就是要求人民军队忠于党、忠于人民、忠于社会主义，要绝对服从党对军队的领导，坚持人民利益至上和全心全意为人民服务的根本宗旨。"作风优良"就是指导人民军队在长期革命斗争中形成的思想作风、工作作风和战斗作风，其中就包括体现人民军队宗旨要求的艰苦奋斗、英勇顽强、联系群众、官兵一致、军民一致、团结互助、谦虚谨慎等优良作风。

所谓"两个历史性课题"，就是江泽民1997年年底在中央军委扩大会上提出的两个关于军队建设的重要问题。江泽民指出："对于新时期的军队建设，有两个最重要的问题是我始终关注的：一个是在复杂的国际环境中，我军能不能跟上世界军事发展的趋势，打赢未来可能发生的高技术战争；一个是在对外开放和发展社会主义市场经济的条件下，我军能不能保持人民军队的性质、本色、作风，始终成为党绝对领导下的革命军队。"② 前者是新时期人民

① 参见中共中央文献研究室编：《江泽民思想年编（1989—2008）》，中央文献出版社2010年版，第47页。

② 《江泽民文选》第二卷，人民出版社2006年版，第90页。

军队更好地履行使命的保障，是增强军队战斗力的重要前提；后者则是人民军队保持自身性质、本色和作风的保障，是人民军队建设的根本方向。这两个方面是人民军队建设最根本的两个历史性课题。后来，江泽民把这两个方面概括为"打得赢"和"不变质"，并成为江泽民军队建设思想的核心内容。其中，"不变质"集中体现了对人民军队性质与宗旨方面的要求。

总之，江泽民提出的"五句话"与"两个历史性课题"包含着对全心全意为人民服务宗旨的概括，是对人民军队宗旨的进一步发展。

第三，探索改革开放和市场经济条件下人民军队的宗旨以及宗旨建设问题。改革开放和发展市场经济一方面给军队建设提供了充分的物质基础，但另一方面也给军队思想政治建设带来了挑战。在改革开放和发展社会主义市场经济的条件下，资本主义的腐朽思想容易对官兵的理想信念、价值取向和宗旨意识带来冲击，使军队的优良作风受到损害。1999 年 7 月，全军政治工作会议讨论通过了《关于改革开放和发展社会主义市场经济条件下军队思想政治建设若干问题的决定》（以下简称《决定》）。《决定》以毛泽东、邓小平、江泽民的军队建设思想为指导，系统总结了长期以来特别是改革开放以来军队政治工作的基本经验，并根据国际国内形势的变化，对改革开放以及社会主义市场经济条件下的军队政治工作进行了全面规定。《决定》通篇体现着人民军队的性质和宗旨，不仅明确提出"保持人民军队的性质、本色和作风，是我军的立军之本"[1]，而且进一步要求军队政治工作为打赢新时期的高技术战争提供精神动力，为保持人民军队的性质、本色和作风提供政治保证。在军队思想道德建设方面，《决定》提出"强化革命军人的精神支柱"[2]，认为自觉的牺牲精神是当代军人精神支柱的本质特征，"强化精神支柱，最重要的是帮助官兵树立马克思主义的科学世界观，坚持全心全意为人民服务的宗旨，培养与建设有中国特色社会主义的要求相适应，与革命军人特殊使命相一致的人生观、价值观。"[3] 不仅如此，《决定》还要求人民军队积极拥护党的基本路线，支持改革开放和经济建设，勇于承担各种艰难危险的任务，积极捍卫

---

① 《十五大以来重要文献选编》（中），人民出版社 2001 年版，第 977 页。
② 《十五大以来重要文献选编》（中），人民出版社 2001 年版，第 983 页。
③ 《十五大以来重要文献选编》（中），人民出版社 2001 年版，第 983 页。

人民的利益。

此外,《决定》还提出了军队思想道德建设中先进性与广泛性相结合的要求。也就是说,军队的思想道德建设要考虑社会主义初级阶段的实际,要考虑官兵的思想道德水平实际,不断增强思想道德建设的实效性。一方面,《决定》指出:"我军作为党领导下的执行革命政治任务的武装集团,是社会成员中比较先进的部分,必须以党的理想为理想,以党的奋斗目标为目标。军队的精神文明建设要努力走在全社会前列"①;另一方面,提出了"遵循官兵成长进步的规律,把长远目标与阶段性要求结合起来,区分层次,循序渐进"②。这有利于广大官兵思想道德水平的提高,有利于"四有"军人的形成和士兵群众为人民服务宗旨意识的形成。

当然,江泽民提出的"讲政治、讲学习、讲正气"以及"三个代表"重要思想,都集中体现了人民军队全心全意为人民服务的要求。这和党的宗旨要求是一致的。这里不再赘述。

三、十六大以来人民军队宗旨的新论断

党的十六大以来,以胡锦涛为总书记的党中央在探索新时期军队建设的实践中,坚持毛泽东、邓小平、江泽民的国防和军队建设思想,科学判断人民军队所处的历史方位,紧紧抓住建设一支什么样的军队、怎么建设军队这两个相互联系的根本性问题,对新时期人民军队的宗旨进行了新的论述和发展。胡锦涛的国防和军队建设思想始终贯穿着坚持党对军队的绝对领导以及坚持全心全意为人民服务的宗旨这两方面,他提出的以人为本的科学发展观、社会主义核心价值体系特别是社会主义荣辱观对全社会都具有指导作用,也为新时期的军队政治工作指明了方向。这些重大的思想理论中都包含着"为人民服务"的新观点。不仅如此,胡锦涛主持军委工作期间,根据军队政治工作的发展要求,中央军委、总政治部先后于2003年12月和2010年8月两次修订《中国人民解放军政治工作条例》,于2009年11月下发《中国人民解

---

① 《十五大以来重要文献选编》(中),人民出版社2001年版,第980页。
② 《十五大以来重要文献选编》(中),人民出版社2001年版,第980页。

放军思想政治教育大纲》，2011 年 7 月下发了《深入持久培育当代革命军人核心价值观实施意见》。这些都是指导新时期军队政治工作的重要法规和重要文件，其中都谈到了人民军队的宗旨问题。最为显著的是，以胡锦涛为总书记的党中央在新的历史条件下，概括了人民军队包括"服务人民"在内的优良革命传统、明确提出了体现新时期人民军队宗旨要求的当代革命军人核心价值观。这是对人民军队宗旨的重大发展。

第一，对人民军队优良革命传统的概括。人民军队之所以会由小变大、由弱变强，之所以能够取得一个又一个伟大的胜利，就在于这支军队有着优良传统。军队的优良传统是在长期的革命实践中形成的，它体现在军队的性质、宗旨、作风、纪律、制度、道德品质、革命军人的精神气质等多个方面。比如，坚持党对军队的绝对领导；坚持全心全意为人民服务的宗旨；"五种革命精神"；实事求是、艰苦奋斗、联系群众、公道正派、谦虚谨慎、团结互助、雷厉风行、英勇顽强的优良作风；"五句话"；"三大纪律八项注意"；"三大民主"；官民一致、军民一致、拥政爱民；延安精神、长征精神、雷锋精神、"64 字创业精神" 等。在军史上，毛泽东、邓小平、江泽民等人都对军队的优良传统有过论述，并把弘扬军队的优良传统和培养广大官兵的世界观、人生观、价值观统一起来。可以说，人民军队不断发展壮大的历史就是军队优良传统不断形成和发扬光大的历史。人民军队的优良传统在军队建设中发挥着重要的作用，是我军队克敌制胜的重要力量。

在新的历史条件下，党中央站在保持人民军队不变质的战略高度，全面把握人民军队的光荣传统和优良作风，对人民军队的优良传统进行了创造性的提炼。2006 年 10 月，胡锦涛在纪念红军长征胜利 70 周年大会上指出："红军长征胜利充分说明了一个真理：建设一支听党指挥、服务人民、英勇善战的革命军队，是革命的依托、民族的希望。"[1] 这里实际上已经概括出了人民军队传统的三个方面，并把这三方面作为革命军队的根本特征。2007 年，胡锦涛在庆祝中国人民解放军建军 80 周年暨全军英雄模范代表大会上的讲话中明确把这三个方面作为军队优良的革命传统，他指出："人民解放军的优良革

---

[1] 《十六大以来重要文献选编》（下），中央文献出版社 2008 年版，第 730 页。

命传统，集中起来就是听党指挥、服务人民、英勇善战。"① 2009 年 11 月，经胡锦涛批准，总政治部新修订的《中国人民解放军思想政治教育大纲》把发扬军队的优良的革命传统作为军队思想政治教育的基本内容之一，从此确立了"听党指挥、服务人民、英勇善战"在军队政治工作中的重要地位。

"听党指挥、服务人民、英勇善战"高度概括了毛泽东、邓小平、江泽民等人关于人民军队优良传统与优良作风的思想，更是对人民解放军成立以来宝贵经验的总结。它深刻揭示了人民解放军和党的关系、和人民的关系，以及人民军队履行历史使命的根本要求。其中"服务人民"是全心全意为人民服务宗旨的集中体现和新的发展。胡锦涛指出："服务人民，是人民军队一切奋斗发展的出发点和归宿，是人民解放军必须永远坚持的根本宗旨。……从诞生之日起，人民解放军就始终坚持全心全意为人民服务的宗旨，完全彻底地为人民利益而奋斗，赢得了亿万人民的衷心爱戴和全力支持，形成了夺取胜利最深厚、最伟大的力量源泉。"② 把"服务人民"概括为人民军队的传统之一，不仅坚持了全心全意为人民服务的宗旨地位，表明了人民军队的基本立场，揭示了人民军队的立军之本，而且还深刻地表明在任何时候人民军队都将继续坚持和发扬这一优良传统。

"听党指挥"、"服务人民"、"英勇善战"是有机统一的，都体现了全心全意为人民服务的宗旨要求。坚持"服务人民"就是要坚持全心全意为人民服务；党是人民利益的代表，人民军队坚持"听党指挥"，就是要在思想上、政治上、组织上坚持党对人民军队的绝对领导，坚持做到以党的奋斗目标为目标，以党的宗旨为宗旨；坚持"英勇善战"就是要使人民军队更好地履行任务使命，有力地实现和捍卫人民群众的利益。坚持"听党指挥、服务人民、英勇善战"的优良传统有利于人民军队发扬优秀的思想作风、工作作风和战斗作风，从而为人民军队克敌制胜、完成党和人民交付的历史使命提供强大的动力，有利于人民军队始终做到全心全意为人民服务并终保持革命本色。

第二，提出了当代革命军人核心价值观。军人价值观是军队思想文化建设的重要方面。良好的军人价值观有利于广大官兵品格的形成，有利于军队

---

① 《十六大以来重要文献选编》（下），中央文献出版社 2008 年版，第 1104 页。
② 《十六大以来重要文献选编》（下），中央文献出版社 2008 年版，第 1104 页。

更好地履行自身使命。中国人民解放军在长期的革命斗争中形成了具有人民军队特色的价值观念。这些价值观念是人民军队性质、宗旨、本色的集中体现，在军队政治工作中发挥着十分重要的作用。比如，"坚持党的绝对领导"、"全心全意为人民服务"、"忠于祖国、忠于人民、忠于社会主义"等都起到了对广大官兵价值观念的教育和引领作用。事实上，在人民军队的建设史上曾经出现过类似"军人核心价值观"的提法。比如，1986年年底通过的《关于新时期军队政治工作的决定》中提出了"军人道德"，1989年年底通过的《关于新形势下加强和改进军队政治工作的若干问题》中提出了"革命军人价值观"。这些都成为党中央探索"当代革命军人核心价值观"的重要思想基础。

2007年年底，胡锦涛在军委扩大会议上明确提出了"当代革命军人核心价值观"这一命题，并提出了构建当代革命军人核心价值观这一重大历史任务。胡锦涛的讲话随即在全军和全社会引起了广泛反响，解放军总部积极响应号召并组织力量对当代革命军人核心价值观问题展开研究。2008年年底，胡锦涛在一次军队重要会议上把当代革命军人核心价值观概括为"忠诚于党、热爱人民、报效国家、献身使命、崇尚荣誉"①。这标志着"当代革命军人核心价值观"的正式提出。2009年6月，解放军四总部新修订的《军队基层建设纲要》把培育当代革命军人核心价值观作为军队基层建设的重要内容。同年下发的《中国人民解放军思想政治教育大纲》把将培育当代革命军人核心价值观作为思想政治教育的主要任务之一。2010年新颁布的《中国人民解放军政治工作条例》更是明确提出把培育当代革命军人核心价值观作为军队思想政治教育的主要内容之一，并把它作为培育军人精神支柱的重要方面。2010年发布的《中国人民解放军内务条令》将培育当代革命军人核心价值作为内务建设的重要内容。这些重要的条例、条令都突出了当代革命军人核心价值观的重要性。

当代革命军人核心价值观是一个内容丰富的有机整体，是人民军队性质、宗旨、使命、荣誉等方面的集中体现。其中"热爱人民"是对全心全意为人

---

① 中国人民解放军总政治部编印：《国防和军队建设贯彻落实科学发展观重要论述选编》，解放军出版社2010年版，第134页。

民服务宗旨的继承和发展。胡锦涛指出："热爱人民，就是要忠实践行全心全意为人民服务的根本宗旨，视人民利益高于一切、重于一切，永葆人民子弟兵政治本色，与人民群众心连心、同呼吸、共命运，为人民无私奉献。"① 这就是说，"热爱人民"不仅揭示了人民军队根本的政治立场，也表明了广大官兵根本的价值追求。坚持以"热爱人民"作为当代革命军人核心价值观的重要方面，是人民军队优良传统的时代体现，是全心全意为人民服务的重要前提和具体表现。此外，坚持"忠诚于党"保证了人民军队的性质，揭示了党的宗旨与军队宗旨的统一关系，使人民军队永远是一支党领导下的全心全意为人民服务的军队。"报效国家"、"献身使命"则指出了全心全意为人民服务的具体形式，提出"崇尚荣誉"有利于广大官兵养成全心全意为人民服务的精神。

四、十八大以来人民军队宗旨的新发展

新形势下，我国的国防和军队建设面临着新的机遇，也遇到了新的挑战。敌对势力极力鼓吹的"军队非党化"、"军队国家化"、"军队去政治化"等幌子极大地干扰着我军的各项建设，特别是思想政治建设；一些官兵存在的战斗精神弱化、作风不正、消极腐败等问题严重影响了我军的形象和战斗力。因此，党的十八大提出了建设与我国国际地位相称、与国家安全和发展利益相适应的巩固国防和强大军队这一战略任务，并且进一步指出，要"毫不动摇坚持党对军队的绝对领导，坚持不懈用中国特色社会主义理论体系武装全军，持续培育当代革命军人核心价值观，大力发展先进军事文化，永葆人民军队性质、本色、作风。"② 这就对国防和军队建设以及人民军队宗旨建设提出了新的要求。

党的十八大以来，习近平总书记着眼于坚持和发展中国特色社会主义、实现中华民族伟大复兴的中国梦，对加强国防和军队建设作出了一系列重要

① 中国人民解放军总政治部编印：《国防和军队建设贯彻落实科学发展观重要论述选编》，解放军出版社 2010 年版，第 134 页。

② 《十八大以来重要文献选编》（上），中央文献出版社 2014 年版，第 33 页。

论述和重大部署。2013 年 3 月 11 日，习近平在第十二届全国人民代表大会第一次会议解放军代表团全体会议上明确指出："建设一支听党指挥、能打胜仗、作风优良的人民军队，是党在新形势下的强军目标。听党指挥是灵魂，决定军队建设的政治方向；能打胜仗是核心，反映军队的根本职能和军队建设的根本指向；作风优良是保证，关系军队的性质、宗旨、本色。"① 这一论述深刻回答了新形势下军队建设中的一系列重大问题，是我党新形势下强军治军的总方略，并且在新形势下发展了人民军队的宗旨。习近平提出的新形势下的强军目标，不仅揭示了人民军队要不坚持全心全意为人民服务宗旨的问题，而且回答了人民军队怎样在新形势下更好地践行宗旨的问题。

第一，听党指挥保证了人民军队的性质和宗旨。听党指挥是我军的强军之魂。在任何时候任何情况下都要毫不动摇地坚持党对人民军队的绝对领导，坚持党指挥枪。从历史上看，正是因为我军始终接受党的绝对领导，这就使军队始终成为人民的军队，从而确保了这支军队始终做到以党的宗旨为宗旨，以党的意志为意志，始终把党的理论路线方针政策贯彻到军队各项建设中去，进而划清了人民军队与以往旧式军队的本质区别。可以说，坚持听党指挥是人民军队坚持全心全意为人民服务宗旨的理论前提和宝贵经验。

但是一直以来，敌对势力不遗余力地鼓吹各种错误思想，并在意识形态领域极力主张人民军队脱离党的绝对领导。这不仅在理论上是荒谬的，在实践上也是非常有害的。

习近平强调指出："要铸牢听党指挥这个强军之魂，坚持党对军队绝对领导的根本原则和人民军队的根本宗旨不动摇，确保部队绝对忠诚、绝对纯洁、绝对可靠，一切行动听从党中央和中央军委指挥。"② 这就指明了新形势下我军宗旨建设的关键所在，有利于我军始终保持人民军队的性质，始终做到对党和人民绝对忠诚可靠，始终坚持做到全心全意为人民服务。

第二，能打胜仗揭示了人民军队宗旨的根本要求。人民军队是战斗队、工作队、生产队。但毫无疑问，这支军队首先是战斗队。军队的职能说到底体现在捍卫人民民主专政的社会主义国家政权，捍卫广大人民群众的根本利

---

① 《习近平谈治国理政》，外文出版社 2014 年版，第 220 页。
② 《习近平谈治国理政》，外文出版社 2014 年版，第 220 页。

益。因此，能打仗、打胜仗是军队的根本职能，是军队践行全心全意为人民服务宗旨最根本的要求，是人民军队忠于祖国、忠于人民的根本体现。

党的十八大以来，习近平多次强调加强军队根本职能建设、提高根本职能意识、强化战斗精神、提高军队战斗力的重要意义。他指出："要扭住能打仗、打胜仗这个强军之要，强化官兵当兵打仗、带兵打仗、练兵打仗思想，牢固树立战斗力这个唯一的根本的标准，按照打仗的要求搞建设、抓准备，确保部队招之即来、来之能战、战之必胜。"① 这一论述为新形势下人民军队更好地践行宗旨提供了根本的着力点，揭示了人民军队全心全意为人民服务的根本内容，对加强新时期宗旨建设具有重要意义。这就要求，人民军队践行宗旨、加强宗旨建设必须聚焦到能打胜仗，落脚到不断加强军队根本职能建设上来。

第三，作风优良是人民军队宗旨的体现。作风优良是人民军队的鲜明特色和政治优势，这关系到军队的形象和战斗力，也是人民军队践行宗旨的体现。党中央历来重视军队作风建设，并且在长期实践中形成了一整套的优良作风。只有继续保持和发扬这些优良作风，军队才能把全心全意为人民服务的宗旨落到实处。党的十八大以来，以习近平同志为总书记的党中央反复强调军队作风建设的重要意义。不仅如此，党中央和中央军委还对军队作风建设作出了一系列重要部署和制度安排，比如，发扬人民军队的优良传统，在军队中深入开展党的群众路线教育实践活动，集中整治军队中存在的形式主义、官僚主义、享乐主义和奢靡之风这"四风"问题，加强军队反腐败斗争，加强依法治军、从严治军，等等。特别是紧紧扭住了依法治军、从严治军这一强军之基。这些举措卓有成效地改进了军队作风，从而确保了人民军队更好地践行全心全意为人民服务的宗旨。

此外，习近平关于全面建成小康社会、全面深化改革、全面依法治国、全面从严治党的论述中也包含着许多对人民军队宗旨的发展。特别是他在关于国防和军队改革的论述中提出了许多新的思想和见解。

一方面，强调国防和军队改革必须始终坚持全心全意为人民服务的宗旨。2013年12月，习近平总书记在军队一次重要会议上指出："深化国防和军队

---

① 《习近平谈治国理政》，外文出版社2014年版，第220—221页。

改革，必须坚持正确政治方向。党对军队的绝对领导，是我国的基本军事制度和中国特色社会主义政治制度的重要组成部分，全心全意为人民服务是我军的根本宗旨。无论怎么改，这些都绝对不能变。"① 2014 年 10 月，习近平在全军政治工作会议上概括了军队政治工作的 11 个优良传统，其中一个重要的方面就是"坚持全心全意为人民服务的根本宗旨"。他强调指出："这些优良传统是我军政治工作的根本原则和内容。我们一定要深刻认识我军政治工作的重要地位和重大作用，把先辈们用鲜血和生命铸就的优良传统一代代传下去。"② 这就告诉我们，在任何时候、任何情况下，人民军队都要坚持全心全意为人民服务的宗旨。无论军队怎么改革，这一宗旨始终不能丢。这些重要论述阐明了国防和军队改革的方向，也为加强新形势下军队政治工作提供了重要遵循。

另一方面，强调深化国防和军队改革就是要为人民军队践行宗旨提供强大动力。习近平指出："我们要充分认清深化国防和军队改革的重要性和紧迫性"③。"深化国防和军队改革，就是要解决制约国防和军队建设的突出矛盾和问题，构建中国特色现代军事力量体系。"④ 2014 年 3 月，习近平在中央军委深化国防和军队改革领导小组第一次全体会议上指出："要着眼实现强军目标，正确把握深化国防和军队改革的指导原则。要牢牢把握坚持改革正确方向这个根本。""改革是要更好坚持党对军队的绝对领导，更好坚持人民军队的性质和宗旨，更好坚持我军的光荣传统和优良作风。"⑤ 这些论述揭示了深化国防和军队改革的重大意义和根本目的，从而为新形势下人民军队更好地履行使命、践行全心全意为人民服务的宗旨指出了新的思路和要求。

① 中共中央文献研究室编：《习近平关于全面深化改革论述摘编》，中央文献出版社2014 年版，第 121 页。

② 习近平：《发挥政治工作对强军兴军的生命线作用为实现党在新形势下的强军目标而奋斗》，《人民日报》，2014 年 11 月 02 日，第 1 版。

③ 中共中央文献研究室编：《习近平关于全面深化改革论述摘编》，中央文献出版社2014 年版，第 116 页。

④ 中共中央文献研究室编：《习近平关于全面深化改革论述摘编》，中央文献出版社2014 年版，第 119—120 页。

⑤ 中共中央文献研究室编：《习近平关于全面深化改革论述摘编》，中央文献出版社2014 年版，第 126—127 页。

需要指出的是，2014 年 10 月召开的全军政治工作会议根据习近平总书记系列重要讲话精神，在深入讨论的基础上，就新形势下军队政治工作若干问题作出重要决定。该决定着力回答和解决了在新的历史条件下党从思想上政治上建设军队的重大问题，体现了以习近平同志为总书记的党中央关于国防和军队建设的新思想、新观点、新论断、新要求，汇聚了 2014 年全军政治工作会议的重要成果，同时也为新形势下加强军队宗旨建设提供了重要依据。

总之，党的十八大以来，以习近平同志为总书记的党中央对人民军队宗旨作出了新的论述，从理论和实践上发展了"为人民服务"。随着实践的发展，党中央还将进一步深化对人民军队宗旨的认识，从而不断丰富"为人民服务"的思想内涵和基本要求。

第四节　社会主义道德建设中的"为人民服务"

"文化大革命"给人们的思想观念、社会心理以及行为方式都带来了巨大的影响。一方面，"文革"十年动荡，不仅搞乱了我们国家的经济建设，也对社会主义国家的思想道德建设带来了很大的冲击，特别是对广大青少年的思想道德带来了较为深远的影响。"文革"的思维方式、行为理念在短时间内很难消除，这与社会主义道德建设的要求是不适应的。另一方面，"文化大革命"的结束，使过去长期受到禁锢、压抑的思想得到了释放，但这又走向了另一个极端，就是为封建主义的落后思想、资本主义的腐朽思想的滋生、蔓延提供了温床。这种现象在改革开放以后表现得日趋明显。为了更好地推进社会主义现代化建设，使社会中形成良好的道德风尚，党中央不断加强社会主义精神文明建设、社会主义道德建设以及公民道德建设。在这个过程中，"为人民服务"实现了新的发展。

一、社会主义精神文明建设的提出

粉碎"四人帮"后，举国上下为之振奋，社会风气开始出现好的态势。

但是也要看到，改革开放的过程中，一些领域的思想道德问题不断突显。特别是西方资产阶级自由化的思想也乘虚而入。这对我国人民特别是广大青少年和党员干部的影响较大。资产阶级自由化思潮最初是打着"社会改革"的幌子迷惑人心，提出了许多与社会主义基本原则和要求相背离的言论，甚至公开提出反党、反社会主义的观点。在思想道德领域，资产阶级自由化思潮主要表现为诱引人们盲目崇拜资本主义、倡导"一切向钱看"的人生哲学，提出一系列损人利己的错误言论。受资产阶级自由化思潮的影响，党内一些干部的社会主义信念发生了动摇，党性不纯的现象时有发生，一些青少年则盲目模仿、崇拜西方的道德观念，甚至有的表现为自私自利、唯利是图。此外，社会上一度出现了对党的优良传统的否定，大肆诋毁"全心全意为人民服务"、"毫不利己，专门利人"这些早已被实践所证明的宝贵精神品格。这些错误思潮对人们的精神世界带来了极大的污染。

改革开放以后，思想道德领域的另一个重大事件就是关于人生观的大讨论。这次讨论直接引发了人们对市场经济条件下，应该怎样看待人生问题的思考。这和为人民服务的社会主义道德有着密切的联系。1980年，一位署名为潘晓的青年作者在《中国青年》杂志的显要位置发表了名为《人生的路啊，怎么越走越窄？》的来信式文章。作者在文中讲述了自己共产主义信念以及全心全意为人民服务思想的树立、怀疑、崩塌、蜕变的痛苦经历。作者说，自己在前几年的学习中，逐渐形成了为人民服务的人生观，一言一行都模仿英雄，认为"人活着，就是为了使别人生活得更美好"。但是在现实生活中，她看到"文革"中对人的迫害、生产队里人们对私利的争夺，再加上她本人在亲情、友情、爱情方面的打击。最后，她向一些西方的唯心主义哲学寻求答案，她提出，"我对那些说教再也不想听了"，"我曾那么狂热地相信过'人活着是为了使别人生活得更美好'，'为了人民献出生命也在所不惜'。现在想起来又是多么可笑！"，"任何人，不管是生存还是创造，都是主观为自我，客观为别人。就像太阳发光，首先是自己生存运动的必然现象，照耀万物，不过是它派生的一种客观意义而已。"这篇文章在社会上产生了极大的反响，特别是她的"主观为自我，客观为别人"的观点在社会上迅速传播。社会上对这一观点的态度也大不相同。人们纷纷撰文参与关于人生观的讨论。《中国青年》开辟专栏来给这些观点和言论提供表达的场所。自 1980 年 5 月至 1981 年 3 月，就有六万人左右参与到关于人生观的讨论中来。其参与的广泛程度是前所未有的。1982 年，西安第四军医大学学员张华为救一名落入粪池的老人而不幸牺牲。对于这种舍己为人的英雄行为，社会上也产生了不同的声音。有人提出 "用一块金子换取等量的石头到底值不值得？"

西方资产阶级自由化思想的逐渐蔓延、社会上对人生观问题的不同态度，都反映出人们思想道德领域出现的复杂变化，进而提出了必须加强社会主义精神文明建设的重要课题。

以邓小平为核心的第二代党中央领导集体非常重视社会主义精神文明建设，他们在领导社会主义经济建设的过程中，密切关注人们思想道德领域出现的新情况，并且逐渐形成了社会主义精神文明建设的理论。

早在 1979 年 9 月，叶剑英在庆祝中华人民共和国成立 30 周年大会上第一次提出了 "社会主义精神文明" 的科学概念。他指出："我们要在建设高度物质文明的同时，提高全民族的教育科学文化水平和健康水平，树立崇高的革命理想和革命道德风尚，发展高尚的丰富多彩的文化生活，建设高度的社会主义精神文明。"[①] 1980 年 12 月，邓小平在中央工作会议上对社会主义精神文明建设作了更加明确和全面的阐述。他指出："我们要建设的社会主义国家，不但要有高度的物质文明，而且要有高度的精神文明。所谓精神文明，不但是指教育、科学、文化（这完全是必要的），而且是指共产主义的思想、理想、信念、道德、纪律，革命的立场和原则，人与人的同志式关系，等等。"[②] 他进一步强调指出："党和政府愈是实行各项经济改革和对外开放的政策，党员尤其是党的高级负责干部，就愈要高度重视、身体力行共产主义思想和共产主义道德。……不但如此，我们还要大声疾呼和以身作则地把这些精神推广到全体人民、全体青少年中间去，使之成为中华人民共和国的精神文明的主要支柱。"[③] 这表明，邓小平等党和国家的领导人是十分重视社会主义精神文明建设的，他们把这一问题和党的执政地位以及社会主义事业的成败联系

---

① 《三中全会以来重要文献选编》（上），人民出版社 1982 年版，第 234 页。
② 《邓小平文选》第二卷，人民出版社 1994 年版，第 367 页。
③ 《邓小平文选》第二卷，人民出版社 1994 年版，第 367—368 页。

在一起，并且要求共产党人做社会主义精神文明的积极践行者，努力使这些可贵的精神品质成为全体社会成员的共同财富。这里实际上已经包含着使"为人民服务"成为对全体社会成员的普遍要求的思想。

当然，这一时期邓小平、叶剑英等党和国家的领导人所指的"精神文明"主要是共产主义思想和共产主义道德，是"高度"的社会主义精神文明。

尽管如此，以邓小平为核心的第二代党中央领导集体在探索如何推广共产主义思想道德的过程中，也对为人民服务的层次性进行了许多有益的探索。1982年5月，《中共中央关于转发〈深入持久地开展"五讲四美"活动争取社会主义精神文明建设的新胜利〉的通知》指出："进行共产主义思想、道德教育，要从实际出发，坚持循序渐进的原则。"① 《通知》认为，在工人中，要抓好工人阶级的使命和优良传统的教育，增强工人的主人翁责任感；在农民中，要着力使他们正确认识国家、集体、个人之间的利益关系，提倡勤劳致富、先公后私、助人为乐的品格；在青少年中，要大力抓好爱祖国、爱中国共产党、爱社会主义制度的教育；在民族地区要进行民族团结的教育；在处理人民内部各种关系上，"要大力提倡顾大局，讲原则，互相尊重，团结互助，公平信实，为人民服务，对人民负责。要把共产主义道德原则具体运用到社会公德、职业道德和婚姻家庭道德等领域中去。"② 这里不仅提出了"循序渐进"这一重要原则，而且在对不同群众教育内容的阐述中已经包含了"为人民服务"的普遍性要求，还提出了把共产主义道德运用到社会生活的三大领域中去的任务目标。这些都是对为人民服务的重要探索，体现了为人民服务的层次性，也为后来提出以为人民服务为核心的社会主义道德体系作了思想的准备。

1982年9月，党的第十二次全国代表大会在北京召开。胡耀邦在会上作了题为《全面开创社会主义现代化建设的新局面》的政治报告。在报告中，他对社会主义精神文明建设理论作出了进一步的论述。他指出："社会主义精神文明的建设大体可以分为文化教育和思想建设两个方面。"③ 他进一步指出

---

① 《三中全会以来重要文献选编》（下），人民出版社1982年版，第1212页。
② 《三中全会以来重要文献选编》（下），人民出版社1982年版，第1213页。
③ 《十二大以来重要文献选编》（上），人民出版社1986年版，第29页。

了思想建设的内容是:"工人阶级的、马克思主义的世界观和科学理论,是共产主义的理想、信念和道德,是同社会主义公有制相适应的主人翁思想和集体主义思想,是同社会主义政治制度相适应的权利义务观念和组织纪律观念,是为人民服务的献身精神和共产主义的劳动态度,是社会主义的爱国主义和国际主义,等等。概括起来说,最重要的就是革命的理想、道德和纪律。"①这是在党的文件中,第一次对社会主义精神文明的内涵作出全面的解释。总的来看,胡耀邦这里对精神文明的界定主要是以共产主义思想为标准,是"以共产主义思想为核心的社会主义精神文明。"② 在对为人民服务的表述中,强调了把为人民服务作为一种献身精神,实际上也是一种共产主义的标准。

1982年11月,彭真在第五届全国人民代表大会第五次会议上作了《关于中华人民共和国宪法修改草案的报告》。他在报告中对宪法修改草案中"五爱"的修改作了说明,即把建国初期《共同纲领》中的"爱护公共财物"改为"爱社会主义"。同时,彭真还对草案中规定的共产主义教育作了详细的说明。他指出:"共产主义思想是社会主义精神文明的核心。"③ "共产主义的思想教育应该体现在帮助越来越多的公民树立辩证唯物主义和历史唯物主义的世界观,培养全心全意为人民服务的劳动态度和工作态度,把个人利益同集体利益、国家利益结合起来,把目前利益同长远利益结合起来,并使个人的目前的利益服从共同的长远的利益。"④ 这里也是把为人民服务作为共产主义道德来看的。

由此可见,以邓小平为核心的第二代党中央领导集体高度重视社会主义精神文明建设。党的十二大前后,党中央已经初步形成了社会主义精神文明建设的框架结构,还对"为人民服务"进行了一定的探索。当然,从总体上看,这一时期提出的"为人民服务"是一种高标准的,是共产主义标准和视域下的"为人民服务",而没有充分结合当时人们思想道德的实际。这也导致了一定时期内,为人民服务教育在实践中遇到了较大的阻力。

---

① 《十二大以来重要文献选编》(上),人民出版社1986年版,第30页。
② 《十二大以来重要文献选编》(上),人民出版社1986年版,第27页。
③ 《十二大以来重要文献选编》(上),人民出版社1986年版,第149页。
④ 《十二大以来重要文献选编》(上),人民出版社1986年版,第150页。

二、社会主义道德建设核心的提出与发展

1986 年是我国第七个"五年计划"的开局之年。为了实现"七五"开局良好以及实现党的十二大确立的奋斗目标，必须发挥好思想道德的力量，不断加强社会主义精神文明建设。但是，一方面，在改革开放和发展社会主义市场经济的过程中，思想道德领域暴露出了一些新的重要问题，加强社会主义精神文明建设十分迫切；另一方面，当时我国社会主义精神文明建设的指导方针和工作思路还没有得到彻底明确，不能有效地回答精神文明建设中带有全局性、根本性的问题。在这样的背景下，对社会主义精神文明建设中的重大问题进行深入研究，回应思想道德领域的突出问题，就显然十分重要和紧迫了。

1986 年 9 月 28 日，党的十二届六中全会系统总结了改革开放以来我国精神文明建设的经验，通过了《中共中央关于社会主义精神文明建设指导方针的决议》。这是新中国成立以来党中央通过的第一个关于精神文明建设的决议。该决议根据社会主义现代化建设的总体要求，对社会主义精神文明建设中的重大问题进行了论述，对"为人民服务"作出了重要理论创新。

其一，把包括"爱人民"在内的"五爱"（即爱祖国、爱人民、爱劳动、爱科学、爱社会主义）规定为社会主义道德建设的基本要求。这是对"五爱"作出的明确定位，也是对"爱人民"作出的新定位。建国初期的《共同纲领》虽然也提出把"五爱"作为国民公德，但是没有指明它在我国社会主义道德建设的理论地位和实践地位，也没有对"五爱"公德和社会主义道德体系中其他方面作出区分。笔者认为，"爱人民"是"为人民服务"的应有之义，也是为人民服务的重要体现。《中共中央关于社会主义精神文明建设指导方针的决议》提出把"爱人民"作为道德建设的基本要求之一，这在一定程度上丰富和发展了"为人民服务"的内涵。

其二，把为人民服务作为社会主义提倡的道德风尚。一方面，提出对社会上先进分子特别是党员干部提出共产主义的道德要求，这种要求表现在："为了人民的利益和幸福，为了共产主义理想，站在时代潮流前面，奋力开

拓，公而忘私，勇于献身，必要时不惜牺牲自己的生命"①。《决议》指出：
"首先是党和国家机关的干部，要公正廉洁，忠诚积极，全心全意为人民服
务"②。另一方面，提出为人民服务应该在社会上认真提倡，这种要求体现在
社会对人的关心，人与人之间的和谐关系，各工作岗位上的服务态度和服务
质量等方面。《决议》指出："在我们社会里，人人都是服务对象，人人又都为
他人服务。"③ 也就是说，在十二届六中全会决议中，不仅要求党员和国家机
关工作人员全心全意为人民服务，而且要求不同职业的社会成员，立足自己
的岗位，做到为人民服务。这是新中国成立以来第一次以党的文件形式把为
人民服务作为对全体社会成员的道德要求。

其三，明确提出道德建设要把先进性要求和广泛性要求结合起来。这是
十二届六中全会最重要的一个理论贡献。以往的社会主义道德建设大多存在
着标准过于单一且目标定位较高的问题，党中央对"为人民服务"的理解以
及为人民服务教育也同样存在类似的问题。这种"一刀切"和高标准，实际
上是不利于社会主义道德建设实践的。党的十二届六中全会决议指出："在道
德建设上，一定要从实际出发，鼓励先进，照顾多数，把先进性的要求同广
泛性的要求结合起来，这样才能联结和引导不同觉悟程度的人们一起向上，
形成凝聚亿万人民的强大精神力量。"④ 实践表明，十二届六中全会决议的这
一提法是十分科学的。十二届六中全会以后的各个关于社会主义思想道德建
设的文件，都基本上继承了这一思想。虽然这一决议没有明确说明"为人民
服务"包含的层次性，但这为后来"为人民服务"的发展提供了充足的理论
空间。

总的来说，党的十二届六中全会决议对"为人民服务"进行了重要的创
新。但不可否认的是，这一决议还只是一个纲领性的文件，体现了我国社会
主义精神文明建设理论发展中的阶段性特征。对"为人民服务"的论述也存
在着许多进一步完善的空间。比如，没有对"为人民服务"的指导地位和指
导作用进行准确的定位，"为人民服务"在十二届六中全会决议中除了作为对

---

① 《十二大以来重要文献选编》（下），人民出版社 1988 年版，第 1181 页。
② 《十二大以来重要文献选编》（下），人民出版社 1988 年版，第 1181 页。
③ 《十二大以来重要文献选编》（下），人民出版社 1988 年版，第 1181 页。
④ 《十二大以来重要文献选编》（下），人民出版社 1988 年版，第 1181 页。

先进分子的共产主义道德要求外，对社会上的其他成员仅仅是以职业道德的形式提出来。这还不够全面。

需要指出的是，起草十二届六中全会决议期间，鉴于党的十二大报告提出的"以共产主义思想为核心的社会主义精神文明"在实践中容易引起思想的混乱，起草小组对于要不要坚持"共产主义"这个标准产生了较大的分歧，但绝大多数人认为在当时条件下提出共产主义标准的精神文明是不恰当的。胡耀邦等人对这一问题提出了具体意见，他们认为："这次精神文明决议不用十二大报告'以共产主义思想为核心的社会主义精神文明建设'的提法，因为讨论中理解极不一致，'为核心'说法，确实不怎么确切，执行起来必然会发生很多矛盾。我们今天自然不能把共产主义思想的宣传作为全体人民的行为规范。如果有必要，还可以在全会后从容讨论。"① 邓小平充分肯定了这些意见。正是顺着这个线索，以为人民服务为核心的社会主义道德建设理论才逐渐形成。

同时，在党的十二届六中全会讨论期间，党内一些同志对要不要反对资产阶级自由化、要不要坚持党在革命战争时期的优良传统、要不要明确提倡全心全意为人民服务这些重大问题还持否定的态度。在实践方面来看，虽然党的十二届六中全会决议初步形成了社会主义精神文明建设的理论，但是在具体工作中还存在着落实不到位、不一贯的问题。特别是先后两任党内主要领导人对精神文明建设的重要性存在着明显的认识不足，这些都导致了一段时期内不良社会风气的出现，更导致了 1986 年底的学生闹事和 1989 年的"政治风波"。事实表明，社会主义精神文明建设的理论还需要进一步完善，对"为人民服务"的相关理论问题还需要进一步加以研究，比如为人民服务的地位、为人民服务在广大人民群众中的体现和具体要求、如何在全社会提倡为人民服务等。党的十四届六中全会及其通过的《中共中央关于加强社会主义精神文明建设若干重要问题的决议》，对这些问题作了进一步全面的论述。

1996 年 10 月 10 日，中国共产党第十四届中央委员会第六次全体会议在北京召开。会议通过了《中共中央关于加强社会主义精神文明建设若干重要

---

① 《邓小平年谱（1975—1997）》下册，中央文献出版社 2004 年版，第 1139 页。

问题的决议》。《决议》根据我国国民经济和社会发展"九五"计划和二〇一〇年远景目标的要求，对社会主义精神文明建设做出了全面的部署。党中央之所以在迈向世纪的前期重新提出关于精神文明建设的决议，是系统总结改革开放以来，特别是十二届六中全会以来社会主义精神文明建设经验和教训的结果。

以邓小平和江泽民为核心的两代党中央领导集体非常关注社会主义的精神文明建设，并且对这一问题有过较多的论述。但是，社会主义精神文明建设在实践中存在着不一贯的情况，这就给那些与社会主义道德建设相违背的思想观念以可乘之机。社会风气、人们的道德水平出现了一系列的问题。邓小平曾指出："十年最大的失误是教育，这里我主要是讲思想政治教育，不单纯是对学校、青年学生，是泛指对人民的教育。""要两手抓，一手要抓改革开放，一手要抓严厉打击经济犯罪，包括抓思想政治工作。就是两点论。但今天回头来看，出现了明显的不足，一手比较硬，一手比较软。一硬一软不相称，配合得不好。"① 这些都导致了人们的思想观念与社会主义建设的要求不适应，为人民服务的优良传统难以深入人心并发挥应有的作用。这都对社会主义精神文明建设提出了更高的要求。因此，党中央科学总结了以往的经验教训，对社会主义精神文明建设作出了新的重要部署。

第一，继承了十二届六中全会决议提出的先进性与广泛性相结合的要求，并进行了系统深入的论述。十四届六中全会指出："我们现在建设和发展有中国特色的社会主义，最终目的是实现共产主义，应当在全社会认真提倡社会主义、共产主义思想道德。同时要把先进性要求同广泛性要求结合起来"②。这是对十二届六中全会决议的继承。不仅如此，十四届六中全会决议还在这一基础上，对什么是广泛性作出了说明，提出了判断先进性要求与广泛性要求相结合的依据。《决议》指出："鼓励支持一切有利于解放和发展社会主义社会生产力的思想道德，一切有利于国家统一、民族团结、社会进步的思想道德，一切有利于追求真善美、抵制假恶丑、弘扬正气的思想道德，一切有利于履行公民权利与义务、用诚实劳动争取美好生活的思想道德，团结和引导

① 《邓小平文选》第三卷，人民出版社1993年版，第306页。
② 《十四大以来重要文献选编》（下），人民出版社1999年版，第2054页。

亿万人民积极向上，不断提高全民族的思想道德水平。"① 这"四个有利于"的标准，就是对先进性和广泛性相结合作出的系统说明，是社会主义市场经济条件下道德建设的重要依据和重要原则。

第二，明确提出把为人民服务作为社会主义道德建设的核心。十四届六中全会决议对为人民服务的一个重要理论创新，就是明确地把为人民服务作为社会主义道德建设的核心。《决议》指出："社会主义道德建设要以为人民服务为核心"②。这是对为人民服务在社会主义道德体系中所处地位的明确规定，也是对为人民服务内涵的最新表述。作为社会主义道德建设核心的为人民服务就不仅包括人们职业道德方面的要求，更对人们的公共生活、职业生活、家庭生活、个人生活等领域都具有规范和调节的作用。这也体现了对十二届六中全会决议的创造性发展。这一道德建设的核心当然是对全体社会成员的一种普遍性要求。自此，"为人民服务"具有了另一个重要的内涵。

第三，形成了以为人民服务为核心的社会主义道德体系。十四届六中全会决议的另一个重要贡献就是论述了社会主义道德体系，并把为人民服务作为这一体系的核心。《决议》指出："社会主义道德建设要以为人民服务为核心，以集体主义为原则，以爱祖国、爱人民、爱劳动、爱科学、爱社会主义为基本要求，开展社会公德、职业道德、家庭美德教育，在全社会形成团结互助、平等友爱、共同前进的人际关系。"③ 这里不仅指出了道德建设的核心，而且提出了相应的原则和基本要求，对公共生活、职业生活、家庭生活这三大领域的道德建设也作出了相应规定。既体现了为人民服务作为核心的统领作用，又说明了集体主义作为原则的指导作用，也指出了操作层面的"五爱"要求。这几个不同层次的方面构成了一个有机统一的整体，它们共同构成了社会主义道德体系，对人们社会生活的各个方面的精神文明建设都具有重要的指导作用。同时，把道德建设核心与"五爱"的基本要求放在一起来讲，这就从理论上对道德建设中容易混淆的问题作出了明确的区分。

总之，十四届六中全会决议提出了"为人民服务"的新内涵，形成了以

---

① 《十四大以来重要文献选编》（下），人民出版社1999年版，第2054页。
② 《十四大以来重要文献选编》（下），人民出版社1999年版，第2056页。
③ 《十四大以来重要文献选编》（下），人民出版社1999年版，第2056页。

为人民服务为核心的社会主义道德体系。这是对"为人民服务"的进一步发展，也是对我国社会主义道德建设理论的重要发展。

需要说明的是，"为人民服务"发展的过程就是由先进的共产主义道德扩展成为先进性与广泛性相结合的道德体系的过程。但是，这不是降低了"为人民服务"的先进性和崇高性，更不是降低了"为人民服务"的理论品格。

首先，"为人民服务"是社会主义性质很强的道德命题，它的提出和发展是为了满足绝大多数人的道德需要，而不是要成为少数人的道德专利。从道德发展的角度看，马克思主义经典作家在批判资本主义道德的过程中创立了无产阶级道德观念，创立了人类道德史上最先进的道德。相对来说，资产阶级道德建立在唯心主义的基础上，为资产阶级利益服务的，满足的是少数人的道德需要。但是作为社会主义道德的"为人民服务"就不是这样。它建立在辩证唯物主义和历史唯物主义的基础上，贯彻了人民群众是历史创造者的观点，满足的是无产阶级和广大人民群众不断提高自身品格修养的需要。从这个意义上说，"为人民服务"由对先进分子的要求发展为对全体社会成员的道德要求，完全符合马克思主义的道德观，符合"为人民服务"的精神实质。同时，在这个发展过程中，为人民服务适用的范围更广了，能对更多的人起到规范和引导的作用。这实际上是理论进步的表现。所以说，"为人民服务"的发展不仅是道德主体范围的扩大，更是性质上的跃升。

其次，"为人民服务"实际上是发展成为社会主义的道德体系，构成了以为人民服务为核心、以集体主义为原则、以"五爱"为基本要求的有机整体，涵盖社会公德、职业道德、家庭美德等方面。

再次，把"为人民服务"作为社会主义道德建设的核心，表明了"为人民服务"的重要地位，即对集体主义、"五爱"以及"三德"的统领和规定作用。为人民服务贯穿于集体主义、"五爱"、社会公德、职业道德和家庭美德各个方面。但是，这并不意味着可以用这些方面取代为人民服务，而是要突出为人民服务的灵魂地位与核心地位。这就要求道德主体站在最广大人民群众的立场上，以人民群众的利益为标准看待一切道德现象和作出行为选择，用"为人民服务"把集体主义、"五爱"、社会公德、职业道德和家庭美德统一成整体，同时用"为人民服务"规定社会主义道德的原则、规范以及社会公德、职业道德和家庭美德。离开了"为人民服务"的统领和规定，社会主义道德的原则、规范以及社会公德、职业道德和家庭美德就会变为抽象的原则和规范，也就无法体现社会主义道德的优越性。因此，把"为人民服务"作为社会主义道德建设的核心实质是高扬了其理论地位。

最后，"为人民服务"扩展为社会主义道德建设的核心顺应了我国思想道德建设的必然要求，同时也揭示了"为人民服务"发展的走向。"为人民服务"的发展实际上是共产党人的道德理想与社会道德现实不断融合的结果。这在社会主义初级阶段的中国具有一定的必然性，在理论上和实践上也都是十分有益的。"为人民服务"理论内涵的扩展使之更具有生命力，更有利于"为人民服务"的发扬光大。当然我们相信，这并不是"为人民服务"发展的终结，而是预示了"为人民服务"这一社会主义道德的发展趋势。正如马克思指出："理论在一个国家实现的程度，总是决定于理论满足这个国家的需要的程度。"① 可以想象，随着社会主义道德建设的不断向前推进，"为人民服务"的内涵还会继续深化，其基本要求也必将随着人们不断提升的道德需要而不断提高。

三、公民道德建设视野中的"为人民服务"

改革开放以来，特别是党的十四大以来，我国社会主义道德建设的总体态势是好的，社会风气和人们的思想道德水平出现了前所未有的良好局面，爱国主义、集体主义、社会主义思想日益深入人心，为人民服务精神不断发扬光大。但是在社会生活的一些领域仍存在着一定的问题，道德失范在一定程度上还比较严重，拜金主义、极端个人主义、损公肥私等危害社会和他人利益的行为时有发生。这与新世纪、新阶段党和国家的发展要求是不适应的。道德领域出现的新情况、新问题都突显了加强公民道德建设的必要。

2001 年 9 月 20 日，中共中央颁布了《公民道德建设实施纲要》（以下简称《纲要》），对新时期的公民道德建设作出了重要部署。这是党中央针对公民道德领域的新问题而颁布的一个纲领性文件。《纲要》从整体上继承了以往

---

① 《马克思恩格斯选集》第 1 卷，人民出版社 1995 年版，第 11 页。

社会主义道德建设的经验，并在新形势下发展了"为人民服务"。

第一，坚持把先进性和广泛结合作为公民道德建设的基本方针，并对如何做到这两者的结合进行了明确论述。《纲要》指出："坚持把先进性要求与广泛性要求结合起来。要从实际出发，区分层次，着眼多数，鼓励先进，循序渐进。积极鼓励一切有利于国家统一、民族团结、经济发展、社会进步的思想道德，大力倡导共产党员和各级干部带头实践社会主义、共产主义道德，引导人们在遵守基本道德规范的基础上，不断追求更高层次的道德目标。"① 这就是说，在公民道德建设中，既要对社会中的先进分子作出先进性的要求，同时要着眼多数，引导社会上的绝大多数成员在遵守基本道德规范的基础上，向更高层次的道德目标发展。遵守基本规范，并向更高层次提升，这实际上就明确回答了如何使先进性和广泛性相结合的问题。

第二，提出把社会主义道德建设的内容具体化、规范化的任务。《纲要》在继承党的十四届六中全会决议的基础上，指出了社会主义公民道德建设的基本内容，并且进一步指出："在公民道德建设中，应当把这些主要内容具体化、规范化，使之成为全体公民普遍认同和自觉遵守的行为准则。"② 这一提法包含着对"为人民服务"的新要求。因为为人民服务作为道德建设的核心，应该贯穿于人们社会生活的各个领域，在道德规范中有所体现。非此就不能体现为人民服务在公民道德建设中的核心作用，也容易使为人民服务的要求流于形式。当然，《纲要》并没有对如何使为人民服务具体化作出详细地说明，这就需要在实践中结合自身实际，对为人民服务的具体化进行创造性地运用和发展。

第三，对公民道德建设的核心进行了系统论述。为人民服务是公民道德建设的核心，而不同于公民道德建设的具体规范。它的核心作用应当被理解为公民道德建设的灵魂，并在公民道德建设的各个领域的道德规范中体现出来。《纲要》的一个重要理论创新就是系统论述了作为公民道德建设核心的为人民服务，明确提出为人民服务是对每一个公民的道德要求，它作为一种道德观，应当贯穿于各种具体的道德规范之中。《纲要》指出："为人民服务作为

---

① 《十五大以来重要文献选编》（下），人民出版社 2003 年版，第 1983 页。
② 《十五大以来重要文献选编》（下），人民出版社 2003 年版，第 1984 页。

公民道德建设的核心，是社会主义道德区别和优越于其他社会形态道德的显著标志。它不仅是对共产党员和领导干部的要求，也是对广大群众的要求。每个公民不论社会分工如何、能力大小，都能够在本职岗位，通过不同形式做到为人民服务。在新的形势下，必须继续大张旗鼓地倡导为人民服务的道德观，把为人民服务的思想贯穿于各种具体道德规范之中。要引导人们正确处理个人与社会、竞争与协作、先富与共富、经济效益与社会效益等关系，提倡尊重人、理解人、关心人，发扬社会主义人道主义精神，为人民为社会多做好事，反对拜金主义、享乐主义和极端个人主义，形成体现社会主义制度优越性、促进社会主义市场经济健康有序发展的良好道德风尚。"① 这里明确指出了为人民服务在公民道德建设中的重要作用以及为人民服务的普遍性要求，并且对为人民服务的具体化作了原则上的表述。这是中国共产党思想道德建设史上，从道德建设核心的角度对为人民服务进行的最为全面的表述。

总之，《纲要》对"为人民服务"进行了重要的理论创新，是对十四届六中全会决议的重大发展。《纲要》对"为人民服务"的新发展具有以下特征：

其一，突显为人民服务的普遍性要求。党的十四届六中全会决议提出以为人民服务作为社会主义道德建设的核心，实际上就是把为人民服务作为对全体社会成员的普遍性要求。《纲要》在此基础上更明确了一步，它把道德建设的着眼点立足于个体的公民。可以说，只要是中华人民共和国公民，不分党派、职业、信仰，任何人都要践行为人民服务的道德。这更加突显了为人民服务的普遍性要求。

需要说明的是，以往我们大都从社会主义道德的角度阐述为人民服务。《纲要》中把为人民服务作为公民道德建设的核心，这在"为人民服务"发展中的贡献是十分巨大的。因为，社会主义道德和公民道德既有联系，又存在着区别。社会主义道德强调的是道德建设中的制度性差异，是从道德形态的角度来讲的。但是要看到，社会中的道德主体是多元的，既有作为个体的道德主体，比如"公民"；也有作为群体的道德主体，比如政党、社团、企业等。由此就产生了公民道德、政党道德、社团道德、企业道德等。相对而言，公民道德关注的是个体的公民的道德水平，更加突出道德的主体性特征，因

---

① 《十五大以来重要文献选编》（下），人民出版社 2003 年版，第 1984 页。

而具有更强的普遍性。《纲要》提出把为人民服务作为公民道德建设的核心，体现了党中央对个体的公民道德水平的高度重视。胡锦涛在党的十七大报告中提出"个人品德建设"，并且把它与社会公德、职业道德、家庭美德放在一起来讲，也是对《纲要》这一思想的深化。《纲要》对"为人民服务"的发展在于，它指明了为人民服务是社会主义国家每一个公民必须遵守的道德要求。

其二，体现了为人民服务建设的基础性。公民构成社会的基础，公民道德建设是社会主义道德建设的基础性工程。在社会主义道德建设中，仅对社会上的先进分子提出为人民服务的要求是不够的，必须把它推广为全社会倡导的道德品质。但在我国现阶段，对各行业、各领域、各道德主体都作出相应的规定，显然还不具备条件。"由于公民道德建设着眼于'公民'这个特殊的称谓，强调不同部门、不同行业、不同层次的道德共性，从最基本的道德观念和道德行为入手，力求在全社会达成最大的道德共识，为全面推进社会主义道德建设进而推进中国特色社会主义伟大事业创造最必要的道德条件，因此从一定意义上来说，公民道德建设是社会主义思想道德建设的基础"[1]。《纲要》把全体公民作为公民道德建设的对象，使为人民服务建设的基础性特征更加明显。

其三，使为人民服务建设具有很强的操作性。《纲要》把为人民服务作为公民道德建设的核心，并对其进行了全面的说明，这就从根本上解决了"为人民服务"从思想观念形态向社会实践形态转变的问题，具有很强的指导作用。同时，把为人民服务建设的先进性和广泛性结合起来，是改革开放以后特别是党的十三届四中全会以来为人民服务建设的一个重要特征和成功经验。《纲要》不仅继承了这一观点，而且进一步回答了如何做到这两方面结合的问题。《纲要》还对人们社会生活的各个行业、各个领域的为人民服务建设都作出了一定的部署，并在一定程度上提出了符合为人民服务核心要求的道德规范。这些都有力地推动了新时期的为人民服务建设，使得为人民服务建设具有很强的操作性。

---

① 夏伟东主编：《中国共产党思想道德建设史略》，山东人民出版社 2006 年版，第308 页。

第五节 社会主义核心价值体系中的 "为人民服务"

社会主义核心价值体系是以胡锦涛为总书记的党中央关于社会主义文化建设的重要创新，具有深厚的为人民服务意蕴。其中，马克思主义指导思想、中国特色社会主义共同理想、以爱国主义为核心的民族精神和以改革创新为核心的时代精神中贯穿着"为人民服务"的本质要求，以"八荣八耻"为主要内容的社会主义荣辱观更明确提出"以服务人民为荣，以危害人民为耻"，这是新形势下"为人民服务"的具体体现。

一、社会主义核心价值体系的提出

十六大以来，党中央站在时代的前沿对社会主义先进文化建设进行了系统深入的总结和探索，并且最终形成了社会主义核心价值体系这一重要成果。早在 2006 年 3 月，胡锦涛在参加全国政协十届四次会议时就提出了以"八荣八耻"为主要内容的社会主义荣辱观，并号召广大党员干部以及青少年积极践行。2006 年 10 月，党的十六届六中全会通过的《中共中央关于构建社会主义和谐社会若干重大问题的决定》，第一次明确提出了"社会主义核心价值体系"这一科学命题，把社会主义核心价值体系的内容表述为："马克思主义指导思想、中国特色社会主义共同理想、以爱国主义为核心的民族精神和以改革创新为核心的时代精神、社会主义荣辱观。"[1] 在此基础上，《决定》提出要把社会主义核心价值体系融入国民教育和精神文明建设的全过程的重要任务。社会主义核心价值体系的提出，体现了党中央对社会主义先进文化建设的高度自觉，同时也是把"为人民服务"和以人为本贯穿到社会主义文化建设中的重要举措。社会主义核心价值体系贯穿着"为人民服务"的基本精神，对新时期的为人民服务提出了新的要求。

---

[1] 《十六大以来重要文献选编》（上），中央文献出版社 2005 年版，第 661 页。

二、为人民谋利益是马克思主义的价值立场

为人民谋利益是"为人民服务"最根本的要求，体现了马克思主义的鲜明价值立场。马克思主义在社会主义核心价值体系中居于指导地位，是社会主义核心价值体系的灵魂，它从根本上决定着社会主义核心价值体系的本质和方向。马克思主义始终坚持人民群众是历史创造者这一基本观点，并且始终站在最广大人民群众的立场上，以最广大人民群众的利益为出发点和落脚点，以不断实现人民群众的根本利益作为自己的根本价值取向。

首先，马克思主义始终坚持人民大众的立场。马克思主义从它产生以来就始终把自己定位为无产阶级的思想武器，并且始终站在无产阶级的立场上、为无产阶级服务。早在《〈黑格尔法哲学批判〉导言》中，马克思就指出："哲学把无产阶级当作自己的物质武器，同样，无产阶级也把哲学当作自己的精神武器"①。恩格斯更是明确提出："共产主义是关于无产阶级解放的条件的学说。"② 这就是说，马克思主义是无产阶级的思想体系，它服务于无产阶级的解放事业。事实上也是如此，马克思主义一经产生，就和无产阶级运动结合在一起，并且随着无产阶级革命的需要而发展。它的形成与发展始终没有离开无产阶级的根本立场，也始终没有离开为无产阶级服务这一根本使命。

在我国，马克思主义的这一特点具体体现为坚持人民大众的立场、为广大人民群众的根本利益服务。当然，在不同的历史时期，马克思主义服务于人民群众的内容和形式是不同的。革命战争年代，马克思主义为广大人民群众的根本利益服务体现在服务于人民群众的翻身和解放，指导全国各族人民为实现国家独立而斗争；在社会主义条件下，它体现在服务于人民群众物质文化生活的提高，实现人的全面发展。党的十七届六中全会通过的《中共中央关于深化文化体制改革推动社会主义文化大发展大繁荣若干重大问题的决定》指出："马克思主义深刻揭示了人类社会发展规律，坚定维护和发展最广

---

① 《马克思恩格斯选集》第1卷，人民出版社1995年版，第15页。
② 《马克思恩格斯选集》第1卷，人民出版社1995年版，第230页。

大人民根本利益，是指引人民推动社会进步、创造美好生活的科学理论。"①
这一表述更加突出了马克思主义服务人民群众的理论特质，表明了人民群众
在马克思主义理论体系中的重要地位。

其次，马克思主义以为人民群众谋利益为根本目的。马克思主义具有实
践性特征。马克思主义指导下的实践就是不断为人民群众谋利益的实践。
2003年7月，胡锦涛在"三个代表"重要思想理论研讨会上的讲话中指出：
"马克思主义政党的一切理论和奋斗都应致力于实现最广大人民的根本利益，
这是马克思主义最鲜明的政治立场。"② 这虽然是从全党的角度来说的，但是
也对社会主义国家以及全体公民都具有指导作用，它从根本上揭示了社会主
义国家和人民的一切活动的根本目的。从理论形态上讲，实现人民群众的根
本利益是马克思主义立论的根基所在，为绝大多数人谋利益更如一根红线贯
穿于马克思主义的科学理论体系之中。马克思恩格斯的"为绝大多数人谋利
益"、列宁的"为千千万万劳动人民服务"、毛泽东的"为人民服务"、邓小
平的"全心全意为人民服务，一切以人民利益作为每一个共产党员的最高准
绳"、江泽民的"始终代表中国最广大人民的根本利益"，以及胡锦涛提出的
"以人为本"，这些思想都体现了马克思主义为人民谋利益这一根本目的。从
实践的角度来看，马克思主义是为广大人民谋利益的实际行动，它一经产生
就投入到了无产阶级运动中。可以说，马克思主义指导下的社会主义运动的
历史就是为人民群众谋利益的历史。无论是马克思、恩格斯亲自领导下的无
产阶级运动，还是列宁、斯大林、毛泽东等后来的马克思主义者领导下的革
命运动，都是努力改变无产阶级的命运、不断实现最广大人民群众的根本利
益。此外，马克思主义是我们立党立国的根本指导思想，对社会主义现代化
建设的各方面都具有指导作用。因此，马克思主义的指导地位决定了社会主
义国家也要把为人民服务作为根本目的，把不断满足人民群众的物质文化需
要作为社会主义现代化建设、实现国家经济社会发展的根本目的，同样，社
会主义国家的公民也应该自觉坚持以马克思主义为指导，在社会生活中倡导

---

① 《中共中央关于深化文化体制改革推动社会主义文化大发展大繁荣若干重大问题
的决定》，《人民日报》，2011年10月26日，第5版。
② 《十六大以来重要文献选编》（上），中央文献出版社2005年版，第364页。

为人民服务的道德观念，努力为社会和他人多做贡献。

再次，马克思主义以人民利益的实现为价值评判的根本标准。这就是说马克思主义从人民群众利益的角度来考察一切社会事件，同时也以人民群众的根本利益是否实现作为评判马克思主义自身的尺度。前者体现在马克思主义指导下的革命、建设、改革的实践中。在任何时候，马克思主义者都坚持人民利益的标准，凡是于人民有益的事情都毫不动摇、不怕牺牲去为之奋斗。后者则体现在马克思主义理论创新的进程中。马克思主义的每一次创造性的发展无不紧扣实现人民利益的主题，以人民群众的利益是否实现作为检验马克思主义理论创新成果是否具有真理性的标准。因此说，放弃那些对马克思主义的教条式理解，是因为这些于人民的根本利益有害；发展马克思主义同样也是为了更好地实现人民群众的根本利益。实践作为检验马克思主义真理性的标准，说到底还是体现了人民利益的标准。

三、中国特色社会主义理想目标是全体人民的共同追求

中国特色社会主义共同理想是社会主义核心价值体系的主题。这一共同理想就是坚持中国共产党的领导，坚持走中国特色社会主义道路，把我国建设成为富强、民主、文明、和谐的社会主义现代化国家，实现中华民族的伟大复兴。中国特色社会主义理想目标反映了全体人民共同的利益，体现了最广大人民群众的根本意愿，是引领全国各族人民不懈奋斗的一面旗帜。

首先，中国特色社会主义理想目标反映了全体人民的共同利益。中国特色社会主义理想目标之所以能够成为全体人民的共同追求就在于它站在人民的立场上，集中反映了全体人民的共同利益。这一理想目标不是那种 "只见物不见人" 的理想，它的每一个阶段性目标都体现着对广大人民经济、政治、文化各方面利益的高度关注。比如，邓小平确立的社会主义现代化 "三步走" 战略就是以人民生活为基本参照点：第一步是 "解决人民的温饱问题"，第二步是使 "人民生活达到小康水平"，第三步是 "人民生活比较富裕"。可以说，"三步走" 紧紧围绕着人民的利益，以人民生活水平的提高为目标，并且最终落脚点是实现全体人民的共同富裕。不仅如此，中国特色社会主义理想

目标还包含着发展社会主义民主、保障人民当家作主的权益，发展社会主义文化、使人民生活健康向上，建设社会主义和谐社会、使人民生活安定有序。这些都是全体人民共同利益的反映；建设社会主义现代化、实现国家富强和民族的复兴都与广大人民群众的根本利益密切相关，是人民利益的集中体现。

其次，中国特色社会主义理想目标体现了广大人民群众的共同意愿。中国特色社会主义理想目标是历史发展的必然产物，是近代以来全体中华儿女共同心愿的集中反映。近代以来，由于封建制度的腐朽以及帝国主义列强的侵略，中华民族逐渐走向衰落。从那时起，实现国家的独立和富强、实现中华民族的伟大复兴、实现全体人民的生活富裕就构成了全体中华儿女为之奋斗的主题。因此说，在当代中国，最准确表达广大人民共同意愿的就是中国特色社会主义理想目标。

再次，中国特色社会主义理想目标对全体人民具有引领作用。这主要体现在中国特色社会主义理想目标具有较强的广泛性和可操作性。一方面，中国特色社会主义共同理想属于社会理想，这一理想目标是全体人民共同利益和共同意愿的反映，具有较强的广泛性。因此，它能被全体人民接受和认同，从而充分整合社会各方面的利益，激发人们建设社会主义的动力。特别是在社会中的利益主体日益多元化的形势下，只有用反映最大多数人利益的理想目标加以整合，才能充分起到鼓舞斗志、凝聚人心的作用。另一方面，中国特色社会主义理想目标十分具体，具有较强的可操作性。中国特色社会主义理想目标是我们实现共产主义远大理想过程中的阶段性理想，而且在这个理想目标的基础上，还有许多更加具体的阶段性目标。党的十三大把社会主义现代化分为"三步走"，即 1980 年至 1990 年解决人民温饱问题（10 年）、1990 年至 20 世纪末使人民生活达到小康水平（10 年）、20 世纪末至 21 世纪中叶实现人民生活比较富强和国家基本上的现代化（50 年）[①]。党的十五大在此基础上又把进入 21 世纪的奋斗目标具体化为：新世纪第一个十年使人民小康更加宽裕以及社会主义市场经济体制更加健全、2010 年至建党 100 周年使各项制度更加完善（10 年）、建党 100 周年至建国 100 年基本实现国家现代化

---

① 参见《十三大以来重要文献选编》（上），人民出版社 1991 年版，第 16 页。

（30 年）①。这些具体的阶段性目标相互衔接，每一个阶段的目标都承接前一阶段，并为下一阶段打好基础。不仅如此，每一个阶段性目标又通过两个至多个"五年计划"得以实现，这就使中国特色社会主义理想目标变得十分具体，从而保证这一目标得以扎实推进。

最后，为人民服务是中国特色社会主义理想目标得以实现的根本保障。人民群众是社会主义现代化建设的主体。中国特色社会主义理想目标得以实现，最终要靠全体人民的不懈努力。这就要求每一个社会成员自觉认同这一理想目标，充分发挥个人的聪明才智，积极投身社会主义建设，努力做到爱岗敬业、乐于助人，使自己成为对社会和他人有益的人。也就是说，实现中国特色社会主义理想目标，需要发扬人民的首创精神，自觉做到为人民服务。要把个人理想与社会理想统一起来，在为人民服务中实现个人理想，通过为人民服务为实现中国特色社会主义理想目标贡献力量。

四、各族人民是弘扬与培育民族精神和时代精神的主体

以爱国主义为核心的民族精神和以改革创新为核心的时代精神是社会主义核心价值体系的精髓。各族人民不仅是民族精神和时代精神的创造者，也是传承者。在弘扬和培育民族精神与时代精神的过程中，要尊重人民群众的主体地位，发扬人民的首创精神。

各族人民是民族精神与时代精神的创造主体。马克思主义告诉我们，人民群众不仅是物质文明的创造者，也是精神文明的创造者。在中华民族的历史上，各族人民为了使生活更加美好，他们勤奋耕耘、战天斗地、相互学习、共同劳动，为了抵御外敌入侵、保护同胞和家园，各族人民同侵略者展开了不屈不挠的斗争。正是有了历史上各族人民的不懈努力，才有了以爱国主义为核心的民族精神。近代以来，中华民族面临着灭亡的危险。无数仁人志士为了改变国家和民族的面貌进行了艰难的探索，使民族精神得到了发扬。中国共产党成立 90 多年来，各族人民紧密团结在党的周围，在革命、建设和改

---

① 参见《十五大以来重要文献选编》（上），人民出版社 2000 年版，第 4 页。

革的过程中形成了井冈山精神、长征精神、延安精神、雷锋精神、抗洪精神、抗震救灾精神，等等。这些精神都赋予了民族精神以新的内涵，使民族精神得到进一步发扬。在新的历史时期，各族人民在党中央的领导下，积极投身于建设中国特色社会主义、实现中华民族伟大复兴的实践之中。那些体现时代特征和时代要求的精神气质、价值观念就汇集成了时代精神。可以说，无论是民族精神还是时代精神的形成，都离不开各族人民这一创造主体。

各族人民是民族精神与时代精神传承与创新的主体。文明的传承与创新是一个社会永续发展的精神支柱，对社会进步起着至关重要的作用。各族人民本着"为往圣继绝学"的责任意识，积极推动了民族精神的传承与创新。正是一代代中华儿女的薪火相传和不断创造，民族精神才可以延续几千年而不衰。这些又都成为促进中华民族不断进步的精神力量。在新的历史时期，各族人民是继承与弘扬民族精神和时代精神的主体，在文明传承与创新中起到主体性的作用。这是时代赋予各族人民的崇高使命。这个任务实现的好坏不仅关系到中国特色社会主义文化建设的成败，也关系到中国特色社会主义理想目标以及中华民族伟大复兴能否顺利实现。这就需要广大人民群众发扬高度的文化自觉和文化自信，积极推动民族精神与时代精神的传承与创新。

各族人民是弘扬与培育民族精神和时代精神的受益者。弘扬与培育民族精神和时代精神不仅是一种文化现象，更具有实践的价值。一方面，弘扬与培育民族精神和时代精神是要使人们继承中华民族几千年来的优良传统、近代以来中国人民为实现国家独立而表现出的抗争精神、中国共产党带领人民进行革命、建设和改革伟大实践中体现出的革命精神和创新精神。也就是要用崇高的思想武装人的头脑、净化人的心灵，克服骄奢淫逸、不思进取、停滞不前、贪图享乐等错误思想，使人们养成好的道德品质，提高各族人民群众的精神境界，自觉做到为人民服务。另一方面，弘扬与培育民族精神和时代精神更是为了调动广大人民群众的积极性、主动性和创造性，使全体社会成员为建设中国特色社会主义贡献力量，从而满足各族人民群众的物质文化需求。总之，弘扬与培育民族精神和时代精神的根本目的正是为了更好地为人民服务。

五、社会主义荣辱观明确了 "为人民服务" 的具体要求

以 "八荣八耻" 为主要内容的社会主义荣辱观是社会主义核心价值体系的基础, 体现了新时期 "为人民服务" 的具体要求。

一方面, "八荣八耻" 贯穿着 "为人民服务" 的基本要求, 是对为人民服务道德观的高度概括。"为人民服务" 作为一种道德观, 要通过具体的道德规范体现出来。《公民道德建设纲要》提出:"把为人民服务的思想贯穿于各种具体道德规范之中。"① 这就提出了使 "为人民服务" 具体化的重大课题。笔者认为, "八荣八耻" 中贯穿着 "为人民服务" 的基本要求, 这在一定程度上回应了上述课题。其中, 热爱祖国、崇尚科学、辛勤劳动、团结互助、诚实守信、遵纪守法、艰苦奋斗, 这些都是 "为人民服务" 在不同道德领域的具体要求, 是公民践行为人民服务的具体体现, 是社会中需要大力提倡的; 危害祖国、愚昧无知、好逸恶劳、损人利己、见利忘义、违法乱纪、骄奢淫逸, 这些都与 "为人民服务" 的要求相背离, 是我们必须极力反对的。

不仅如此, "以服务人民为荣、以背离人民为耻" 更是 "为人民服务" 的直接体现, 是对 "为人民服务" 的新发展。它明确要求每一个公民自觉做一个有益于人民的人, 积极承担社会责任。在工作与生活中, 提倡人们做到乐于助人、热心公益, 抵制那些侵害人民利益的错误思想和行为, 反对那些对他人安危冷暖不闻不问的冷漠态度。总之, "八荣八耻" 中贯穿着 "为人民服务" 的精神实质, 体现了为人民服务的核心和集体主义的原则, 涵盖了公共生活、职业生活、家庭生活、个人品格等领域, 涉及世界观、人生观和价值观多个方面, 揭示了新时期为人民服务的具体要求。

另一方面, "八荣八耻" 的提出, 给人们道德选择和行为判断提供了重要依据, 使人们明确哪些是为人民服务, 哪些是与人民利益相违背的。趋荣避辱是社会人的基本特点。"八荣八耻" 明确告诉了人们应当以何为荣、以何为耻, 有助于人们判断自己的言行是否符合 "为人民服务" 的要求。"它明确了是非、善恶、美丑的界限, 明确了坚持什么、反对什么, 倡导什么、抵制什

---

① 《十五大以来重要文献选编》(下), 人民出版社 2003 年版, 第 1984 页。

么，为各民族、各阶层和不同利益群体的人们在社会主义市场经济条件下判断行为得失、确定价值取向、做出道德选择，提供了基本规范"①。"八荣八耻"对诚实劳动、合法经营的"为人民服务"意义予以肯定，并且旗帜鲜明地反对一切损害人民利益的思想和行为。这不仅给人们思想品格的形成确立了最低限度，也为人们"为人民服务"境界的提升提供了导向，使"为人民服务"更加具体和明确，同时也给人们自觉运用人民利益标准判断身边的道德现象和道德问题提供了尺度，有助于人们自觉抵制拜金主义、享乐主义、极端个人主义、自私自利、损人利己等错误思想和行为。这对为人民服务建设以及人们的自我教育具有重要的指导作用。

---

① 夏伟东主编:《中国共产党思想道德建设史略》，山东人民出版社 2006 年版，第 363 页。

第五章
"为人民服务" 的历史地位与现实启示

　　"为人民服务" 是中国共产党人在革命战争年代提出、在社会主义建设和改革中不断发展的思想理论。"为人民服务" 形成与发展的过程伴随着马克思主义中国化的历史进程，也伴随着中国革命、建设与改革的实践不断推进的过程。深刻解读 "为人民服务" 形成与发展的历史进程，有助于我们深化对 "为人民服务" 历史地位的理解，对市场经济条件下的道德建设以及新形势下党的建设有重要启示。

第一节 "为人民服务" 的历史地位

　　"为人民服务" 在中国共产党和中国人民的经济生活、政治生活以及其他全部社会生活中具有十分重要的地位。它已经成为中国共产党和中国人民特有的精神风貌。"为人民服务" 的这一重要地位是历史形成的。随着 "为人民服务" 的形成与发展，它早已在中国人民心中落地生根，并且产生了巨大的推动作用。

一、对马克思主义的丰富与发展

　　"为人民服务" 是中国共产党人以马克思主义基本原理为指导，在探索中国革命、建设和改革的过程中形成的重要思想理论。它坚持了马克思主义的群众观点，明确回答了"为什么人"这一根本性问题，以不断满足人民群众的利益为根本价值取向，揭示了马克思主义指导下的社会主义运动的根本目的。"为人民服务"从多个方面发展了马克思主义。

第一，"为人民服务"发展了马克思主义"为绝大多数人谋利益"的思想，丰富了马克思主义政党的学说。革命导师马克思和恩格斯在《共产党宣言》中提出了"为绝大多数人谋利益"这一思想，把它作为无产阶级运动的根本目的，并使之成为无产阶级政党的任务使命。中国共产党人对马克思主义经典作家的这一思想进行了发展。

一方面，发展了"为绝大多数人谋利益"这一思想的内涵。《共产党宣言》是国际共产主义运动的纲领性文件，对国际无产阶级政党的革命实践都具有指导作用。但《宣言》只是为各国无产阶级运动提供了基本的立场和方法，在具体的实践中需要无产阶级政党结合本国实际加以运用和发展。"为绝大多数人谋利益"这一思想就是对各国无产阶级政党的总体要求，具有较强的国际主义内涵。其中"绝大多数人"指的是全世界无产者和被压迫人民。恩格斯曾经指出："无产阶级的国际运动，无论如何只有在独立民族的范围内才有可能。"① 也就是说，虽然强调国际主义在无产阶级运动中十分重要，但是在本国无产阶级革命尚未取得胜利以及社会主义建设尚未取得成功的条件下，更具有实践价值的是调动本国人民的积极性、主动性和创造性，为本国的绝大多数人服务。只有把本国的革命、建设搞好了，才能增强社会主义运动的力量，进而更好地发扬无产阶级的国际主义精神。正因如此，以毛泽东为代表的第一代党中央领导集体紧紧抓住如何更好地实现中国人民翻身解放、使中国人民过上幸福生活这一主题，对经典作家"为绝大多数人谋利益"的思想进行了创造性的发展。中共七大通过的《中国共产党章程》把"全心全意为中国人民服务"作为党的政治纲领之一。这不是降低了"为绝大多数人谋利益"的国际主义内涵，而是根据中国实际得出的必然结论，是对"为绝大多数人谋利益"思想的具体运用和发展。

另一方面，坚持了"为绝大多数人谋利益"这一思想的重要地位，明确

---

① 《马克思恩格斯全集》第 35 卷，人民出版社 1971 年版，第 261 页。

了"为人民服务"的定位。在共产主义运动史上，中国共产党人第一次把"为人民服务"作为自己的纲领，从而明确了"为人民服务"的定位。《共产党宣言》是一个国际性的无产阶级政治纲领，它把"为绝大多数人谋利益"坚定地写在了全世界无产阶级政党的旗帜上，使"为绝大多数人谋利益"成为全世界无产阶级运动的重要目标。这也必然要求各国无产阶级政党以《宣言》中的这一思想作为自己的纲领，以《宣言》中提出的目标为目标，坚持为人民群众谋利益。但是，据考察，《宣言》发表以后直至中共七大召开之前，世界上还没有哪一个国家的无产阶级政党明确地把"为绝大多数人谋利益"作为自己的纲领，也没有把"为人民服务"写入党的章程，更没有明确提出"为人民服务"是党员的义务。苏联共产党也是在 1961 年苏共 22 大通过的《苏联共产党章程》才提出"党为人民而存在，党为人民服务"①。可以说，中共七大把"为人民服务"写入本国无产阶级政党章程并把它规定为党员的义务，这在国际共产主义运动史上是开天辟地的第一例。

第二，丰富了马克思主义的道德观。马克思主义经典作家有过许多关于社会主义社会人际关系以及社会主义道德的论断。这主要体现在三个方面。

首先，在批判资本主义的异化中包含了对社会主义道德的思考。马克思、恩格斯认为，私有制的贪婪本性造成了资本主义社会的全面异化，这在人际关系上表现为人与人之间的普遍否定。马克思指出："每个人追求自己的私人利益，……每个人都互相妨碍别人利益的实现，这种一切人反对一切人的战争所造成的结果，不是普遍的肯定，而是普遍的否定。"② 这就是说，在资本主义条件下，每一个人肯定自己就是否定别人，肯定别人就是否定自己，人与人之间都是作为异己的力量而存在的。人与人之间的否定性关系导致了资本主义社会人际关系的冷漠，也形成了个人追逐私利、人与人之间相互利用和相互矛盾的现象。"人人为自己、上帝为大家"就是这种现象的深刻反映。因此，恩格斯提出："每一个人的利益、福利和幸福同其他人的福利有不可分割的联系，……没有自己的伙伴我们就寸步难行"③。这实际上已经包含了恩

---

① 中共中央党校党建教研室编：《苏联共产党章程汇编》，求实出版社 1982 年版，第 201 页。
② 《马克思恩格斯全集》第 30 卷，人民出版社 1995 年版，第 106 页。
③ 《马克思恩格斯全集》第 2 卷，人民出版社 1957 年版，第 605 页。

格斯对社会主义道德以及社会主义社会人际关系的思考，也就指出了社会主义社会人与人之间的依存关系，人与人之间互为手段和目的的关系。

其次，在"平等"的思想中论述了平等是社会关系的平等。马克思、恩格斯在《神圣家族》中指出："平等是人在实践领域中对自身的意识，也就是人意识到别人是和自己平等的人，人把别人当做和自己平等的人来对待。……它表明人对人的社会的关系或人的关系。"① 这不仅揭示了马克思恩格斯的平等观，更体现了马克思主义所主张的社会主义人际关系的基本要求。

再次，论述了未来社会的人际关系和道德风尚。在马克思和恩格斯对未来社会的构想中，包含着他们对共产主义道德和共产主义社会人际关系的观点。他们提出的"自由人的联合体"的思想是对共产主义社会人际关系最直接的体现。不仅如此，他们还论述了共产主义社会个人利益和公共利益的关系问题。恩格斯在论述共产主义的优越性时指出："只有维护公共秩序、公共安全、公共利益，才能有自己的利益，……在利益的共同已经成为基本原则、公共利益和个人利益已经没有什么差别的社会里，情况还不知要好多少倍呵！"② 这就是说，在共产主义社会个人利益和社会利益是统一的，而社会利益得到保障和维护，个人利益才有可能实现。因此，每一个人都要努力维护和实现社会利益。

"为人民服务"作为社会主义道德建设的核心有着丰富的内涵。但是它最基本的方面就是明确强调了社会主义人与人之间的同志式关系，提倡人际间的平等、团结、互助、友爱，它要求人们把个人利益和社会利益统一起来，提倡人们为社会作贡献。这是对马克思主义道德观的丰富与发展。

此外，马克思主义经典作家最初并没有明确地把"为绝大多数人谋利益"作为社会主义公民应遵守的道德。中国共产党在社会主义革命、建设、改革的实践丰富和发展了经典作家"为绝大多数人谋利益"的思想，使之成为全社会普遍倡导的道德观念，这更是丰富了马克思主义的道德观。

第三，发展了马克思主义军队建设思想。马克思、恩格斯在对暴力革命、无产阶级专政、无产阶级国家等问题的论述中，特别是在他们创立的军事理

---

① 《马克思恩格斯全集》第 2 卷，人民出版社 1957 年版，第 48 页。
② 《马克思恩格斯全集》第 2 卷，人民出版社 1957 年版，第 609 页。

论中包含着对无产阶级军队建设的深刻思考。他们批判了剥削阶级军队是为统治阶级服务、压迫人民的工具。在他们看来任何军队、警察等上层建筑都是为特定阶级服务的。列宁和斯大林进一步丰富和发展了马克思主义的军队建设思想。列宁指出："军队和生产资料一样，从前是剥削阶级手中的压迫工具。而现在在俄国，两者都成了为劳动者的利益而斗争的工具。"① 斯大林直接提出了红军"为工农服务"的命题。以毛泽东为代表的第一代党中央领导集体根据中国革命的实际提出人民军队"为人民服务"的宗旨，从而发展了马克思主义的军队建设思想，特别是超越了斯大林的红军"为工农服务"的思想。一方面，"为人民服务"不仅把工人阶级和农民阶级作为服务对象，而且要服务于"人民"范围内的所有中国人民。这是由党在不同时期的革命、建设任务所决定的。事实上，对这一问题，我们不能简单地理解成"为人民服务"对象范围的扩大，更体现了中国共产党人对"为人民服务"认识的深化，也符合中国革命与建设的需要。另一方面，如前所述，斯大林对红军"为工农服务"的论断更侧重于事实性描述，而不是一种规定和要求。中国共产党人把"为人民服务"明确作为人民军队的唯一宗旨，使"为人民服务"在军队建设中的重要地位得以确立，体现了人民军队的根本立场和价值取向。这是无产阶级军队建设史上的一个重大创新。除此以外，邓小平、江泽民、胡锦涛、习近平等对人民军队宗旨的新论断也进一步丰富了马克思主义的军队建设思想。

第四，作为道德建设核心的"为人民服务"是对毛泽东国民公德思想的继承和发展。"为人民服务"在革命战争时期体现为中国共产党和人民军队的根本宗旨，是一种先进性的要求。随着革命胜利的临近，以毛泽东为代表的中国共产党人已经开始探索适合广大人民群众道德水平的道德规范。在第一次全国政治协商会议期间，毛泽东给《新华月报》的提词中写到："爱祖国，爱人民，爱劳动，爱护公共财产为全体国民的公德。"其中"爱人民"就是对全心全意为人民服务的发展，是一种对全体社会成员的普遍性要求。但是后来由于种种原因，这种探索一度中断。改革开放以后，邓小平、江泽民、胡锦涛等党中央领导集体继承了毛泽东的国民公德思想，把"五爱"作为社会

①《列宁全集》第34卷，人民出版社1985年版，第454页。

主义道德建设的基本要求，并且形成了以为人民服务为核心的道德体系。这是对毛泽东国民公德思想的发展。

二、保持党的先进性的强大支柱

先进性是马克思主义政党的本质特征和生命力所在。不断加强党的先进性建设是中国共产党取得革命、建设与改革伟大胜利的重要经验。胡锦涛指出："一个政党过去先进，不等于现在先进；现在先进，不等于永远先进。"① 这就明确地告诉我们，党的先进性不是一劳永逸的，实践的不断发展、党面临的新形势、新任务以及党的建设中出现的新情况、新问题都需要把党的先进性建设作为一项长期任务来抓。只有如此，才能保证党始终站在时代前列并成为社会主义事业的坚强领导核心。党的先进性建设是一个系统的工程，其中，全心全意为人民服务是保持党的先进性的强大支柱。

首先，全心全意为人民服务是党的先进性的根本体现。一般来说，党的先进性是指一个政党的历史使命和奋斗目标符合人类社会的发展规律，其指导思想、纲领、宗旨、路线反映时代的要求。马克思主义认为，为绝大多数人谋利益是无产阶级运动的目标和方向，体现了人类社会最崇高、最进步的理想追求。因此，马克思主义政党的先进性说到底体现在能够不断实现绝大多数人的根本利益，坚持把为绝大多数谋利益作为自己的奋斗目标和历史使命。这是马克思主义政党与以往一切政党的根本区别，也是马克思主义政党保持先进性的重要支柱。

中国共产党始终坚持人民群众这一马克思主义的根本立场，她的指导思想、纲领、路线、方针和政策都是以最广大人民群众的根本利益为出发点和落脚点，她的历史任命和奋斗目标就是要为人民服务、实现人的全面发展。从中国共产党成立90多年的历史来看，中国共产党之所以能够始终保持先进性，始终站在时代的前列，始终能够团结带领全国各族人民不断实现每一个阶段性目标，最根本的原因就在于始终坚持全心全意为人民服务的宗旨。因此，离开了全心全意为人民服务这一根本宗旨，中国共产党的先进性就无从

---

① 《十六大以来重要文献选编》（中），中央文献出版社2006年版，第616页。

体现。对广大党员干部来说，如果一个党员全心全意为人民服务的宗旨动摇了，就会在实际工作和生活中以自我为中心，甚至逐步发展成为个人主义、以权谋利等违法乱纪的行为。许多事例表明，一些党员干部宗旨意识的动摇往往也是他失去其先进性的开始。

其次，全心全意为人民服务体现了党的先进性建设的最终目标。在我国，中国共产党的历史使命、建设中国特色社会主义、实现中华民族伟大复兴的奋斗目标、实现最广大人民的根本利益这些方面在本质上是一致的。因此，党的先进性建设虽然包含着丰富的内容，但这些内容通过全心全意为人民服务这一宗旨得到统一。加强党的先进性建设就是要用马克思主义中国化的最新成果武装全党，用科学的理论指导全心全意为人民服务的实践；就是要使党的路线、方针、政策更好地反映人民的意愿，得到人民的拥护；就是要不断增强各级党组织的凝聚力和战斗力，从而使各级党组织在社会主义现代化建设中更好地发挥战斗堡垒作用；就是要不断提高广大党员的宗旨意识和自身素质，使广大党员在带领人民创造美好生活中发挥先锋模范作用。总之，全心全意为人民服务这一宗旨统一着党先进性建设的各个方面和各个领域，它揭示了党的先进性建设的根本目的。

再次，全心全意为人民服务为党的先进性建设提供方向保证。先进性是马克思主义政党的固有品质，党的先进性建设必须坚持正确的方向。世界上一些马克思主义政党之所以会遭受亡党亡国的命运，就是因为它们在党的建设中没有坚持正确的方向。社会主义运动的经验教训告诉我们，创新党的指导思想，但绝不能抛弃人民群众创造历史的根本观点；增强党的活力，但绝不能丧失党的本色；转变党的作风，但绝不能动摇党的立场。说到底，"在任何情况下，与人民群众同呼吸共命运的立场不能变，全心全意为人民服务的宗旨不能忘，坚信人民群众是真正英雄的历史唯物主义观点不能丢。"① 加强党的先进性建设，就是"把党建设成为全心全意为人民服务、思想上政治上组织上完全巩固、能够经受住各种风险、始终走在时代前列、领导全国人民建设中国特色社会主义的马克思主义政党。"② 因此，只有坚持全心全意为人

① 《十六大以来重要文献选编》（上），中央文献出版社 2005 年版，第 318 页。
② 《十六大以来重要文献选编》（下），中央文献出版社 2008 年版，第 524 页。

民服务这个根本的方向，才能保证党在坚持马克思主义的前提下进行理论创新，才能保证党始终体现立党为公、执政为民的本色，才能使党继续成为领导人民建设中国特色社会主义的主心骨，才能使党真正站在时代前列，永葆马克思主义政党的先进性。

最后，全心全意为人民服务为检验党先进与否提供了根本标准。党先进与否从来都不是自封的，而是有客观的评价标准。判断我们党是否先进，就是看党是否始终站在时代的前列，是否始终推动社会发展和进步，是否始终能够实现和维护好最广大人民的根本利益，是否始终得到人民群众的真心拥护。这些方面都与全心全意为人民服务的内涵相契合。因此，党的先进性最根本的判断标准就是看我们党是否做到全心全意为人民服务。毛泽东曾经说过："共产党人的一切言论行动，必须以合乎最广大人民群众的最大利益，为最广大人民群众所拥护为最高标准。"① 邓小平提出的"三个有利于"标准，就是把人民群众拥护不拥护作为党制定各项政策的根本出发点和落脚点。江泽民也指出："党的一切工作和方针政策，都要以是否符合最广大人民群众的利益为最高衡量标准。这是我们观察和处理问题的一个根本原则。"② 胡锦涛提出："能不能坚持全心全意为人民服务的根本宗旨，是衡量一名党员是否合格的根本标尺。"③ "民心向背，是检验一个政党是否具有先进性的试金石。"④ 习近平指出："检验我们一切工作的成效，最终要看人民是否真正得到了实惠，人民生活是否真正得到了改善"⑤。党和国家领导人对人民群众主体地位的高度认识，对人民群众利益的高度重视，对人民满意、民心向背重要性的高度自觉，都说明实现最广大人民群众的根本利益在检验党的各项工作中具有至高的地位。在新的历史条件下，我们判断党是否先进，最根本的标准就是看党是不是始终做到全心全意为人民服务、是不是始终为广大人民群众带来真正的利益。

---

① 《毛泽东选集》第三卷，人民出版社 1991 年版，第 1096 页。

② 《江泽民文选》第二卷，人民出版社 2006 年版，第 262 页。

③ 《十六大以来重要文献选编》（中），中央文献出版社 2006 年版，第 623 页。

④ 《十六大以来重要文献选编》（下），中央文献出版社 2008 年版，第 535 页。

⑤ 中共中央文献研究室编：《论群众路线——重要论述摘编》，中央文献出版社党建读物出版社 2013 年版，第 117 页。

三、推进社会主义事业的精神动力

"为人民服务"是推进中国革命、建设与改革的精神动力。它给共产党人以信念的支撑，激发了人民群众为自己利益而奋斗的热情，为党和人民提供了精神凝聚力，积极实践为人民服务的模范更产生了强大的精神感召力。

第一，"为人民服务"给共产党人以信念的支撑。为人民服务以人民群众是历史创造者这一唯物史观的基本观点为理论基础，以对人民群众的深厚感情为情感基础，它给共产党人提供了为人民群众谋利益的坚定信念并指引和规范着共产党员为人民的利益不懈奋斗，是中国共产党人排除万难争取胜利的精神动力。事实上，早在马克思主义诞生之际，为绝大多数人谋利益就被写在马克思主义政党的旗帜上，成为激励全世界共产党人的信念。中国共产党以马克思主义为指导，始终坚持全心全意为人民服务这一宗旨。在革命战争年代，无数革命志士为实现人民的利益不懈奋斗、不怕牺牲。毛泽东发表的"为人民服务"演讲以后，更铸成了共产党人"为人民利益而死，比泰山还重"的坚定信念。正因如此，在艰难的革命岁月里，无数中国共产党人以为人民服务为精神支柱，不断把革命事业推向前进。一些同志不幸牺牲了，更多的革命同志坚定地举起了先烈的旗帜。共产党人为人民利益奋斗的意志使共产党人的革命活动克服了一切艰难险阻，甚至超越了生命的界限。即使个体的生命在斗争中消失了，也要把革命的事业、革命的火种、革命的精神传递下去。在革命战争年代，无数共产党人用生命实践了全心全意为人民服务的宗旨。邓小平后来概括的我们党在革命战争时期的革命和拼命精神、严守纪律和自我牺牲的精神、大公无私和先人后己的精神、压倒一切困难和敌人的精神、排除万难争取胜利的精神。这些方面说到底就是全心全意为人民服务的精神。可以说，正是有了无数中国共产党人全心全意为人民服务的坚定意志，才有了新民主主义革命的伟大胜利。新中国成立以后，共产党人坚定不移地实践党的根本宗旨。在社会主义建设的各个领域都可以见到共产党人全心全意为人民服务的坚定身影。在以毛泽东、邓小平、江泽民、胡锦涛、习近平等为核心的党中央的坚强领导下，广大共产党员继续发扬革命战争时期的优良传统，积极投身社会主义现代化建设事业，他们为不断满足人民日益增长的物质文化生活需要而奋斗、为实现中国特色社会主义而奋斗、为实现中华民族伟大复兴的中国梦而奋斗。当前，全心全意为人民服务的优良传统已经成为中华民族精神的一部分，成为引领和激励共产党人取得胜利的伟大旗帜。

第二，"为人民服务"激发了人民群众为自己利益而奋斗的首创精神。马克思主义政党的重要任务之一就是使广大人民群众认识到自己的利益，并为实现自己的利益而奋斗。"为人民服务"的提出，不仅教育和激励了广大党员，而且充分发扬了人民群众的首创精神。对人民群众来说，为人民服务就是在为改善自己的物质文化生活水平而奋斗。这不仅从理论上解决了人民群众如何认识自己的利益、如何为自己的利益而斗争的问题，而且为广大群众发扬自身的主体性作用提供了有效途径。在革命战争年代，广大人民积极拥护党的领导、支持和支援党领导下的人民军队。不仅如此，大量的人民群众在党的领导下组织起来并成为革命力量的重要部分，使侵略者和反动派陷入人民战争的汪洋大海。新中国成立以后，人民群众成为国家和社会的主人，也成了为人民服务主体的一部分。在建设社会主义的过程中，为了改变中国一穷二白的面貌，为了使全国人民过上幸福美好的生活，广大人民群众积极响应党中央的号召，以主人翁的姿态投身到社会主义建设之中。他们埋头苦干、艰苦奋斗，主动承担社会责任，自觉做好本职工作，无论在社会分工中扮演什么样的角色，都要努力创造一流的工作业绩。新中国成立60多年来，特别是改革开放三十多年来，几代中国人民创造性地开展建设社会主义的伟大实践，不仅推动了社会主义经济建设的不断发展，也推动了社会主义精神文明的不断进步。人们在实践中积极探索，不仅使科学技术不断发展，而且还形成了一系社会主义建设的宝贵经验。有些经验还被吸收并上升为党的思想理论，从而推动了党的理论创新。总之，"为人民服务"起到了对人民群众的动员作用，使广大人民的积极性、主动性和创造性得到发扬。

第三，"为人民服务"为党和人民群众以及一切进步人士之间提供了精神凝聚力，是人们精神上的一面旗帜。共同的奋斗目标和共同的利益取向是产生凝聚力的重要因素。在马克思主义产生以前，广大人民有自己的利益诉求，要过幸福美好的生活；政党有自身的政治目的，要实现自己的政治主张和政治路线。这二者大多数情况下没有统一起来，甚至是对立的。马克思主义产生以后，二者实现了统一。党的事业的全部就是要不断实现人民群众的切身利益，不断改善人们的生存条件和生活状况，实现人的全面发展。中国共产党和中国人民有共同的奋斗目标和共同的利益取向。为人民服务就是对这种共同的目标和共同的利益取向最准确的表达。

"为人民服务"不仅在物质利益方面把党和人民凝聚起来，也进一步在思想上、精神上把党和人民凝聚起来，它成为党和人民共同的精神旗帜，在党和人民群众间产生了强大的凝聚力。在革命战争年代，人们积极拥护党的领导，支持党领导下的革命战争，把人民军队称为"咱们的军队"，把共产党称为"亲人"。广大人民群众和中国共产党同仇敌忾、同心同德，从而实现了革命的胜利。在社会主义建设和社会主义改革的历史进程中，这种凝聚力表现为人民群众拥护社会主义制度、拥护中国共产党的领导，积极投身社会主义建设，并取得了社会主义建设与改革的伟大成就。

不仅如此，"为人民服务"也使一切进步人士紧密团结在中国共产党的周围，调动了一切积极因素，增强了革命、建设和改革的力量。"为人民服务"展现了中国共产党和中国人民的精神风貌。新民主主义革命时期，特别是延安时期，许多进步人士来到延安实地考察，他们被中国共产党全心全意为人民服务的精神所打动，并用自己的方式宣传中国、宣传中国共产党、宣传中国人民、宣传中国革命。这就使越来越多的人同情中国人民的生活境遇，赞同中国共产党的革命立场，并通过各种方式支持中国共产党的革命工作。在社会主义建设时期，也有许多华人、华侨和国际友人，为了提高人们的生活水平、改善中国人民的生活环境，他们纷纷投入到科技、教育、医疗、社会服务等事业中去，成为建设社会主义的重要力量。这就使党和人民的事业有了更加广泛的基础。

第四，为人民服务的英雄模范对广大党员和群众产生了强大的精神感召力。在革命、建设与改革的每一个时期，中国共产党内和人民群众中都不断涌现出为人民服务的模范个人和先进集体。比如张思德、雷锋、焦裕禄、"南京路上好八连"、孔繁森、郭明义，都是积极践行为人民服务的典范。这些都是我们宝贵的精神财富，是鼓舞广大党员和人民群众积极实践"为人民服务"的强大动力。这些英雄模范不仅指引着人们不断提高人生境界，让各条战线上纷纷涌现出一批批为人民服务的先进典型，更激励着无数人积极投身社会主义事业。在革命战争年代，张思德所体现出的为人民服务精神为无数共产党人所学习和敬仰，革命队伍中呈现出极大的热情；新中国成立以后的雷锋激励了几代中国人，而且至今还发挥着重要的鼓舞作用。可以说，正是有了"为人民服务"，才有了一个又一个"激情燃烧的岁月"。当前，我们正面临着建设中国特色社会主义、实现中华民族伟大复兴中国梦的历史任务，这就更需要发挥先进人物的引领作用。特别是广大党员，要坚持做到全心全意为人民服务。通过共产党员精神上的感召力调动起人民群众建设中国特色社会主义的积极性、主动性和创造性。

四、社会主义社会的新风尚

"为人民服务"提升了中国共产党和人民群众的精神面貌，开创了社会主义新风尚。在革命年代，"为人民服务"是革命文化的核心内容，新中国成立后，"为人民服务"成为社会主义道德的核心，体现了社会主义制度下人民群众的崇高精神境界，成为社会主义道德和社会主义精神文明的显著优势。

在革命战争年代，中国共产党始终以为人民大众谋利益作为自己的奋斗目标和价值追求，并在此基础上形成了独特的革命文化，也形成了与以往一切剥削阶级政党不同的党风。毛泽东明确提出的"为人民服务"更是成为革命文化的核心内容。"为人民服务"的提出，不仅进一步形成了共产党内部的良好风气，而且形成了共产党局部执政期间良好的社会风气。比如在延安时期，共产党员以身作则、全心全意为人民服务；延安的人民群众以党员干部为榜样，自觉践行为人民服务。正因如此，延安的党风政风、民风社风呈现出一派新气象。"当时到延安考察的人们，无论是心怀疑虑的美军观察团，还是早已对辖区倾心向往的民主人士、知识分子，甚至是想挑毛病的国统区新闻记者，都对边区井然有序的社会环境，夜不闭户的社会治安，艰苦奋斗、廉洁奉公的优良作风，生气勃勃的军民风貌，发出由衷的赞叹。"① 可以说，在为人民服务的指引下形成的社会风气，是延安精神的生动写照。它吸引了无数人奔赴延安、投身革命。延安之所以吸引人，就在于它不仅是中国革命的灯塔，也是中国人精神面貌的标杆。

新中国成立以后，党和国家积极开展为人民服务教育，使"为人民服务"更加深入人心。特别是 20 世纪 60 年代初的学习英模运动对社会道德水平的提高产生了深远的影响。在当时，雷锋、焦裕禄、孟泰等先进个人、以王进喜为代表的先进集体以及人民解放军都成为社会上广泛学习的道德楷模，他们全心全意为人民服务的精神品质激励了无数的人。一时间，社会上学英模、争先进蔚然成风，各条战线纷纷涌现出全心全意为人民服务的榜样，还有不计其数的人默默无闻地践行着为人民服务的准则。正是在为人民服务的引领下，在新中国成立不到 20 年的时间里，举国上下就形成了以助人为乐、先人后己、克己奉公、团结一致、文明礼貌、艰苦奋斗为标志的一代社会主义新风。这种良好的社会风气，不仅在中国的历史上不曾有过，就是全世界范围内也是没有的。原中共中央党校副校长李君如说："我们有些同志回忆起 50 年代、60 年代的社会风气，都感到健康向上，健康向上的核心是什么呢？就是大家都有为人民服务的精神。"②

改革开放以后，党中央深入开展社会主义精神文明建设，社会风气比以往有了很大改善。但是"文革"的影响还不能在短时间内消除，再加上市场经济体制的不健全，社会上也出现了一些与社会主义道德要求不一致的现象，甚至在一定范围内道德失范的问题还比较严重。但是我们相信，通过长期不懈的为人民服务建设，我们国家的社会风气一定能大有改善。

党的十六大以来，特别是十八大以来，党中央不断加强党风政风、社风家风建设，深入开展党的群众路线教育实践活动，在全社会大力培育和践行社会主义核心价值观，大力弘扬雷锋精神，不断营造崇德向善的浓厚氛围，社会风气大为好转，社会上的先进人物不断涌现。这表明我们的社会风气总

---

① 卢少求著：《延安时期中国共产党执政文化建设研究》，安徽大学出版社 2009 年版，第 186 页。

② 临青、魏亚平著，屈瑞佳编：《〈为人民服务〉大型电视片解说词精选》，党建读物出版社 2001 年版，第 159 页。

体上是进步的，人心向善更是社会上的大势所趋。

第二节 "为人民服务"的现实启示

"为人民服务"在中国革命、建设与改革的过程中发挥了重要的作用。历史经验表明，"为人民服务"的精神品质不会自发地形成，要不断加强为人民服务建设。要充分认识"为人民服务"的理论逻辑，一方面，在任何时候、任何情况下，都必须毫不动摇地坚持"为人民服务"；另一方面，要不断用"为人民服务"发展的新成果武装全党、教育人民，体现"为人民服务"的新内涵和新要求。"为人民服务"之所以会在社会生活中产生重要影响，就在于广大党员干部发挥了模范带头作用，同时也是在人民群众中广泛深入地开展宣传教育的结果。

一、"为人民服务"在历史发展中的理论逻辑

如前所述，在中国革命、建设与改革的历史进程中，"为人民服务"的命题从无到有，其表达形式不断得到全党和全国各族人民的广泛认可，体现了形式上的稳定性；另一方面，"为人民服务"的思想内涵不断得到深化、基本要求不断得到丰富，体现了与时俱进的理论特征。这是实践创新和理论创新的必然要求。但是也要看到，"为人民服务"在其历史演进的过程中，不仅体现了命题表达与思想内涵的有机统一，还体现出历史逻辑与理论逻辑的有机统一。因此，充分认识"为人民服务"的理论逻辑是十分重要的。

第一，"为人民服务"的理论逻辑体现在它一以贯之的价值立场和思想主线。习近平指出："从马克思、恩格斯在《共产党宣言》中明确提出共产党人始终坚持为无产阶级、为绝大多数劳动人民谋利益，到列宁强调党是无产阶级的先进部队，要为人民群众服务、代表他们的利益；从毛泽东同志关于共产党人必须全心全意为人民服务的重要思想，到邓小平同志关于必须把人民拥护不拥护、赞成不赞成、高兴不高兴、答应不答应作为衡量改革和一切事

业根本标准的重要思想，到江泽民同志关于中国共产党必须始终代表最广大人民根本利益的重要思想，到胡锦涛同志关于必须把最广大人民的根本利益作为贯彻落实科学发展观的根本出发点和落脚点的重要思想，从中我们可以清楚地看到一条一脉相承又与时俱进的思想主线，这就是：始终站在人民大众立场上，一切为了人民、一切相信人民、一切依靠人民，诚心诚意为人民谋利益。"① 这就明确指出了"为人民服务"的价值立场和思想主线。

可以说，始终站在人民大众的立场、一切为了人民、一切相信人民、一切依靠人民、诚心诚意为人民谋利益正是"为人民服务"理论实质的深刻体现，这些方面有机地统一在"为人民服务"形成与发展的进程中，同时也规定和体现着"为人民服务"理论发展的根本方向。"为人民服务"的发展正是始终遵循了遵循了这一价值立场，贯彻了这一思想主线。因此，无论"为人民服务"如何创新发展，它所体现了人民大众的立场不会变，它所坚持的一切为了人民、一切相信人民、一切依靠人民、诚心诚意为人民谋利益永远也不会变。

第二，"为人民服务"的理论逻辑体现在思想内涵的有机统一。"为人民服务"在其历史发展中，以多种理论形态体现出来，具有多方面的内涵。按照历史线索，"为人民服务"大体包括中国共产党和人民军队的宗旨、社会主义道德的核心内容、中国共产党人的价值追求等内涵，还有人将"为人民服务"作为科学的人生观。尽管如此，"为人民服务"作为宗旨、道德核心、价值追求等方面的内涵是有机统一的。

首先，宗旨、道德核心、价值追求是层次递进的关系。一般来说，道德核心是对人民群众的要求，属于基础性层面；党的宗旨则是对共产党员和社会上先进分子的要求，属于高层次的要求；价值追求，既体现为无产阶级的人生观，也体现为中国共产党人的信仰，是包括中国共产党党员在内的全体人民精神生活的核心，属于最高层面的要求。但是，这三方面的内涵是不矛盾的，而是层次递进的关系。需要指出的是，作为道德核心的"为人民服务"同样也包含着不同的层次。但无论如何，它与"为人民服务"的其他内涵都

---

① 习近平：《深入学习中国特色社会主义理论体系努力掌握马克思主义立场观点方法》，《求是》2010年第7期，第19页。

是有机统一的。对不同群体以及不同思想道德水平的人们提出不同的道德要求,符合我国的基本国情,也符合人们思想道德水平的实际。

其次,宗旨、道德核心、价值追求的目标和对象是一致的。仅从语义上就可看出,"为人民服务"是一个目标性、对象性很强的命题表达。宗旨、道德核心、价值追求,都体现了中国共产党和中国人民的一切目标就是为广大人民群众谋利益,揭示了"为人民服务"的对象是最广大的人民群众。具体来讲,"为人民服务"对人民群众来说是道德规范,它要求人们在社会生活中以"利他"或至少是"非利己"的目的作出道德选择和道德实践,倡导不断为满足人民群众的物质文化需要服务;"为人民服务"对中国共产党来说是宗旨,它强调共产党人没有自己的私利,党的存在目的、价值追求以及每个党员精神生活的最高意义就在于全心全意为人民服务、实现人的全面发展。这体现了宗旨、道德核心、价值追求在目标方面是统一的。从"为人民服务"的对象来看,作为道德核心的"为人民服务"当然不否定个体的正当利益和个体的价值,但更强调和鼓励以"他人"为服务对象。而作为宗旨、价值追求的"为人民服务"的"利他"性表现得更鲜明。宗旨、道德核心、价值追求的对象说到底就是最广大的人民群众。

再次,宗旨、道德核心、价值追求在理论上具有相通性。广义上讲,宗旨、道德核心、价值追求都属于道德的范畴,都体现了中国共产党和中国人民的价值观念。作为宗旨,"为人民服务"是政党的道德和价值追求;作为道德核心,"为人民服务"是每个公民的理想目标和人生价值的反映;作为价值追求,"为人民服务"又以宗旨和道德的形式体现出来。

最后,"为人民服务"的理论逻辑与历史逻辑统一于中国共产党的实践。"为人民服务"继承了马克思主义经典作家"为绝大多数人谋利益"的思想,又在中国革命、建设与改革的实践中得到不断发展。这个过程体现了理论逻辑与历史逻辑的统一。一方面,中国革命、建设与改革的实践发展不断提出新的课题,经典作家"为绝大多数人谋利益"的思想不断和中国实际和时代特征相结合,"为人民服务"的内涵不断深化,进而形成和体现出自身的理论逻辑;另一方面,"为人民服务"又成为中国共产党和中国人民的精神力量,对中国革命、建设与改革产生深远影响,使中国社会的面貌不断发生新的变化，体现了"为人民服务"的历史逻辑。因此，"为人民服务"的理论逻辑是以理论的形式展现的"为人民服务"的历史；"为人民服务"的历史逻辑是以历史的形式展现的"为人民服务"的理论和实践。

总之，"为人民服务"是历史逻辑与理论逻辑的有机统一，二者统一于中国共产党团结带领中国人民进行的伟大实践。我们要在把握"为人民服务"形成与发展的历史中认识其思想内涵，并在把握其思想内涵的基础上认识和推进中国共产党和中国人民的伟大实践，使"为人民服务"的理论和实践不断深化。在实践中，既要毫不动摇地坚持"为人民服务"，不断巩固其宗旨、道德核心、价值追求的地位，也要用"为人民服务"发展的新成果武装全党、教育人民，要结合实践需要不断向党员干部和人民群众提出"为人民服务"的新要求。

二、党员干部要做"为人民服务"的表率

中国共产党是"为人民服务"的提出者，也是当前为人民服务建设的推动者。历史经验表明，"为人民服务"之所以会得到全社会的普遍认同，就是因为长期以来许多共产党人特别是广大党员干部坚持做到了全心全意为人民服务。当前，绝大多数党员干部具有较强的宗旨意识，他们能够正确看待和运用权力来为人民服务。但是也有少数党员干部经不起权力、利益等诱惑，贪污腐化、官僚主义的现象还时有发生。这些违法乱纪的党员虽然是少数，但是也对党的形象造成极大的破坏，降低了人民群众对"为人民服务"的认同感和信服感。为了更好地发挥"为人民服务"的引领作用，广大党员干部必须做"为人民服务"的表率。

要做理论学习和思想改造的表率。思想理论建设在党的建设中具有根本性的地位。因此，广大党员干部要加强对理论学习和思想改造重要性的认识，做理论学习与思想改造的领路人。党员干部要自觉学习党的思想理论，坚持用马克思主义中国化的最新成果武装自己，牢固树立马克思主义的思想路线和认识路线，树立马克思主义的群众观点，要在培育和践行社会主义核心价值观中起到表率和模范作用。要把"以人为本、执政为民"

作为各项工作的基本出发点，不断树立"人民公仆"的意识，始终做到权为民所用、情为民所系、利为民所谋，始终做到在党言党、在党忧党、在党为党，不断提高自身党的意识、宗旨意识、责任意识，不断提高全心全意为人民服务的修养。

要做不断提高领导能力和业务水平的表率。党员干部坚持全心全意为人民服务说到底应该体现在执政能力和服务水平的增强，使人民得到实实在在的利益。刘少奇说过："我们为人民服务，就要对人民负责，就要在客观上使人民因为我们的服务而获得益处"①。因此，党员干部要不断增强为人民服务的本领。要模范学习党的理论，学习为人民服务所必备的各种知识，既要向书本学习，也要向实践学习，既要向人民群众学习、要向专家学习，也要向国外有益经验学习，不断提高领导能力和业务水平，从而更好地做到全心全意为人民服务。

要做良好党风政风的表率。党员干部的作风好坏关系到党的形象，也关系到社会风气。因此，党员干部要带头改进生活作风和工作作风，在党风政风建设中起到表率作用。一方面，党员干部要做奉公守法、严于律己的表率。广大党员干部要常怀律己之心，常修为官之德，要以一身正气、廉洁奉公为荣，以贪污腐化、以权谋私为耻，不断从思想上杜绝腐败现象的根源。要模范遵守《中国共产党党员领导干部廉洁从政若干准则》，严格遵守十八大以来党和国家出台的一系列关于廉政建设的重要规定，要按照党规党纪以更高标准严格要求自己，坚定理想信念，践行党的宗旨，坚决同违法乱纪行为作斗争。另一方面，党员干部要带头改善工作作风，增强服务意识。要开展经常性的批评与自我批评，不断克服工作中的官僚主义和形式主义，时刻告诫自己是人民的"勤务员"。要转变工作态度，讲究实际，务求实效，不断帮助人民群众解决实际问题，努力做人民满意的公仆。

三、广泛深入开展"为人民服务"的宣传教育

"为人民服务"形成与发展的历史告诉我们，必须在群众中广泛深入地开

---

① 《刘少奇选集》上卷，人民出版社1981年版，第349页。

展"为人民服务"的宣传教育，形成全社会为人民服务的良好风气。只有这样，"为人民服务"才能成为坚持和发展中国特色社会主义、实现中华民族伟大复兴的强大精神力量。

第一，开展群众性的为人民服务建设活动。为人民服务建设是一项长期的群众性工程，要结合当前我国人民的思想道德状况做好为人民服务的普及推广工作，紧紧抓好职业道德建设，培养人们助人为乐的社会公德，使"为人民服务"成为全社会的共识。

首先，要围绕"为人民服务"的层次性要求开展普及推广工作。针对当前许多群众对为人民服务存在误区的现实，各级相关部门要把宣传"为人民服务"的层次性要求作为宣传教育工作的重点。要教育广大群众，为人民服务有着不同层次的要求：毫不利己、专门利人、大公无私，勇于献身，为了人民的利益鞠躬尽瘁、死而后已是为人民服务；一切以人民的利益为出发点，积极进取，在为他人和社会作贡献中实现个人价值，这也是为人民服务；先公后私，为了人民勤奋学习、努力工作，始终做到爱岗敬业，这是为人民服务；人与人之间相互关心、互敬互爱，热心公益、乐于助人、见义勇为、帮贫救困，是为人民服务；在经济生活中，通过诚实劳动合法经营获取正当利益，不损公肥利，不侵害他人和社会的利益，并且能在客观上有助于发展社会主义市场经济，改善人们的生活，这也是应当肯定的。所以，要讲清楚为人民服务绝不是共产党员和社会先进分子的"专利"。每一个社会成员，无论从事什么职业，无论多大年龄，只要是社会主义国家的公民，都可以通过各种形式、在各个领域做对他人和社会有益的事，都可以做到为人民服务。

其次，要不断扩大为人民服务建设的覆盖面，抓好基层思想政治工作。为人民服务建设的重点在基层，难点也在基层。要在城市社区、村镇、医院、国有企业、私营企业以及各类经济组织和各类社会组织中开展为人民服务建设，形成全方位的思想政治工作网络，使为人民服务建设不留"死角"。要坚持把解决人民群众的实际困难作为开展为人民服务建设的抓手，帮助建立健全各项规章制度，通过法律手段、制度手段和行政手段切实保障人民群众的根本利益。

再次，要打牢职业道德的基础。遵守职业道德是为人民服务的起码要求。

而做好本职工作更是服务他人、奉献社会最有效、最直接的方式。在为人民服务建设中，必须坚持以培养人们的职业道德为基础。要教育广大群众立足本职工作，把为人民服务的要求落实到具体的行动中去。要在各行各业大力提倡爱岗敬业、诚实守信、办事公道、服务群众、奉献社会的职业道德，不断激发人们的主人翁精神，鼓励人们在各自的工作岗位上创造人民满意的工作业绩。

最后，要把为人民服务建设融入到社会公德和家庭美德的建设之中。乐于奉献、助人为乐的精神境界以及和谐的人际关系都是为人民服务的重要体现。要坚持以各类群众性的精神文明创建活动为依托，在全社会大力提倡人人都是服务者、人人都是服务对象的理念，培养人们树立相互关心、相互帮助、互敬互爱的品格，提倡见义勇为、助人为乐、文明礼貌、人际和谐的道德风尚，引导人们增强明辨是非的能力，坚决抵制那些对他人安危、冷暖漠不关心、麻木不仁的行为。此外，志愿者活动是新时期为人民服务的有效实现形式，有利于为人民服务风气的形成。要积极开展"手拉手"、"送温暖"、"献爱心"等公益活动，引导人们在志愿服务中树立乐于奉献的精神品质。

第二，要发挥榜样的力量。在思想政治工作中，榜样具有许多自身优势并且发挥着重要的作用。从历史上看，我们党也是通过树立张思德、雷锋这两个典型，从而实现了两次具有深远意义的为人民服务教育。因此，新时期的为人民服务建设必须发挥榜样的力量。

首先，要继续坚持以革命、建设和改革进程中涌现的英雄模范人物教育人们。张思德、雷锋、焦裕禄等英雄模范是全心全意为人民服务的典范，是中国共产党人和全国人民可贵的精神财富。在任何时候，我们都要大力弘扬他们全心全意为人民服务的精神品质。特别是要倡导全社会向雷锋学习，把雷锋所体现的全心全意为人民服务精神不断发扬光大。要按照党中央的有关部署，不断推进学雷锋活动具体化和常态化。要结合新的历史特点，把学雷锋活动与培育和践行社会主义核心价值观结合起来，与增强公民道德和文明素质结合起来。当前学雷锋，"就是要学习雷锋为人民服务、助人利他的奉献精神，树立为人民服务的幸福观和快乐观；就是要学习雷锋干一行爱一行、专一行、精一行的敬业精神，立足本职、忠于职守，在平凡的岗位上创造不平凡的业绩"①。

其次，要以新时期涌现的道德模范为榜样，引导人们做为人民服务的实践者。新时期，在我国各条战线上都涌现出了许多可敬的道德模范。这既是我们道德建设成绩的有力证明，更给为人民服务建设提供了好的教育资源。要号召人们向助人为乐的模范郭明义学习，学习他"给人温暖就是给自己幸福"的无私奉献精神；要号召人们向敬业奉献的模范杨善洲、沈浩等人学习，学习他们一辈子忠于党、忠于人民的鞠躬尽瘁、死而后已的精神；要号召人们向见义勇为的模范邰忠利、甘占恩等人学习，学习他们热爱人民、舍己救人、奋不顾身的精神；号召人们向诚实守信的模范刘延宝、孙影等人学习，学习他们恪守承诺以及助贫助教矢志不移的精神。在为人民服务建设中，要结合本单位实际，以学雷锋活动为契机，用新时期的先进人物特别是郭明义、杨善洲的模范事迹教育和激励人们，培养学先进、做先进的良好风气，引导人们在不同的领域自觉做到为人民服务。

再次，要不断发掘人们身边的为人民服务典型。受教育者身边的典型人物往往和自己有着同样的工作环境或生活环境，只是典型人物的思想境界更高，工作成绩更突出。一般来说，这些典型人物能做到的事情，普通群众经过努力也能做到。因此，身边的典型人物的参照性更强，可以更直接地对普通群众起到示范和鼓舞作用。在为人民服务建设中，要不断发掘人们身边敬业奉献、乐于助人的典型人物，"通过积极倡导'用身边的事教育身边的人，用身边的榜样激励身边的人'，从而在典型的引导下，形成互相之间比学赶超、力争上游的局面。"② 在发掘典型人物时人应坚持两个原则，一是坚持客观性原则。不能对典型人物的事迹夸大其词，更不能人为拔高，要完整准确反应典型人物的先进事迹和道德水平。二是坚持层次性原则。既要发掘全心全意为人民服务的典型，也要大量塑造那些爱岗奉献、助人为乐的典型。努力形成多层次的典型队伍，从而对不同思想状况的人们都起到激励和引导的作用。

---

① 本报评论员：《深入开展学雷锋活动的动员令》，《光明日报》，2012 年 3 月 3 日，第 1 版。

② 帅启朗等编著：《思想政治教育常用方法 100 招》，解放军出版社 2011 年版，第 235 页。

第三，要发挥好舆论的导向作用。社会舆论对为人民服务建设具有重要影响。舆论积极健康，则有助于为人民服务风气的形成；反之，则会制约为人民服务建设的实效性。江泽民指出："舆论导向正确，是党和人民之福；舆论导向错误，是党和人民之祸。"① 因此，在为人民服务建设中，必须发挥好舆论的导向作用。

要发挥好大众传媒的引导作用，积极宣传为人民服务的道德观念。大众传媒是影响社会舆论的重要因素。无论是官方媒体，还是民间的传媒机构，都要负起社会责任。要注意发挥自身的引导优势，把新闻、报纸、互联网等传播渠道建设成弘扬为人民服务、抵制自私自利的阵地。要多报道好人好事，鼓励人们做为人民服务的公民；对那些与为人民服务要求相违背的丑恶现象要予以坚决的批判；对那些道德领域内的热点问题，要积极开展舆论引导工作，要坚持人民利益的标准，把握好时、度、效的关系。要加强对新闻媒体的监督管理。当前，有些新闻机构为了迎合人们的猎奇心理，恶意炒作丑恶现象、突出负面消息的行为还时有发生。这就容易使人们对社会风气作出错误的判断。如果任由这些现象发展，势必会对为人民服务建设造成极大的破坏。要加强党对新闻工作的领导，不断建立健全行业规范，营造新闻机构间相互监督的环境，使新闻媒体反映党的主张和人民的利益要求。

要发挥好公众人物和意见领袖的引导作用，使他们做为人民服务的实践者和倡导者。在当今社会，公众人物和意见领袖逐渐成为对人们思想和行为影响较大的群体，在社会舆论走向中发挥着不可忽视的作用。从职业状况来看，这些人包括学者、成功企业家、文体明星、艺术家、自由职业者、网络达人，等等。但是他们往往具有知名度高、出镜频率高、意见表达途径多、人们认可度高、"粉丝"多等特点。在电视、报纸、网络等人们日常生活的各个方面，到处可以听到他们的声音。可以说，这些人是发表个人观点、影响他人价值判断的"活跃分子"。要正确认识这些人在影响人民群众思想和行为方式的优势，把他们转化成为人民服务建设的舆论资源。一方面，要加强对这些人的教育引导。帮助他们树立为人民服务的思想，提高他们的自律意识，培养他们热心公益、乐于奉献的品格，使他们在社会生活中发挥好榜样的作

---

① 《江泽民文选》第一卷，人民出版社2006年版，第564页。

用。另一方面，要充分发挥这些人对广大群众的影响力，把他们培养成为人民服务的宣传者。引导他们通过公益广告、微博、微信等形式开展为人民服务的宣传活动，使服务他人、奉献社会的观念更加深入人心。

第三节　"为人民服务"的当代价值

"为人民服务"是中国共产党和中国人民的优良传统，是我们今天必须继续坚持和大力弘扬的精神财富。改革开放以来，人们的思想观念、生活方式、利益关系发生了深刻的变化。但是"为人民服务"在市场经济条件下没有过时，也不会过时。在新的历史条件下，大力弘扬"为人民服务"是培育和践行社会主义核心价值观的必然要求，党的群众路线教育实践活动则贯穿着宗旨建设这一主线，这都表明"为人民服务"在当代中国的重要价值。

一、市场经济条件下"为人民服务"没有过时

改革开放初期，伴随着对毛泽东和毛泽东思想的历史评价问题，一些人曾经对"全心全意为人民服务"、"毫不利己，专门利人"等社会主义道德进行了错误批判，认为这是"左"的思想。也有些人认为，当前我们国家的生产力水平还不发达，达不到社会主义的水平，提倡为人民服务这种社会主义道德是不恰当的。还有学者认为，市场经济在本质上是以"经济人"假设为前提，这与为人民服务所强调的"利他"行为在本质上是矛盾的。针对这些错误观点，学届围绕市场经济条件下提倡为人民服务的合理性问题展开了广泛讨论。其中比较有代表性的观点认为，市场经济仅仅是人们社会生活中的一个领域，实际上人们的社会生活还包括许多非经济领域，并不能因为我们搞了市场经济，就得出为人民服务在市场经济条件下不合宜的结论。但是笔者认为，这种观点在一定程度上回应了人们对市场经济条件下要不要坚持为人民服务的问题，但是还不够全面。因为经济领域和非经济领域并不是完全隔绝的，而是相互联系、相互融合的。人们在从事经济活动的时候，必然也

带有一定的思想、情感和道德观念。如果认为在非经济领域提倡为人民服务是合理的，那么还可以得出另一个结论，即在经济领域不提倡为人民服务也是合理的。因此，在市场经济条件下要不要提倡"为人民服务"，并不是因为社会上存在着经济和非经济的领域。

市场经济条件下"为人民服务"有没有过时，包含两个方面的问题。一是中国共产党还要不要继续坚持全心全意为人民服务的宗旨；二是当前还有没有必要在全社会大力提倡和弘扬"为人民服务"的道德观。前者是一个无须讨论的问题。因为中国共产党是马克思主义的政党，党的性质决定了任何时候都不能改变"为人民服务"的宗旨地位。后者则需要从理论上加以说明。

首先，思想、道德等社会意识是由社会存在所决定的，但是道德与社会生产力水平之间不是简单的对应关系，二者存在一定张力。道德受生产力水平制约并不是说道德要求应该简单地等同于经济发展水平。实际上，道德之所以成为道德就在于它往往略高于经济水平，这样才能起到对人们精神生活的引领作用。虽然社会主义初级阶段的生产力水平不高，但在革命战争年代，我国的生产力水平更低，那时候我们党还在革命队伍中提倡共产主义道德。实践表明，党在战争时期提倡的共产主义道德卓有成效地凝聚了党心和民心，从而保证了革命战争的胜利。因此，在我国现阶段大力提倡为人民服务的道德观是十分必要的。

其次，社会主义市场经济需要道德的力量。社会主义市场经济并不是西方资本主义的市场经济与社会主义制度的简单叠加，而是经济、道德、法律、体制、社会心理等多方面的有机结合。社会主义的政治制度、经济制度、文化制度是社会主义市场经济的制度性前提，也构成了社会主义市场经济条件下处理道德问题的根本出发点。事实上，市场经济只是一种手段和工具，它并没有价值导向的功能，而是为一种社会制度所倡导的价值观念和价值追求服务的。即使是在西方国家，他们所提倡的"个人主义"价值观念也并不是建立市场这个"看不见的手"的基础之上。这一点连亚当·斯密都不否认。他在《道德情操论》中通过对"同情心"、"合宜性"等问题的论述，说明在市场经济条件下，道德情操也是一只"看不见的手"，对社会的价值追求起着调节的作用。"在亚当·斯密的体系中并不是一个只顾追逐个人利益的'经济人'，人还必须遵守规则，必须尊重他人的利益，必须具有同情心。"① 资本主义的市场经济尚且如此，我们现在搞的社会主义市场经济更需要通过道德加以规范和调节，而不能任功利主义、自私自利这些错误观念大行其道。此外，在发展社会主义经济的过程中提倡"为人民服务"，可以有效地避免市场经济体制不健全而带来的道德问题。这本身就是社会主义制度优越性的体现。因此，"社会主义市场经济时代的道德理想和理想人格只能是社会主义而不是市场经济。为人民服务就是这种道德理想和理想人格的基本理念或集中体现。因为为人民服务是社会主义道德区别于其他一切旧道德的根本标志。"②

再次，发展社会主义市场经济说到底是要为人民服务。"发展社会主义市场经济仍然要强调为人民服务，为人民服务的宗旨就体现在社会主义生产目的之中。"③ 我们之所以发展社会主义市场经济就是因为原来的计划经济体制存在着弊端，不利于广大人民群众根本利益的实现。因此，搞社会主义市场经济说到底是建设和发展中国特色社会主义、满足人民群众不断增长的物质文化需要的一种手段，是为人民服务的。

最后，社会主义市场经济条件下为人民服务的合理性还体现在为人民服务的层次性。诚然，我国现在的生产力水平与经典作家所说的社会主义生产力水平还存在着差距。但这并不能说明在当前市场经济条件下，提倡为人民服务不具备合理性。恰恰相反，越是发展社会主义市场经济，越需要在全社会大力提倡为人民服务。从我国现阶段的生产力水平出发必然得出为人民服务在具体要求上应当体现层次性这一结论。因为，当前我国的生产力水平总体不高，且发展不平衡，利益主体日益多元化，人们的思想道德水平存在较大差异。社会上既有符合共产主义道德要求的先进分子，也有少数自私自利的人存在。在这样的形势下，我们倡导为人民服务就必须体现出层次性特点，既要体现出对社会上先进分子的道德要求，又要适合绝大多数人的思想道德

---

① 厉以宁：《超越市场与超越政府——论道德力量在经济中的作用》（修订版），经济科学出版社2010年版，第32页。

② 吴育林著：《社会主义道德与市场经济统一性研究》，中山大学出版社2007年版，第304—305页。

③ 厉以宁：《为人民服务体现在社会主义的生产目的之中》，《人民日报》，1993年12月29日，第5版。

水平。

所以说，在社会主义市场经济不断发展的今天，为人民服务没有过时，也不会过时，仍然是我们必须大力提倡的道德核心。

二、大力弘扬"为人民服务"是培育和践行社会主义核心价值观的必然要求

党的十八大提出了培育和践行社会主义核心价值观的重要任务。十八大报告指出："倡导富强、民主、文明、和谐，倡导自由、平等、公正、法治，倡导爱国、敬业、诚信、友善，积极培育和践行社会主义核心价值观。"[1] 随后，培育和践行社会主义核心价值观成为社会各界热烈讨论的重大问题。2013 年 12 月，中共中央办公厅印发的《关于培育和践行社会主义核心价值观的意见》指出："富强、民主、文明、和谐是国家层面的价值目标，自由、平等、公正、法治是社会层面的价值取向，爱国、敬业、诚信、友善是公民个人层面的价值准则，这二十四个字是社会主义核心价值观的基本内容，为培育和践行社会主义核心价值观提供了基本遵循。"[2] 后来，习近平又于 2014 年 5 月 4 日、2014 年 5 月 30 日对社会主义核心价值观作了进一步的重要论述。培育和践行社会主义核心价值观对推进中国特色社会主义事业、实现中华民族伟大复兴的中国梦具有十分重要的意义，必须着力加强对社会主义核心价值观的基本理论问题的研究。笔者认为，"为人民服务"是社会主义核心价值观的应有之义，体现着社会主义核心价值观的本质内容，培育和践行社会主义核心价值观必须大力弘扬"为人民服务"。

第一，培育和践行社会主义核心价值观是长期的过程。从思想政治教育的规律来看，要使一个思想理论内化于人们的思想品格、外化于人们的实际行动，需要经过长期的教育和引导，不可能一蹴而就。社会主义核心价值观的培育和践行则更是一个长期的过程。

因为培育和践行社会主义核心观既是指把已有的核心价值观内化于心、

---

① 《十八大以来重要文献选编》（上），中央文献出版社 2014 年版，第 25 页。
② 《十八大以来重要文献选编》（上），中央文献出版社 2014 年版，第 578 页。

外化于行，也是指在实践中不断深化和培育出社会主义的核心价值观。实际上，《关于培育和践行社会主义核心价值观的意见》中已经说明，"三个倡导"、"二十四个字"是社会主义核心价值观的"基本内容"；2014 年 5 月 4 日，习近平在北京大学师生座谈会上更明确地指出："在当代中国，我们的民族、我们的国家应该坚守什么样的核心价值观？……经过反复征求意见，综合各方面认识，我们提出要倡导富强、民主、文明、和谐，倡导自由、平等、公正、法治，倡导爱国、敬业、诚信、友善，积极培育和践行社会主义核心价值观。"[①] 据此，笔者认为，"三个倡导"、"二十四个字"是指当代中国的社会主义核心价值观，体现了目前我国社会各界的"最大公约数"，是中国特色社会主义核心价值观的重要内容。目前，思想政治教育的重要任务之一，就是用"三个倡导"、"二十四个字"武装人们的头脑，用这个"最大公约数"凝聚社会共识、巩固全国各族人民的团结奋斗的共同思想基础。

同时也要看到，当代中国的社会主义核心价值观应在实践中不断发展，成为中国特色社会主义核心价值观，并最终发展为具有普遍意义的社会主义核心价值观。这个过程必然是一个长期的过程。培育社会主义核心价值观是理论界和全党全国各族人民的重要任务。

第二，"为人民服务"是培育和践行社会主义核心价值观的重要革命传统文化资源。《关于培育和践行社会主义核心价值观的意见》指出："开展革命传统教育，加强对革命传统文化时代价值的阐发，发扬党领导人民在革命、建设、改革中形成的优良传统"[②]。这一论述为我们深刻认识"为人民服务"的当代价值、发掘培育和践行社会主义核心价值观的革命传统文化资源指明了方向。在革命、建设、改革的历史进程中，在中国共产党的思想理论体系中，甚至在人们的心目当中，"为人民服务"都有着十分重要的地位。在革命战争年代，它把中国共产党和中国人民凝聚在一起，并取得了革命的胜利；新中国成立后，它进一步汇聚了社会主义建设与改革的强大力量。"为人民服务"既是革命道德和革命文化，又在社会主义建设与改革中不断发展，它贯穿着马克思主义的根本立场和价值追求，同时"为人民服务"体现了中国共产党

---

① 《习近平谈治国理政》，外文出版社 2014 年版，第 168 页。
② 《十八大以来重要文献选编》（上），中央文献出版社 2014 年版，第 585—586 页。

和中国人民最宝贵的优良传统，是我们不断取得革命、建设、改革伟大胜利的重要保障。在新的历史条件下，培育和践行社会主义核心价值观，离不开大力弘扬"为人民服务"。这既是"为人民服务"创新发展的需要，也是培育和践行社会主义核心价值观的必然要求。

第三，"为人民服务"体现着社会主义核心价值观的本质内容。培育社会主义核心价值观必须有一个正确的方向。那么，什么是社会主义核心价值观呢？学界对这个问题的争议还比较大。笔者认为，对社会主义核心价值观我们可以从多个方面去认识。首先，社会主义核心价值观必须是社会主义的核心价值观，也必须是社会主义国家的核心价值观，还是社会主义社会倡导的价值观，也是社会主义国家公民遵循的价值观；其次，在中国，社会主义核心价值观必须与中国古代优秀传统文化相承接；再次，社会主义核心价值观必须与社会主义核心价值体系相一致，与"三个倡导"、"二十四个字"相统一。据此，笔者认为，"为人民服务"最符合上述要求，它能够充分反映社会主义核心价值观的本质内容，揭示了培育社会主义核心价值观的根本方向。

具体来说，"为人民服务"和中国古代优秀传统文化相承接，它有着深厚的传统文化渊源；"为人民服务"毫无疑问是社会主义倡导的价值观念，在马克思主义经典作家那里就有直接的思想体现；"为人民服务"和"三个倡导"、"二十四个字"具有高度的一致性，"二十四个字"中的每一方面都体现着"为人民服务"的意蕴。特别要指出的是，"为人民服务"能够把国家、社会、公民三个层面的价值观念整合起来，具有较高的概括性。如前所述，"为人民服务"是一个目标性、对象性十分明确的命题，其思想内涵十分丰富，具有很强的层次性和包容性。无论是国家层面、社会层面还是公民个体层面的价值观，凡是于人民有利的价值观念都可以纳入"为人民服务"的范畴。因此，"为人民服务"的理论特征使它能够充分体现社会主义核心价值观的本质内容。大力弘扬"为人民服务"是培育和践行社会主义核心价值观的必然要求。

三、宗旨建设是党的群众路线教育实践活动的主线

党的十八大报告提出："围绕保持党的先进性和纯洁性，在全党深入开展

以为民务实清廉为主要内容的党的群众路线教育实践活动，着力解决人民群众反映强烈的突出问题，提高做好新形势下群众工作的能力。"① 根据十八大的决策部署，以习近平为总书记的党中央在全党范围内组织开展了群众路线教育实践活动，旨在教育引导党员干部树立宗旨意识和马克思主义群众观点，贯彻党的群众路线，改进工作作风，解决人民群众密切关注的重大问题，进一步凝聚党心民心。2013 年 5 月 9 日，党中央下发了《中共中央关于在全党深入开展党的群众路线教育实践活动的意见》。根据《意见》精神，这次教育实践活动从 2013 年 6 月起自上而下分两批开展，到 2014 年 10 月基本结束。这次群众路线教育实践活动以为民务实清廉为主要内容，着力解决形式主义、官僚主义、享乐主义和奢靡之风，以"照镜子、正衣冠、洗洗澡、治治病"为总要求。可以说，党的群众路线教育实践活动自始至终都贯穿着加强宗旨建设这条主线，是新时期党的宗旨教育的重要形式。

第一，宗旨建设是群众路线教育实践活动要解决的最重要的问题。应该说，党的群众路线教育实践活动要解决的问题、实现的目标是多方面的，是新时期的重要战略决策。但是毫无疑问，宗旨建设是其中最重要的方面。十八大以来，习近平就多次强调这一观点。他指出："开展党的群众路线教育实践活动，就是要使全党同志牢记并恪守全心全意为人民服务的根本宗旨，以优良作风把人民紧紧凝聚在一起，为实现党的十八大确立的目标任务和中国梦而努力奋斗。"② "开展这项活动，最重要的问题是要教育引导全党始终坚持全心全意为人民服务的根本宗旨，不断赢得人民群众的信任和拥护，保持同人民群众的血肉联系。"③ 此外，《中共中央关于在全党深入开展党的群众路线教育实践活动的意见》以及习近平的讲话还多次强调提高党员的宗旨意识。这就是说，党的群众路线教育实践活动不仅在行动上解决宗旨落实不到位的问题，而且也强调在思想认识上解决部分党员干部宗旨意识欠缺的问题，并把解决思想问题和解决实际工作中的问题统一起来。

第二，宗旨建设体现在为民务实清廉的内容中。党的群众路线教育实践

---

① 《十八大以来重要文献选编》（上），中央文献出版社 2014 年版，第 40 页。

② 《十八大以来重要文献选编》（上），中央文献出版社 2014 年版，第 309 页。

③ 中共中央文献研究室编：《论群众路线——重要论述摘编》，中央文献出版社党建读物出版社 2013 年版，第 138 页。

活动以为民务实清廉作为主要内容。为民，就是"要坚持人民创造历史、人民是真正英雄，坚持以人为本、人民至上，坚持立党为公、执政为民，坚持一切为了群众、一切依靠群众，从群众中来、到群众中去"。务实，就是"坚持问政于民、问需于民、问计于民，发扬密切联系群众之风；谦虚谨慎、戒骄戒躁，厉行勤俭节约、反对铺张浪费，发扬艰苦奋斗之风"。清廉，就是要做到"干部清正、政府清廉、政治清明"。① 说到底，把为民务实清廉作为教育实践活动的主要内容，就是要发扬党的优良传统和优良作风，使党员干部真正做到全心全意为人民服务。

第三，宗旨建设贯穿于解决"四风"问题、落实教育实践活动的总要求之中。解决形式主义、官僚主义、享乐主义和奢靡之风是群众路线教育实践活动的焦点，也就是要解决那些与党的宗旨相违背的不良作风。习近平指出："中央反复研究，决定把这次教育实践活动的主要任务聚焦到作风建设上，集中解决形式主义、官僚主义、享乐主义和奢靡之风这'四风'问题。为什么要聚焦到'四风'上呢？因为这'四风'是违背我们党的性质和宗旨的，是当前群众深恶痛绝、反映最强烈的问题，也是损害党群干群关系的重要根源。"② 解决"四风"就要按照"照镜子、正衣冠、洗洗澡、治治病"总要求，以党章为镜，对照党的纪律和群众的期盼，查找宗旨意识、工作作风、廉洁自律方面的差距，不断严明党的纪律特别是政治纪律，就要以整风精神开展批评和自我批评，教育党员干部端正作风，对与民争利、损害群众利益的不正之风和突出问题进行专项治理。因此，解决"四风"问题、落实教育实践活动的总要求，都贯穿着党的宗旨建设这一重要目标，其目的是提高党员干部的宗旨意识，在思想上和行动上纠正那些对人民利益不维护、不作为以及损害人民群众利益的各种问题。

第四，党的群众路线教育实践活动表明了"为人民服务"的重要价值。党的群众路线教育实践活动，是党中央在新形势下坚持党要管党、从严治党的重大决策。这次教育实践活动从思想上和行动上加强了党的宗旨建设，党员干部的宗旨意识和践行宗旨的自觉性大为提高，党在人民群众中的威信和

① 《十八大以来重要文献选编》（上），中央文献出版社2014年版，第285页。
② 《十八大以来重要文献选编》（上），中央文献出版社2014年版，第313—314页。

形象进一步树立，党的执政基础得到进一步巩固。从这个意义上讲，党的群众路线教育实践活动是新时期大力弘扬"为人民服务"的重要举措，为加强党的宗旨建设积累了经验。同时也表明，无论过去、现在和将来，"为人民服务"都是我们党宝贵的精神财富，对加强和改进党的建设具有十分重要的意义，进而对推进全面建成小康社会、全面深化改革、全面依法治国、全面从严治党具有重要价值。

通过群众路线教育实践活动，全党的思想认识得到进一步统一，党和人民群众的血肉联系得到进一步巩固，党进一步成为中国特色社会主义事业的坚强领导核心。正因如此，全面建成小康社会、全面深化改革、全面依法治国有了强有力的保障。我们相信，只要我们继续大力弘扬"为人民服务"，全面建成小康社会、全面深化改革、全面依法治国、全面从严治党一定会取得新的伟大成绩，"两个一百年"的奋斗目标一定会实现，中华民族伟大复兴的中国梦一定会实现。

参 考 文 献

一、马克思主义经典原著

1. 《马克思恩格斯选集》1—4 卷，人民出版社 1995 年版。

2. 《马克思恩格斯全集》第 1 卷，人民出版社 1956 年版。

3. 《马克思恩格斯全集》第 2 卷，人民出版社 1957 年版。

4. 《马克思恩格斯全集》第 3 卷，人民出版社 2002 年版。

5. 《马克思恩格斯全集》第 6、9 卷，人民出版社 1961 年版。

6. 《马克思恩格斯全集》第 18 卷，人民出版社 1958 年版。

7. 《马克思恩格斯全集》第 21、22 卷，人民出版社 1965 年版。

8. 《马克思恩格斯全集》第 30 卷，人民出版社 1995 年版。

9. 《马克思恩格斯全集》第 35 卷，人民出版社 1971 年版。

10. 《马克思恩格斯全集》第 46 卷上册，人民出版社 1979 年版。

11. 《列宁选集》1—4 卷，人民出版社 1995 年版。

12. 《列宁全集》第 2、4 卷，人民出版社 1984 年版。

13. 《列宁全集》第 8 卷，人民出版社 1986 年版。

14. 《列宁全集》第 9 卷，人民出版社 1987 年版。

15. 《列宁全集》第 24 卷，人民出版社 1990 年版。

16. 《列宁全集》第 30、33、34、36 卷，人民出版社 1985 年版。

17. 《列宁全集》第 39 卷, 人民出版社 1986 年版。

18. 《斯大林选集》上、下卷, 人民出版社 1979 年版。

19. 《斯大林文集》(1934—1952), 人民出版社 1985 年版。

20. 《毛泽东选集》一——四卷, 人民出版社 1991 年版。

21. 《毛泽东文集》第一、二卷, 人民出版社 1993 年版。

22. 《毛泽东文集》第三卷, 人民出版社 1996 年版。

23. 《毛泽东文集》第六、七卷, 人民出版社 1999 年版。

24. 《邓小平文选》一——二卷, 人民出版社 1994 年版。

25. 《邓小平文选》第三卷, 人民出版社 1993 年版。

26. 《江泽民文选》第一——三卷, 人民出版社 2006 年版。

27. 《习近平谈治国理政》, 外文出版社 2014 年版。

二、中文著作

1. 中共中央文献研究室编:《毛泽东书信选集》, 人民出版社 1983 年版。

2. 中共中央文献研究室编:《毛泽东在七大的报告和讲话集》, 中央文献出版社 1995 年版。

3. 中共中央文献研究室、中共中央党校编:《刘少奇论党的建设》, 中央文献出版社 1991 年版。

4. 江泽民:《论 "三个代表" 》, 中央文献出版社 2001 年版。

5. 中共中央文献研究室编:《毛泽东邓小平江泽民论世界观人生观价值观》, 人民出版社 1997 年版。

6. 中共中央宣传部宣传教育局、中华人民共和国教育部政策法规司编:《毛泽东邓小平江泽民论为人民服务》, 学习出版社 1998 年版。

7. 中国社会科学院马克思列宁主义毛泽东思想研究所编:《马克思恩格斯列宁斯大林毛泽东邓小平江泽民论工人阶级政党的先进性》, 人民出版社 2003 年版。

8. 中共中央文献研究室编:《江泽民论有中国特色社会主义 (专题摘编) 》, 中央文献出版社 2002 年版。

9. 中国人民解放军总政治部编印：《国防和军队建设贯彻落实科学发展观重要论述选编》，解放军出版社 2010 年版。

10. 刘彦章等编：《斯大林年谱》，人民出版社 2003 年版。

11. 中共中央文献研究室编：《毛泽东年谱（1893—1949）》中册，中央文献出版社 2002 年版。

12. 中共中央文献研究室编：《邓小平思想年谱》，中央文献出版社 1998 年版。

13. 中共中央文献研究室编：《邓小平年谱（1975—1997）》，中央文献出版社 2004 年版。

14. 中共中央文献研究室编：《江泽民思想年编（1989—2008）》，中央文献出版社 2010 年版。

15. 《刘少奇选集》上卷，人民出版社 1981 年版。

16. 《刘少奇选集》下卷，人民出版社 1985 年版。

17. 《周恩来选集》下卷，人民出版社 1984 年版。

18. 《朱德选集》，人民出版社 1983 年版。

19. 《陈云文选》第一卷，人民出版社 1995 年版。

20. 《张闻天选集》，人民出版社 1985 年版。

21. 《李大钊选集》，人民出版社 1959 年版。

22. 《瞿秋白选集》，人民出版社 1985 年版。

23. 《方志敏文集》，人民出版社 1985 年版。

24. 《恽代英文集》上卷，人民出版社 1984 年版。

25. 《邓中夏文集》，人民出版社 1983 年版。

26. 《董必武选集》，人民出版社 1985 年版。

27. 《谭政军事文选》，解放军出版社 2006 年版。

28. 《徐特立文集》，湖南人民出版社 1980 年版。

29. 《金日成选集》第 4 卷，人民出版社 1963 年版。

30. 《孙中山全集》第二卷，中华书局 1982 年版。

31. 《孙中山选集》，人民出版社 1981 年版。

32. 中央档案馆编：《中共中央文件选集》第 1 册（1921—1925），中共中央党校出版社 1989 年版。

33. 中央档案馆编:《中共中央文件选集》第 3 册（1927），中共中央党校出版社 1989 年版。

34. 中央档案馆编:《中共中央文件选集》第 11 册（1936—1938），中共中央党校出版社 1991 年版。

35. 中央档案馆编:《中共中央文件选集》第 15 册（1945），中共中央党校出版社 1991 年版。

36. 中共中央文献研究室编:《建国以来重要文献选编》第 1、2、3 册，中央文献出版社 1992 年版。

37. 中共中央文献研究室编:《建国以来重要文献选编》第 5 册，中央文献出版社 1993 年版。

38. 中共中央文献研究室编:《建国以来重要文献选编》第 9 册，中央文献出版社 1994 年版。

39.《三中全会以来重要文献选编》（上、下），人民出版社 1982 年版。

40.《十二大以来重要文献选编》（上、中），人民出版社 1986 年版。

41.《十二大以来重要文献选编》（下），人民出版社 1988 年版。

42.《十三大以来重要文献选编》（上、中），人民出版社 1991 年版。

43.《十三大以来重要文献选编》（下），人民出版社 1993 年版。

44.《十四大以来重要文献选编》（下），人民出版社 1999 年版。

45.《十五大以来重要文献选编》（上），人民出版社 2000 年版。

46.《十五大以来重要文献选编》（中），人民出版社 2001 年版。

47.《十五大以来重要文献选编》（下），人民出版社 2003 年版。

48.《十六大以来重要文献选编》（上），中央文献出版社 2005 年版。

49.《十六大以来重要文献选编》（中），中央文献出版社 2006 年版。

50.《十六大以来重要文献选编》（下），中央文献出版社 2008 年版。

51.《十七大以来重要文献选编》（上），中央文献出版社 2009 年版。

52.《十七大以来重要文献选编》（中），中央文献出版社 2011 年版。

53.《十七大以来重要文献选编》（下），中央文献出版社 2013 年版。

54.《十八大以来重要文献选编》（上），中央文献出版社 2014 年版。

55. 中共中央宣传部办公厅、中央档案馆编研部编:《中国共产党宣传工作文献选编（1915—1992）》，学习出版社 1996 年版。

56. 中国人民解放军政治学院党史教研室编：《中共党史参考资料》，第 2、9 册。

57. 北京大学西语系资料组编：《从文艺复兴到十九世纪资产阶级文学家、艺术家有关人道主义人性论言论选辑》，商务印书馆 1971 年版。

58. 中央编译局译：《俄国民粹派文选》，人民出版社 1983 年版。

59. 中共中央党校党建教研室编：《苏联共产党章程汇编》，求实出版社 1982 年版。

60. 刘建军主编：《中国共产党思想政治教育的理论与实践》，中国人民大学出版社 2008 年版。

61. 刘建军著：《马克思主义信仰论》，中国人民大学出版社 1998 年版。

62. 刘建军、曹一建著：《思想理论教育原理新探》，高等教育出版社 2006 年版。

63. 吴潜涛，刘建军著：《新时期思想政治教育史论》，安徽人民出版社 2004 年版。

64. 吴潜涛等著：《当代中国公民道德状况调查》，人民出版社 2010 年版。

65. 陈树文著：《为人民服务论纲》，内蒙古人民出版社 2002 年版。

66. 郭林等编：《从〈为人民服务〉到"三个代表"重要思想研究》，中国文联出版社 2004 年版。

67. 黄苇盯著：《苏共亡党十年祭》，江西高校出版社 2004 年版。

68. 临青、魏亚平著，屈瑞佳编：《〈为人民服务〉大型电视片解说词精选》，党建读物出版社 2001 年版。

69. 刘仁学等编：《宗旨·核心·追求：为人民服务理论与实践新探》，东北师范大学出版社 1997 年版。

70. 李学明编著：《优良传统纵横谈为人民服务篇》，福建人民出版社 1993 年版。

71. 帅启朗主编：《照亮人生的火炬：毛泽东〈为人民服务〉〈《纪念白求恩》〈愚公移山〉导读》，蓝天出版社 2000 年版。

72. 孙瑞等编：《为人民服务新论》，吉林人民出版社 1998 年版。

73. 张长春等编：《为人民服务新编》，吉林人民出版社 1997 年版。

74. 中国延安精神研究会等编：《为人民服务——纪念毛泽东〈为人民服务〉发表五十周年文集》，党建读物出版社 1995 年版。

75. 中共中央宣传部宣传教育局等编：《为人民服务让人民满意》，中国人事出版社 1999 年版。

76. 本书编写组：《空想社会主义学说史》，浙江人民出版社 1986 年版。

77. 本书编写组：《中国共产党教育理论与实践》，北京师范大学出版社 2001 年版。

78. 陈惠方、廖可铎著：《张思德传》，解放军出版社 2004 年版。

79. 陈平原著：《中国现代学术之建立——以章太炎、胡适之为核心》，北京大学出版社 1998 年版。

80. 丁俊萍、骆郁廷著：《中国共产党与现代中国政治》，武汉大学出版社 2002 年版。

81. 房成祥、黄兆安编：《陕甘宁边区革命史》，陕西师范大学出版社 1991 年版。

82. 冯刚、沈壮海主编：《中华人民共和国学校德育编年史》，中国人民大学出版社 2010 年版。

83. 高放、黄达强主编：《社会主义思想史》下册，中国人民大学出版社 1987 年版。

84. 谷淑英等著：《毛泽东的群众观》，吉林大学出版社 1997 年版。

85. 金冲及主编：《毛泽东传（1893—1949）》，中央文献出版社 2004 年版。

86. 金春明等编：《"文革"时期怪事怪话》，求实出版社 1989 年版。

87. 蒋建农等著：《毛泽东著作版本编年纪事》上、下册，湖南人民出版社 2003 年版。

88. 姜思毅主编：《中国共产党军队政治工作七十年史》第 5 卷，解放军出版社 1992 年版。

89. 李斌雄著：《中国共产党的价值观研究》，中国社会科学出版社 2003 年版。

90. 刘福寿等著：《人民主人翁：邓小平理论的主题词》，红旗出版社 2001 年版。

91. 联共（布）中央特设委员会编，中央编译局译：《联共（布）党史简明教程》，人民出版社1975年版。

92. 罗国杰著：《罗国杰文集》上卷，河北大学出版社2000年版。

93. 罗国杰主编：《中国革命道德（理论卷）》，中共中央党校出版社1999年版。

94. 罗国杰主编：《伦理学》，人民出版社1989年版。

95. 雷国珍主编：《中国共产党执政为民的理论与实践》，湖南人民出版社2005年版。

96. 林红著：《民粹主义：概念、理论与实证》，中央编译出版社2007年版。

97. 李淮春主编：《马克思主义哲学全书》，中国人民大学出版社1996年版。

98. 刘普生等著：《什么是共产主义怎样实现共产主义》，湖南教育出版社2000年版。

99. 刘跃进著：《毛泽东著作版本导论》，北京燕山出版社1999年版。

100. 厉以宁著：《超越市场与超越政府——论道德力量在经济中的作用》（修订版），经济科学出版社2010年版。

101. 蓝瑛、谢宗范主编：《社会主义流派政治思想述评》，上海社会科学院出版社1988年版。

102. 骆郁廷著：《精神动力论》，武汉大学出版2003年版。

103. 李泽厚著：《中国现代思想史论》，生活·读书·新知三联书店2008年版。

104. 苗力田主编：《古希腊哲学》，中国人民大学出版社1989年版。

105. 彭明著：《五四运动史》，人民出版社1998年版。

106. 彭明主编：《理想人格的追求：毛泽东的伦理观》，陕西师范大学出版社1993年版。

107. 钱穆著：《人生十论》，生活·读书·新知三联书店2009年版。

108. 帅启朗等编著：《思想政治教育常用方法100招》，解放军出版社2011年版。

109. 时希平等著：《马克思主义政党先进性建设的理论与实践》，人民出版社2006年版。

110. 宋希仁等主编：《伦理学大辞典》，吉林人民出版社 1989 年版。

111. 石云霞著：《新中国思想理论教育 60 年（1949—2009）》，华中科技大学出版社 2009 年版。

112. 宋志明、吴潜涛主编：《中华民族精神论纲》，中国人民大学出版社 2006 年版。

113. 田家英著：《田家英谈毛泽东思想》，四川人民出版社 1991 年版。

114. 唐能赋著：《毛泽东的伦理思想》，西南师范大学出版社 1993 年版。

115. 王国玉等编：《毛泽东的群众观与党的群众路线》，河北人民出版社 1993 年版。

116. 王怒焕著：《毛泽东的人生哲学》，湖北人民出版社 2003 年版。

117. 伍时霖等编：《当代共产党人的价值观》，中共中央党校出版社 1996 年版。

118. 王树荫著：《中国共产党思想政治教育史纲（1919—1949）》，党建读物出版社 2002 年版。

119. 王树荫、王炎著：《新中国思想政治教育史纲（1949—2009）》，人民出版社 2010 年版。

120. 王树荫主编：《中国共产党思想政治教育史》，中国人民大学出版社 2011 年版。

121. 王幸生主编：《军队政治工作学》，军事科学出版社 2010 年版。

122. 吴育林著：《社会主义道德与市场经济统一性研究》，中山大学出版社 2007 年版。

123. 魏英敏主编：《中国伦理学百科全书（职业伦理学卷）》，吉林人民出版社 1993 版。

124. 王泽应著：《20 世纪中国马克思主义伦理思想研究》，人民出版社 2008 年版。

125. 肖铁肩著：《领袖心中的上帝：毛泽东的人民观》，陕西师范大学出版社 1993 年版。

126. 夏伟东主编：《中国共产党思想道德建设史略》，山东人民出版社 2006 年版。

127. 夏伟东著：《论个人主义思潮》，高等教育出版社 2006 年版。

128. 徐向东著：《自我、他人与道德》上、下册，商务印书馆 2007 年版。

129. 杨天石著：《抗战与战后中国》，中国人民大学出版社 2009 年版。

130. 郑大华、邹小站主编：《西方思想在近代中国》，社会科学文献出版社 2005 年版。

131. 郑福林主编：《共产主义道德修养》，广西人民出版社 1983 版。

132. 中共中央党史研究室著：《中国共产党历史》第 1 卷（1921—1949）下册，中共党史出版社 2011 年版。

133. 中共中央党史研究室著：《中国共产党历史》第 2 卷（1949—1978）上册，中共党史出版社 2011 年版。

134. 中共中央文献研究室科研部图书馆编：《毛泽东著作是怎样编辑和出版的》，中国青年出版社 2003 年版。

135. 中共中央宣传部理论局编：《六个"为什么"——对几个重大问题的回答》，学习出版社 2009 年版。

136. 张化、苏采青主编：《回首"文革"》上、下册，中共党史出版社 2000 年版。

137. 张启华、张树军主编：《中国共产党思想理论发展史》上下卷，人民出版社 2011 年版。

138. 张耀灿主编：《中国共产党思想政治教育史论》，高等教育出版社 2006 年版。

139. 张耀灿等著：《现代思想政治教育学》，人民出版社 2006 年版。

140. 张允侯等编：《五四时期的社团》(2)，生活·读书·新知三联书店出版社 1979 年版。

141. 张志伟主编：《西方哲学史》，中国人民大学出版社 2002 年版。

142. 总政治部编：《雷锋日记选》，解放军文艺出版社 1989 年版。

143. [德] 弗·梅林著：《马克思传》上，樊集译，人民出版社 1972 年版。

144. [德] 路德维希·费尔巴哈著：《费尔巴哈哲学著作选集》上、下卷，荣震华译，商务印书馆 1984 年版。

145. [德] 米歇尔·鲍曼著：《道德的市场：对自由社会中法律与道德的社会

学研究》，肖君等译，中国社会科学出版社 2003 年版。

146. ［俄］尼·亚·别尔嘉耶夫著：《俄罗斯思想：19 世纪末至 20 世纪初俄罗斯思想的主要问题》，雷永生、邱守娟译，生活·读书·新知三联书店 1995 年版。

147. ［俄］尼·亚·别尔嘉耶夫著：《俄罗斯思想的宗教阐释》，邱运华、吴学金译，东方出版社 1998 年版。

148. ［法］圣西门著：《圣西门选集》第 1 卷，王燕生等译，商务印书馆 2009 年版。

149. ［法］圣西门著：《圣西门选集》第 2 卷，董果良译，商务印书馆 2009 年版。

150. ［法］傅立叶著：《傅立叶选集》第 1 卷，赵俊欣等译，商务印书馆 1979 年版。

151. ［法］傅立叶著：《傅立叶选集》第 2 卷，赵俊欣等译，商务印书馆 1981 年版。

152. ［法］傅立叶著：《傅立叶选集》第 3 卷，汪耀三等译，商务印书馆 1982 年版。

153. ［美］埃德加·斯诺著：《西行漫记》，董乐山译，解放军文艺出版社 2002 年版。

154. ［美］麦克法夸尔著，［美］费正清编：《剑桥中华人民共和国史下卷中国革命内部的革命：1966—1982》，俞金尧等译，中国社会科学出版社 1992 年版。

155. ［美］司徒雷登著：《在华五十年》，常江译，海南出版社 2010 年版。

156. ［美］伊安·夏皮罗著：《政治的道德基础》，姚建华等译，上海三联书店 2006 年版。

157. ［英］霍布斯著：《利维坦》，黎思复、黎廷弼译，商务印书馆 1985 年版。

158. ［意］康帕内拉著：《太阳城》，陈大维等译，商务印书馆 1980 年版。

159. ［英］托马斯·莫尔著：《乌托邦》，戴镏龄译，商务印书馆 1982 年版。

三、期刊论文

1. 刘建军：《从信仰视角看为人民服务》，《思想理论教育导刊》，2004 年第 12 期。

2. 刘建军：《"为人民服务"的命题史考察》，《马克思主义研究》，2011 年第 7 期。

3. 刘建军：《思想政治教育要发挥真理的魅力》，《思想理论教育导刊》，2011 年第 8 期。

4. 刘建军：《新时期"为人民服务"的全面阐述》，《中国特色社会主义研究》，2012 年第 2 期。

5. 崔迎秋、崔希武：《论党的思想路线的形成与发展——为纪念中国共产党建党九十周年而作》，《社会主义研究》，2011 年第 3 期。

6. 陈早生：《树立为人民服务的社会主义道德观、义利观》，《求实》，2002 年第 1 期。

7. 付春梅：《当前更需要弘扬为人民服务思想》，《中国成人教育》，1995 年第 2 期。

8. 郭钦纲：《党性、理想、为人民服务——做合格的共产党员》，《广西民族学院学报（哲学社会科学版）》，1986 年第 1 期。

9. 黄宗华：《〈为人民服务〉人生价值观的现实指导作用》，《毛泽东思想研究》，1997 年第 3 期。

10. 罗国杰：《为人民服务——社会主义道德建设的核心》，《党建》，2002 年第 2 期。

11. 吕洪雨：《越是发展社会主义市场经济越要坚持全心全意为人民服务的宗旨》，《理论学刊》，2002 年第 1 期。

12. 陈树文：《"为人民服务"和"集体主义"》，《高校理论战线》，1999 年第 11 期。

13. 陈树文：《谈谈与"为人民服务"相关的几个认识问题》，《中国特色社会主义研究》，2000 年第 3 期。

14. 陈树文：《为人民服务的时代新内涵》，《内蒙古社会科学（汉文版）》，2003 年第 3 期。

15. 冷溶：《党的全部任务就是全心全意为人民服务——学习邓小平同志关于为人民服务的论述》，《党建》，1994 年第 10 期。

16. 刘勇：《无果之花——五四时期空想社会主义的兴衰和无政府主义在中国的破产》，《北京党史》，1990 年第 3 期。

17. 厉以宁：《发展市场经济与为人民服务》，《思想政治工作研究》，1993 年第 10 期。

18. 刘忠荣，冉亚清：《为人民服务的价值核心：从功利论向道义论的回归》，《河南师范大学学报（哲学社会科学版）》，2009 年第 6 期。

19. 马尚林：《"为人民服务"论析》，《西南民族学院学报（哲学社会科学版）》，1996 年第 S3 期。

20. 欧阳超：《论为人民服务道德的层次性》，《西南民族大学学报（人文社科版）》，2004 年第 3 期。

21. 钱逊：《"为人民服务"——马克思主义的灵魂》，《清华大学学报（哲学社会科学版）》，1991 年第 2 期。

22. 时光：《"人文主义"、"人本主义"及"人道主义"辩证——兼谈中国传统文化的基本精神》，《求索》，1986 年第 6 期。

23. 余求效：《论"民本"思想与党的"全心全意为人民服务"的宗旨》，《湖南师范大学社会科学学报》，1992 年第 2 期。

24. 宋希仁：《为人民服务是人生观教育的主题》，《思想理论教育导刊》，2001 年第 10 期。

25. 孙芸：《发展社会主义市场经济与提倡为人民服务》，《理论学习月刊》1997 年第 3 期。

26. 盛英杰：《论新的历史条件下的为人民服务思想》，《内蒙古社会科学（人文版）》，1996 年第 2 期。

27. 唐凯麟：《道德中心问题的科学解决——纪念毛泽东《为人民服务》发表五十周年》，《高校理论战线》，1999 年第 7 期。

28. 田蜀华：《对为人民服务的哲学思考》，《毛泽东思想研究》，2006 年第

5 期。

29. 童世骏：《中国共产党人的"终极关怀"——重读〈为人民服务〉》，《毛泽东邓小平理论研究》，2005 年第 9 期。

30. 吴巨平：《周恩来为人民服务的思想与实践》，《毛泽东思想研究》，1998 年第 S2 期。

31. 王能昌：《论作为社会主义道德核心的为人民服务》，《南京政治学院学报》，2001 年第 4 期。

32. 吴双墩：《我国 60 年公民道德建设的流变与思考》，《学习与实践》，2009 年第 10 期。

33. 吴树青：《正确认识和坚决实践党的为人民服务的宗旨》，《高校理论战线》，1991 年第 1 期。

34. 王永华：《中国共产党章程演进述略》，《党的文献》，2011 年第 4 期。

35. 王永祥：《共产党人一定要高举全心全意为人民服务的伟大旗帜》，《马克思主义研究》，2001 年第 4 期。

36. 魏佑章：《论为人民服务是中国共产党的根本宗旨》，《中南民族学院学报（哲学社会科学版）》，1991 年第 3 期。

37. 徐德学：《永葆共产党人全心全意为人民服务的政治本色》，《党建研究》，2007 年第 9 期。

38. 奚洁人：《共产党人的人生指南——重读毛泽东的〈为人民服务〉》，《毛泽东邓小平理论研究》，1996 年第 3 期。

39. 肖群忠：《"仁爱"与为人民服务——道德建设的内在起点与目标》，《江海学刊》，1998 年第 2 期。

40. 徐伟：《论毛泽东"为人民服务"思想的政治激励作用》，《理论月刊》，2011 年第 3 期。

41. 夏伟东：《略谈为人民服务的先进性要求与广泛性要求》，《中国党政干部论坛》，1997 年第 1 期。

42. 夏银平：《俄国民粹主义的人民主体论再分析》，《现代哲学》，2009 年第 3 期。

43. 鄢定云：《论邓小平全心全意为人民服务的思想》，《毛泽东思想研究》，

1997 年第 5 期。

44. 杨浩文：《为人民服务与集体主义的联系》，《道德与文明》，1997 年第 5 期。

45. 俞可平：《现代化进程中的民粹主义》，《战略与管理》，1997 年第 1 期。

46. 严文杰：《论为人民服务人生观的社会意义》，《山西师大学报（社会科学版）》，1997 年第 3 期。

47. 杨新新：《从"为人民服务"到"三个代表"体现了党的宗旨的与时俱进》，《社会主义研究》，2004 年第 2 期。

48. 于幼军：《科学认识集体主义和为人民服务的内涵》，《求是》，1999 年第 9 期。

49. 臧乐源：《论社会公德》，《齐鲁学刊》，1982 年第 2 期。

50. 臧乐源：《论共产主义道德的规范体系》，《齐鲁学刊》，1985 年第 2 期。

51. 臧乐源：《简论社会主义道德和共产主义道德》，《山东大学学报（哲学版）》，1993 年第 3 期。

52. 臧乐源：《论奉献和索取》，《齐鲁学刊》，1993 年第 4 期。

53. 臧乐源：《论社会主义道德建设的途径》，《淄博学院学报（社会科学版）》，1999 年第 1 期。

54. 臧乐源：《社会主义道德二题》，《山东矿业学院学报》，1999 年第 2 期。

55. 臧乐源：《简论我国的社会公德建设》，《淄博学院学报（社会科学版）》，1999 年第 4 期。

56. 臧乐源：《深刻理解和把握为人民服务的丰富内涵》，《发展论坛》，2002 年第 4 期。

57. 臧乐源：《"五爱"是公民道德建设的基本要求》，《理论学习》，2002 年第 6 期。

58. 臧乐源：《简论社会主义道德的核心和原则》，《伦理学研究》，2003 年第 3 期。

59. 臧乐源：《简论家庭美德建设》，《胜利油田党校学报》，2003 年第 6 期。

60. 臧乃青：《全心全意为人民服务是我党的唯一宗旨》，《高校理论战线》，2001 年第 10 期。

61. 张兴国：《"为人民服务"：现代社会的伦理新蕴》，《社会科学辑刊》，2002年第2期。

62. 张兴亮：《早期马克思主义中国化语境中的"苏维埃"：话语演变及其反思》，《毛泽东思想研究》，2011年第2期。

63. 钟哲明：《"为人民服务"思想的来源》，《高校理论战线》，2011年第11期。

四、报纸及网络文献

1. 《坚决反对命令主义》，《人民日报》，1950年9月14日，第1版。

2. 《坚决肃清恶霸作风》，《人民日报》，1950年10月14日，第1版。

3. 《中华人民共和国宪法（之二）》，《人民日报》，1954年9月21日，第3版。

4. 李烛尘：《为企业改造和个人改造而努力》，《人民日报》，1954年9月26日，第6版。

5. 《人人为我，我为人人》，《人民日报》，1958年3月15日，第1版。

6. 林准：《服务性的工作是崇高的工作》，《人民日报》，1959年2月23日，第7版。

7. 厉以宁：《为人民服务体现在社会主义的生产目的之中》，《人民日报》，1993年12月29日，第5版。

8. 任仲平：《论奉献》，《人民日报》，2003年4月15日，第1版。

9. 《中华人民共和国宪法》，《人民日报》，2004年3月16日，第2版。

10. 《中国共产党章程》，《人民日报》，2007年10月26日，第3版。

11. 任仲平：《30年不变的时代呼声——写在改革开放30周年之际（上）》，《人民日报》，2008年12月16日，第1版。

12. 温家宝：《人民的利益高于一切——在接见第七届人民满意的公务员代表时的讲话》，《人民日报》，2009年8月28日，第2版。

13. 李章军：《习近平在中央党校秋季学期开学典礼上强调　牢固树立正确世界观权力观事业观》，《人民日报》，2010年9月2日，第2版。

14. 汪晓东：《一切奋斗都是为了人民》，《人民日报》，2011 年 7 月 1 日，第 17 版。

15. 胡锦涛：《在庆祝中国共产党成立 90 周年大会上的讲话》，《人民日报》，2011 年 7 月 2 日，第 2 版。

16. 刘开华等：《以人为本、执政为民：检验党一切执政活动的最高标准》，《人民日报》，2011 年 10 月 21 日，第 7 版。

17. 《中共中央关于深化文化体制改革推动社会主义文化大发展大繁荣若干重大问题的决定》，《人民日报》，2011 年 10 月 26 日，第 5 版。

18. 韩振峰：《"为人民服务"考略》，《光明日报》，2011 年 11 月 2 日，第 11 版。

19. 本报评论员：《深入开展学雷锋活动的动员令》，《光明日报》，2012 年 3 月 3 日，第 1 版。

20. 《中华人民共和国宪法》，中华人民共和国中央人民政府网，http://www.gov.cn/gongbao/content/2004/content_ 62714.htm.

五、善本类文献

1. ［明］黄宗羲著，段志强译注：《明夷待访录》，中华书局 2011 年版。

2. ［清］阮元校刻：《十三经注疏（清嘉庆刊本）》，中华书局 2009 年版。

3. ［唐］吴兢撰，谢保成集校：《贞观政要集校》，中华书局 2003 年版。

4. ［魏］王肃注：《孔子家语》，见《景印文渊阁四库全书》第 695 册，子部一，儒家类，台湾商务印书馆 1985 年版。

5. ［清］王先谦撰，沈啸寰、王星贤点校：《荀子集解》，中华书局 1988 年版。

6. 《斯大林选集》第 1—5 卷，解放出版社 1939 年版。

7. 《毛泽东选集》第一、五卷，胶东新华书店 1946 年版。

8. 《毛泽东选集》第五卷，晋察冀新华书店 1943 年版。

9. 博古校阅：《联共（布）党史简明教程》下册，中国出版社 1939 年版。

10. 《联共（布）党史简明教程》，胶东新华书店 1946 年版。

11. 本报讯:《警备团追悼战士张思德同志　毛主席亲致哀悼"为人民的利益而死，是死有重于泰山"》,《解放日报》,1944 年 9 月 21 日，第 1 版。

12. 警备团通讯:《纪念为人民利益而牺牲的张思德同志》,《解放日报》, 1944 年 9 月 21 日，第 2 版。

13. 本报讯:《中央招待留守兵团学习代表毛主席勉励指战员坚持为人民服务》,《解放日报》,1944 年 9 月 23 日，第 1 版。

后　记

本书是在我的博士论文基础上修改而成。即将出版之际，心中感慨万千，始终萦绕耳边、浮现眼前的是跟随老师刘建军教授学习的日子，以及在中国人民大学度过的每个快乐、充实、紧张的一天。这本书也是我出版的第一本学术专著。因此，想要感谢的人真的很多！

感谢我的老师中国人民大学刘建军教授。这些年来，我最大的幸运莫过于能够进入中国人民大学攻读博士学位，并且成为刘老师的弟子。老师学问做得好，这一点不需要我去说明。他把我领入了马克思主义理论的学术殿堂，而且在他的影响下，我坚定了自己的研究目标和研究方向。诚然，由于个人的原因，我在学术上还没有太大的建树，十分愧对老师的教育和培养。老师是一个非常真实的人。凡是接触过刘老师的，特别是他的弟子们无不认同这一点。拜刘老师为师，我不仅学到了知识，更领悟到了做学问的态度以及做人的真谛。特别想说是，导师在我们心中有着独一无二的地位。记得张霄师兄曾经发现过一个十分有意思的现象：我们在交谈时很少用"刘老师"这一称谓，更多的时候是不自觉地称刘老师为"老师"。个中意味恐怕只有我们这些弟子才能体会。

感谢中国人民大学马克思主义学院给我们提供了良好的求学环境，感谢马克思主义学院的老师们的辛勤工作！正如中国人民大学校歌中所言，这里永远是我们最美好、最难忘的精神家园！

感谢冯刚教授、吴潜涛教授、艾四林教授、王树荫教授、段忠桥教授和王易教授。几位老师在我的博士论文开题和答辩中给予了热情的帮助，并且提出了十分宝贵的意见。

感谢我的硕士生导师河北师范大学范树成教授。范老师是我走入学术殿堂的引路人。正是在范老师手把手的教导下，我才由一无所知到略有所知。读博期间，范老师时常问起我的学习、生活和就业情况。感谢范老师对我无私的关心和帮助！

感谢一直鼓励、关心和帮助我的河北师范大学李树青教授和中央民族大学刘树宏教授。

感谢张云莲、张霄、董迎轩、邢国忠、谷佳媚、杨兰、谢庆、柳丽、倪洪章、任超阳、高国栋、杨巧、杨存存、刘亚琼对我的关心和帮助。我们虽然来自不同的地方，但都有幸成为刘老师的学生。我们相互勉励、相互帮扶、亲如一家！

感谢中国人民大学马克思主义学院 2009 级博士生班的全体同学。三年的人大生活，我们一起走过，大家互相见证了彼此的收获与成长。感谢你们！

感谢昆明理工大学王展飞教授。来到昆明理工大学马克思主义学院工作后，学院安排我担任王老先生的学术助手。实际上，与其说是我给老先生做助手，倒不如说是我在向老先生学习。他治学严谨、待人谦和、幽默风趣，这些自不必多言，学界是人所共知的。此外，大家谈到王老先生都无比钦佩，因为他虽然已经年逾八旬，但仍然积极奋斗在马克思主义教学与研究的第一线。仅这一点，就值得我永远向他学习！

感谢云南民族大学张建国教授。张老师对待学术一丝不苟，对待青年教师关爱有加。他思路开阔、观点敏锐，特别是他深沉的历史感对我帮助很大。

感谢昆明理工大学马克思主义学院的领导和老师们。韩跃红教授、樊勇教授、王海云教授、潘先银研究员、杨少龙副教授、白利鹏教授等各位老师非常关心年青教师的成长，总是为我们的成长进步创造机会。更为难得的是，在他（她）们的促进下，学院形成了浓厚的人文气息，充满着人文关怀。

感谢母亲对我无私的爱。父亲去世后，全家人都处于痛苦之中。但是她总是严厉告诫我，不要担心她，要把博士论文做好！我知道，她在默默的坚持！感谢妻子杨一静！这些年来，她为了我付出了太多。对于她，我其实不用过多表达什么。

我指导的硕士研究生郭菁、尹立军参与了书稿的校对工作，在此一并感谢！最后但绝不是不重要的！感谢本书参考文献和引用文献的作者们。如果说这本书取得了一点成绩的话，那也是站在你们的肩膀上完成的。

感谢云南省哲学社会科学规划办公室、昆明理工大学马克思主义学院对本书出版提供的资助。

特别要感谢人民出版社姜玮女士，非常感激她为本书的编辑与出版所付出的辛苦劳动。

坦率地说，求学的道路是充满曲折的。但是，有了良师的教诲，就不会迷失方向；有了益友的陪伴，就变得不再孤寂；有了亲人的关心，一路上就洋溢着温暖。我深深地爱着你们！我将把你们的关爱永远铭记，并带着你们的关爱坚定前行！同时真诚地祝福你们！

王威

2014 年 12 月于昆明